本书是国家自然科学基金"城市创意产业空间集聚指标协同及复杂系统模型研究"（71874027）、"创意产业集群价值网络模块化设计及价值创造模型研究"（71373040）、上海市教委科技创新重大项目"城市创意产业集群知识网络体系共生及价值共创机理研究"（2017-01-01-0003-E00044）的重要阶段性科研成果。

城市创意产业区的空间集聚度及组织驱动系统研究

URBAN CREATIVE INDUSTRY
DISTRICT RESEARCH ON AGGREGATION AND
ORGANIZATIONAL DRIVING SYSTEM

周 琦◎著

经济管理出版社
ECONOMY & MANAGEMENT PUBLISHING HOUSE

图书在版编目（CIP）数据

城市创意产业区的空间集聚度及组织驱动系统研究 /
周琦著. -- 北京 ：经济管理出版社，2022.11

ISBN 978-7-5096-8816-8

Ⅰ．①城…　Ⅱ．①周…　Ⅲ．①城市文化—文化产业—
研究　Ⅳ．①G124

中国版本图书馆 CIP 数据核字（2022）第 215049 号

组稿编辑：高　娅
责任编辑：高　娅　王玉林
责任印制：许　艳
责任校对：蔡晓臻

出版发行：经济管理出版社
　　　　　（北京市海淀区北蜂窝 8 号中雅大厦 A 座 11 层　100038）
网　　址：www.E-mp.com.cn
电　　话：(010) 51915602
印　　刷：唐山玺诚印务有限公司
经　　销：新华书店
开　　本：720mm×1000mm/16
印　　张：15.5
字　　数：295 千字
版　　次：2025 年 1 月第 1 版　　2025 年 1 月第 1 次印刷
书　　号：ISBN 978-7-5096-8816-8
定　　价：86.00 元

谨以此书，献给在我求学之路上所有帮助过我的人，为此我深表感激。

序

随着全球经济发展模式的转型与城市化进程的加速，创意产业逐渐成为推动城市更新与发展的重要动力源之一。它不仅带来了新的经济增长点，也重塑了城市的空间格局与创意文化结构。基于此，城市创意产业区的空间研究显得尤为重要。厘清创意产业区空间影响因素的内部关联，并通过空间集聚和组织驱动，促进创意产业空间组织的高效发展，已成为众多产业经济学者及城市规划者关注的焦点。

《城市创意产业区的空间集聚度及组织驱动系统研究》由作者博士课题编写而成，以精辟的理论分析和深入的实地调研为基础，对上海市区 23 个典型创意产业区样本的空间集聚效应进行了横跨五年的实证研究，探索了创意产业区的空间特征、集聚效应及其背后的组织驱动机制。在现代城市中，创意产业区不仅是经济活动的核心区，更是文化创新、社会互动和生态可持续发展的交汇点。作者通过多维度的分析，以城市创意产业区空间集聚的独特内涵与外延为切入点，将创意产业区的空间集聚效应与城市的整体发展结合，挖掘空间集聚形成的因素，构建研究基础，并研发了较新的量化工具——DBISCP 算法，经过深度学习和机器学习，可以有效地从指标数据中发现图像轨迹聚类信息，体现了地理信息科学和管理工程学科的交叉融合，也为大数据动态图像的集聚方法提供了全新视角和借鉴价值，提出了极具前瞻性的研究见解。

本书从空间角度探讨了创意园区产业集聚的形成机制，揭示了空间组织和功能布局如何影响创意活动的效率与成果。创意产业区往往通过空间集聚，激发出"创意溢出效应"，这种效应不仅体现在产业生产力的提高，还反映在创新文化与生活方式的塑造中。同时，作者对组织驱动系统的分析，深入解构了政府政策、市场机制、社区参与等多种力量如何共同作用，推动创意产业区的持续发展。特别值得关注的是，本书结合了多种智能算法案例与实践经验。这些案例不仅丰富了理论框架的应用性，还为城市规划者、管理决策者、区域设计者、政策制定者提供了宝贵的参考。通过这些实证分析，读者可以更直观地理解创意产业区的空间集聚与组织驱动是如何在不同城市环境中时空表现和动态运行的。

我相信，本书的出版将为存量创意产业区乃至城市的规划与建设提供新的思路，也将给相关领域的学者与从业者带来启发。

高长春　教授

2024 年 10 月 15 日于东华大学

前　言

创意产业是构成城市发展的重要资源之一。城市创意产业空间集聚作为推进城市产业区域建设的新趋势和新方向，在提升城镇建设质量、强化产业空间驱动效应、实现深层次区域创新等方面具有重要的时代价值。创意产业区空间集聚的指标关联系统十分复杂，它成功借鉴了经济地理及管理工程的研究成果，高度融合了空间经济、创意文化、集聚扩散、企业组织等创新指标，持续强化了城市区域空间战略的产业管控。虽然国内外相关学者注重分析产业空间集聚下组织关联的特征，但在城市创意产业空间战略研究领域，城市创意产业空间集聚与驱动效应、影响因素之间的指标体系是部分缺失的。所以，完善城市空间集聚指标创新体系，完善城市创意产业空间集聚可视化，能对促进产业组织管理、营造创意空间环境、保障创意产业高效运转起到积极作用。因此，拓展创意产业区空间集聚的可视驱动系统具有创新意义。

本书研究的目标是构建创意产业空间集聚的驱动创新体系。基于多因素理论模型指标，提出区域空间动态集聚轨迹算法（Density-Based Interest Spatial Clustering of Path，DBISCP），并与计算机浏览器共建聚类可视化图像，为城市管理提供决策依据。首先，根据文献资料分别从组织驱动和影响因素两个层面提取指标，建立空间集聚的关联框架，构建结构方程，形成初级理论模型。其次，进行实证检测，深入剖析了驱动效应与影响因素的强弱关联性，完善了多因素空间集聚模型。再次，基于理论模型创建了 DBISCP 算法，对上海全域进行寻优求解。最后，基于卡口数据和浏览器策略进行创意产业空间集聚的动态可视化图像。

本书由六部分构成。第一部分内容是概念简述及文献综述（第一章、第二章）。主要是绪论、描述背景、评述进展、阐述相关概念。对创意产业区空间集聚演化、创意产业空间重构、空间影响因素、组织驱动效应等进行文献综述，找到研究的理论位置及问题症结，提出研究视角、研究内容与研究方法及技术路线，构建研究框架。第二部分内容是创意产业空间集聚度、影响因素、驱动系统指标框架的建立（第三章）。首先，基于扎根理论对创意产业区空间影响因素和驱动效应进行质性研究，利用文献调查、量表访谈、问卷调研等方法，借助 QSR NVi Vo12 进行程序转译统计，基于 AMOS 构建了结构方程，形成了驱动效应和影响因素的指标框架。其次，基于耦合理论将其指标进行层级划分，得出城市创意产业空间集聚初级多因素理论模型。第三部分内容是模型验证及完善（第四章）。首先，基于赫芬达尔指数、就业人数以及产值区位熵进行测度分析，基于固定效应模型结合 TOPSIS 算法选取空间集聚度对影响因素的七项关联性指标。其次，实证了驱动效应与影响因素指标的相关性，完善了城市创意产业空间集聚多因素理论模型。第四部分内容是模型求解及应用（第五章）。首先，构建 BP 神经网络模型进行区域寻优，用 GA 遗传算法以较快的全局寻优能力搜寻到满意区域。其次，采用空间聚类 DBISCP 算法得到空间集聚线性轨迹图。第五部分内容是图像输出（第六章）。首先，基于新算法的代码与计算机浏览器代码进行交互转译，在 CANVAS 容器中实现 3D 动态模拟，进一步挖掘空间集聚簇群在数值和语义上的驱动模式。其次，把集聚图像 BubbleSet 和 ARCGIS 进行地理视图叠合，最终实现城市创意产业空间集聚的动态可视化。以上海市为例，普陀区、浦东新区、徐汇地区的创意产业空间分布形成了三种不同的聚类模式，并相应提出了分摊、均布、虹吸的管控策略，是对多因素理论模型的应用。第六部分内容是结论展望（第七章）。凝练本书主要观点，展望研究前景，提出城市创意产业区空间集聚发展创新驱动路径下的系统动力学模型，为大数据动态图像的集聚方法提供了全新视角和借鉴价值。

　　本书的研究结论是构建了城市创意产业空间集聚多因素模型，根据模型中的指标，利用影响因素指标中车流量动态数据和其他静态面板数据，进行了动态聚类的 DBISCP 算法优化，并验证了该方法的有效性。再通过计算机浏览器媒介生成了上海市创意产业区域动态集聚可视图像。体现出地理信息科学和人文社会学科的交叉融合。其主要贡献和价值在于：①针对城市创意产业空间集聚，提出了一种综合可视分析系统。该系统包括：7 项创意空间指标选取、4000 余条卡口地理定位选择、2 项算法测试、3 套 Bubble-set 初步轨迹视图、3 组 Canvas 动态模拟时序视图和 E-charts 空间动态局部视图。②采用上述方法，对上海市浦东新区、普陀区、徐汇区 3 大区域内的创意产业地标进行检测，表现区域创意产业的集聚度比重大约占卡口检测量的 30%，平均移动轨迹 4.88 千米，区域集聚度量值 0.84，动态集聚评价指数 5.01，证实了方法的实用有效。③对城市创意产业的空间集聚进行归纳，提出了分摊、均布、虹吸的管控响应策略。丰富了城市经济地理可视化与测绘信息管控服务领域，具有一定的探索价值。

　　本书的创新点：

　　（1）定性定量梳理了城市创意产业空间集聚指标资料，建立了驱动系统和影响因素指标的关联框架。在创意产业空间集聚基本概念界定以及对其内涵的区域经济学原理、管理科学模型和数学分析的基础上，提出了本书对创意产业区空间集聚的概念理解。尝试构建了创意产业区空间集聚的研究逻辑构架，并根据广义的驱动效应下的影响因素作用机制，运用扎根理论和耦合理论的质性研究方法，对城市创意产业区的空间集聚的影响因素进行解构和重构，得到创意产业区空间影响因素的14项要素指标和驱动效应的6项指标，形成了空间集聚度—驱动效应—影响因素的指标关联构架，构建了城市创意产业区空间集聚的初级多因素理论模型。具有较强的学科前沿性与理论创新性。

（2）实证探究了创意产业关联框架下指标的强弱相关性，拓展了多因素理论模型中各指标的应用范畴。利用创意产业空间集聚的测度分析和 TOPSIS 算法，实证检验了该模型空间集聚的相互作用机理。多因素理论模型显示了城市创意产业的影响因素的构成要素与驱动效应的动态关系。并从14项影响因素指标中选取了7项强相关作用指标，完善了多因素理论模型。研究发现，指标间的相互作用符合空间集聚指标的多功能区间函数描述，体现了城市创意产业区空间集聚下的演化规律。

（3）基于多因素理论模型指标提出空间动态集聚 DBISCP 算法，实现了创意产业空间动态集聚可视化的有效途径。说明了多因素理论模型在城市区域可视化方面具有较强的适用性。基于 Matlab 程序代码与 JavaScript 代码进行后台交互。在浏览器层面对权重信息进行赋值。在 CARVAS、ARCGIS 中展现城市创意产业空间集聚效果。最终导入 E-CHARTS 浏览器，生成大数据动态可视化动态图像，表现出理论模型的实际应用价值。本书为国家完善创意产业空间集聚区建设提供了从理论到技术操作的依据，具有较强的学科开拓性与学术创新性。对城市创意产业空间集聚区域、创意发展以及政策环境具有一定的指导作用，还可以对城市工程管控、规划决策实施和经济建设实践提供驱动支持。因此，本书的研究成果对促进创意产业空间集聚与驱动系统的创新发展具有现实意义。

目　录

第一章 绪 论

第一节 研究背景及问题提出

一、研究背景

进入 20 世纪后半叶，随着西方大都市经济从工业化末期转向后工业社会，内城产业空间弥散、凋敝等问题相继出现，使资本主义经济社会发展遇到前所未有的困惑和障碍。为破解这一难题，以文化和创意为主的新经济逐渐凸显，成为大都市经济重获活力和新的增长点，创意产业也由此起源。文化创意产业（CCI）是新兴的一种依靠科技因素整合文化资源从而再创作的知识密集型创造性产业，其产业特征主要表现为行业跨度大、产业附值高、创意知识化。创意产业的空间作为产业集聚与发展的载体，紧密伴随着国家的城市化复兴、工业化实现和社会化服务。产业区的空间形成、发展和演化不仅是社会经济形态与城市空间结构变迁的直接体现，也是城市新空间打造、萌生与功能重塑的重要动力来源。据此，创意产业空间既是新型产业的发源地，也是各时期各色产业区的发源地，还是集时尚工业、文化产业、资讯科技、娱乐传播于一体的新型复合型产业空间载体。创意经济已经成为一种新的经济形态，在全球范围内扩张并产生积极影响。2023 年，英国创意产业的年产值约为 1100 亿英镑，占英国国内生产总值（GDP）的 6%。创意产业包括广告、建筑、艺术品与古董、手工艺、设计、时装设计、电影与录像、互动休闲软件、音乐、出版、软件与计算机服务、电视与广播等 13 个产业部门。英国创意产业对经济的贡献不仅体现在产值上，还体现在创造就业机会和推动创新发展方面。创意产业雇用了超过 200 万人，约占英国就业总人数的 6%。2023 年，创意企业总数超过 13 万家，占全英在册企业总数的 5% 以上。文化创意产业的规模效应已经显现。从区域发展角度来看，产业在地理空间上集聚化发展是必然趋势。创意产业的空间集聚发展、相互间的渗透发展以及产业的持续发展，构成了当今产业空间集聚发展的外因。

党的十八大开启城市建设新时代以来，我国新型城市化进程正处于高质量的起飞阶段。创意产业区域伴随着城市化进程实施一系列根本性、开创性和长远性的工作，国家提出"加强重大公共文化工程和文化项目建设，完善公共文化服务体系，提高服务效能。促进文化和科技融合，发展新型文化业态，提高文化产业规模化、集约化、专业化水平"。从 2017 年 12 月中央经济工作会议，再到 2018年底党的十九届四中全会，宏观政策及国家战略的空间部署仍在持续，承接党的十九大重点在城市空间"延续"和"深化"，城市空间的发展、产业空间集聚、社会驱动效应的变局将满足中国经济结构的深度转型要求，以及中国国土空间格局优化能力提升的需要，城市创意产业亟须形成良性的、稳定的产业空间集聚载体，城市创意产业高质量建设已取得初步进展。2023~2024 年中国城市建设最大的红利之一就是新质生产力带来的城市群空间集聚规模性高质量发展。其中，创意产业空间集聚、基建质量升级、产业体系升级、发展战略部署、空间区域协同全面提速在我国城市和经济发展中的地位和作用越来越重要。与传统城市空间构成相比，城市创意产业区在提高创新能力、经济效益、社会效益和环境效益等方面的竞争优势日渐凸显，使其越集聚，后发优势越突出。国家统计局发布的《二十大以来经济社会发展成就系列文章——文化篇》中数据显示：文化产业增加值的增长主要得益于文化服务业的支撑作用增强，特别是文娱休闲行业的快速恢复。2023 年，文化服务业实现营业收入 67739 亿元，比上年增长 14.1%，占全部规模以上文化企业的比重为 52.3%，对全部规模以上文化企业营业收入增长的贡献率为 85.4%。此外，文化新业态行业的带动效应也非常明显，文化新业态特征较为明显的 16 个行业小类实现营业收入 52395 亿元，比 2022 年增长 15.3%。综上所述，我国文化产业增加值的增长不仅反映了文化服务业和文娱休闲行业的强劲复苏，也体现了文化新业态的快速发展。从某种程度上说，创意产业区的空间集聚程度，已经成为一个国家和地区创意产业竞争力高低的重要标志之一。创意产业的空间集聚的研究价值及契机，主要体现在以下三个层面：

（1）城市创意产业区域空间集聚化发展形成空间结构格局优化效应，未来价值潜力巨大。国外研究表明，与创意企业相比，创意产业具有带给城市文化和经济更大收益的潜力。近五年来，我国创意产业呈现出明显的产业空间格局优化趋势。而且，我国创意产业的未来发展有巨大的空间和市场，北京、上海、杭州等地的创意产业发展快速，已经形成一定的规模，其他地市的创意产业空间集聚趋势增速明显。全国各地开始纷纷建立风格各异的创意产业区、基地或集聚区；

以上海、杭州、南京等地为中心的长三角文化创意产业空间集聚地带；以广州、深圳、珠海为中心的珠三角创意制造业、服务业等其他产业融合地带；环渤海地区的北京、青岛、大连等地，正在构建环渤海创意产业发展生态圈，并迅速地填补传统工业逐步退出后留下的经济空间。这表明文化创意产业的空间演进正在逐步成为国家软实力发展的重要政策之一。

（2）城市创意产业区域空间集聚化发展呈动态集聚和指标扩散效应。随着创意产业发展的全球蔓延和推进，我国大中城市争相开始大力发展文化创意产业，整体发展的特点是从发达的沿海城市发起，向内地城市扩展。在发展模式上，呈现出产业空间集聚式发展的特点并在一批大中城市中涌现。

（3）城市创意产业区域空间集聚化发展形成价值溢出的经济引擎效应。随着经济全球化和信息技术的飞速发展，与传统的空间层面价值创造直接来源于价值链各设计、生产和加工环节不同，越来越多的价值创造活动来源于关键技术突出、产品功能创新、经营模式创新以及各功能指标之间的协同性。创意产业空间集聚形成了价值溢出的经济引擎效应。

指标化空间集聚组织形式的出现，使企业可以通过指标化分解将非核心的生产等活动交给其他企业，专注于自身产品核心概念的开发，而不需要按照传统生产方式独自完成全部产品零部件的研发和生产，从而实现生产效率的提高和价值溢出的专注性。

二、研究问题

纵观创意产业的发展脉络，其发展较为领先的英国、美国、澳大利亚已经呈现出明显的产业空间集聚化特点。近几年，国内创意产业区空间集聚模式在各地均有快速发展，具有代表性的北京、上海、香港等城市集中了全国大多数的创意企业。本书认为创意产业空间集聚是一个复杂的空间组织系统。它受内外驱动效应的影响，在驱动条件合适的空间范围内产生影响因素，而影响因素直接形成了创意产业空间集聚的动因，但驱动效应是怎样与空间集聚产生关联的？它与影响因素的互动机制又是怎样的？截至目前，学术界在城市创意产业空间概念、集聚特点、影响因素、发展模式、驱动效应、价值溢出和知识指标等方面的研究具备了初步基础知识，并进行了大量的研究工作。大量学者从影响因素分析视角、发展模式识别视角、企业组织互动机制视角展开了一系列的研究，但对于揭示创意产业区空间集聚度驱动效应与创新能力的关系却鲜有研究，缺少新的研究方法支撑，也没有新的模型算法检验。

由此，本书尝试以创意产业空间的集聚思想和理论为依据，在理论研究层面提出创意产业空间集聚度的关联性假设，并进一步对空间集聚度的多因素理论模型作用关系进行分析；在数理研究层面展开对创意产业空间集聚度与影响因素、组织驱动的互动作用机理的模型关系研究、评价研究及应用研究。本书重点研究并回答以下几个方面的问题：

（1）城市创意产业区空间集聚研究的理论基础和相关概念界定。通过扎根理论对创意产业空间集聚的文献及访谈进行研究，对空间指标化设计理论在产业中的应用分析，完成指标体系的搭建，明确本书所研究的概念问题。

（2）城市创意产业区空间集聚度多因素理论模型及实证研究。从指标化的视角探索创意产业空间集聚的具体结构，将复杂的创意产业空间进行指标化的解构和重构，分析并得出创意产业空间集聚的指标结构体系，同时进行实证检测和模型修正。

（3）城市创意产业区空间集聚度 DBISCP 密度算法应用研究。在城市创意产业空间多因素理论模型修正的基础上，进一步探索创意产业空间集聚应用，基于 DBISCP 构建创意产业区空间集聚模型和大数据可视化应用模型，进行可视输出及检验。

第二节　研究目的和意义

一、研究目的

（1）创意产业空间的集聚特征反映出城市创意产业对组织驱动的影响。在一定空间集聚范围内，通过影响因素对组织驱动进行驱动评价，归纳总结出赋值并根据编程进行推广应用，为上海创意产业区域空间集聚的演进和发展提供借鉴。

（2）为研究都市创意产业区空间集聚研究成果，本书构建了"创意产业区空间集聚度的影响力—驱动力—应用力—图像力"研究逻辑架构，以此规避"过程研究—结构研究—实证研究"城市创意产业空间重构传统研究范式的弊病，将创意产业区域的空间集聚、影响因素、驱动效应、操作应用融为一体加以研究和探索，并详细分析了三者之间的相互作用机理。

（3）深入研究创意产业空间集聚影响因素，挖掘创意产业空间集聚的驱动效应，形成城市创意产业空间集聚的驱动力应用实践系统，利用定性与定量相结合的方法，构建了区域假设—实证—应用—研究方法的逻辑体系，为后期微观层级的研究做了学术铺垫。

（4）根据实证找出影响因素与组织驱动的关系，将得到的赋值与编程进行结合，实践模型对实际训练的拟合度很高，可以在城市范围内进行实际应用，为理论到实践的技术研发指明了方向。

（5）探索城市创意产业空间集聚度的影响因素和驱动实践机制，为推动创意产业空间集聚度发展提供理论支持和可操作方向。同时，为政府规划城市创意产业链相关产业空间布局提供理论支持和方向指引，形成城市空间集聚热点形成、发展的新策略。

二、研究意义

城市创意产业的空间集聚及组织研究属于管理工程和系统工程新兴领域，也属于目前经济理论研究的热点领域，近三年以此作为研究主题的文献数量已有16000篇之多。本书以城市创意产业区空间集聚的独特内涵与外延为切入点，挖掘空间集聚形成的因素构建研究基础，并借助于较新的量化研究工具 DBISCP 算法，对上海市区 23 个典型创意产业区样本的空间集聚效应进行了横跨五年的实证研究，并进行了详细的相互作用机制的解析和可视化应用。经过深度学习和机器学习，可以有效地从指标数据中发现图像轨迹聚类信息，体现了地理信息科学和管理工程学科的交叉融合，也为大数据动态图像的集聚方法提供了全新视角和借鉴价值。

（1）理论意义。以管理工程学、空间经济学、城市地理学和城市规划学交叉前沿研究做基础，完善和丰富了创意产业空间集聚的耦合模式研究的基础理论，充实和完善了创意城市相关理论。创意产业的兴起和发展也带动了跨学科研究的繁荣。作为一个新兴的产业门类，创意产业不仅具有管理工程、产业经济学的共性，而且具有其自身产业的特殊经济属性。因此，研究思路、方法、视角及结论还没有形成统一的标准和体系，还有较大的拓展空间。随着创意产业实践的不断发展，从理论视角对创意产业空间集聚的研究正经历着研究方法、研究视角、研究范畴的变革。但从多因素理论模型构建假设，来探索城市创意产业区空间集聚的运行机理及组织驱动机制的研究尚属空白。因此，本书对城市创意产业区空间集聚演化机制的探索，从理论上丰富了创意产业空间组织系统学科体系。

（2）实践意义。对城市创意产业空间集聚——演化机理进行探索，开拓了学科研究的新领域、新视角和新方法。从空间集聚度视角研究创意产业空间影响因素和组织驱动的相互作用机理，深入分析多因素耦合中的结构耦合、外部耦合、内容耦合等影响，这对于我国城市创意产业发展集聚模式的选择，推动创意产业空间的健康发展，提升我国区域创意产业空间集聚的知识指标、创新驱动、多元拟合、价值溢出等有着十分重要的实践意义。

首先，建立城市创意产业空间集聚度的理论依据和指标体系，对于了解创意产业空间集聚演化的过程、探索创意产业空间发展的关键问题具有重要的指引作用。创意产业是城市重要的文化新兴产业，合理构建创意产业空间优化格局，打造空间集聚文创生态圈，应合理布局创意产业空间演进的发展战略，形成具有发展特色的集聚效应、规模效应，从而达到创新效应。

其次，建立城市创意产业空间发展形成耦合体系，为城市创意产业的空间演进——集聚实践提供科学依据。分析集聚关系和影响关系，确定城市创意产业空间集聚下驱动评价的指标系统，直接用于创意产业空间集聚发展驱动力实践。我国不同地区的文化创意资源丰富但各具差异性，这有助于资源的合理分配和调整。同时，对创意产业发展的相关配套体系建设进行提前全面规划，最大化提高创意产业空间集聚度的价值增值及溢出。

最后，建立城市创意产业空间集聚的大数据应用体系，进行产业空间集聚——偏移度的动态可视模拟，能适时有效地为城市创意空间集聚演化的实践提供科学依据，为政府决策和社会企业服务。应用系统是基于大数据可视化方法建立的，通过动态模拟可以发现创意产业空间热点区域的形成，对城市创意产业空间演化系统进行诊断，预测区域热点的形成，针对创意产业空间发展中的问题提出预案。因此，有重要的研发价值和现实意义。

三、研究思路

本书首先对学术界讨论较多的概念，包括文化创意产业、文化创意产业区域以及文化创意产业影响因素、组织驱动效应等相关文献进行梳理，归纳了创意产业区空间集聚的相关理论和实务界所关注的问题，在此基础上对创意产业区与空间集聚度的概念进行综合学科下的阐释，并对城市创意产业区域的空间集聚度、影响因素和组织驱动，即本书研究对象的含义进行明确。在厘清概念的同时，对三者的相关性进行整合。探究城市创意产业区空间集聚形成的相互作用机理，以空间测度模型、多元回归模型、TOPSIS 模型为基础，通过查阅历年统计年鉴和发放调查问卷、实地走访等方式，取得对应指标数据进行实证检验，完善了多因素理论模型的指标体系。以该模型为指导，选取合理客观的指标，并利用DBISCP 对其区域进行搜索；在 JAVASCRIPT 编程下，运用全新量化可视工具 E-CHARTS 作为视频载体，对上海普陀区、徐汇区、浦东新区三个地区进行创意产业大数据动态可视化，最后进行研究展望。总体研究思路如图 1-1 所示。

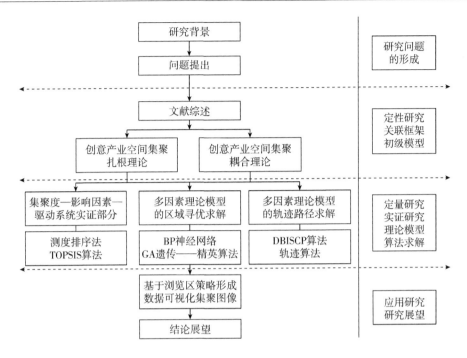

图 1-1　总体研究思路

第三节　研究方法和路线

一、研究内容

本书主要对以下内容进行研究：

（1）相关城市创意产业空间集聚概念界定和理论的梳理。对创意产业区空间集聚演化、城市空间集聚影响因素、组织驱动系统等基本概念及基本原理进行文献综述，列举在本书领域的应用等，找到研究的突破口。

（2）城市创意产业空间集聚多因素理论模型的初级建立。通过扎根理论阐述城市空间集聚—影响因素—驱动效应耦合过程；分析信息耦合—控制耦合—关系耦合发展含义、目标、过程、内外条件。由此探明了该模型耦合发展的运行机制及嵌合方式依据，并采用实证的方式修正多因素理论模型及计算公式。

（3）城市创意产业空间集聚多因素理论模型的完善。主要内容为理论研究的拓展、检验多因素理论模型的有效性。用赫芬达尔指数、产值区位熵对空间集聚进行测度比较研究，再用多元回归模型结合 TOPSIS 算法证明了模型的合理性及正确性，修正了计算公式。

（4）城市创意产业空间集聚多因素理论模型的求解。利用耦合模型的驱动关联，在上海全域范围内以驱动效应与集聚度的关联为基础，用遗传算法以较快的全局寻优能力搜寻到若干地标的集聚组合。用影响因素与集聚度构建 DBISCP 算法，以较强的求精偏移能力来迭代到最优集聚度，最终形成空间集聚的路径方式。

（5）城市创意产业空间集聚多因素理论模型的应用。利用计算机编码对创意产业空间偏移—集聚模型进行后台交互，实现代码交互，在容器中实现 3D 动态模拟，进行图底垫层叠合，并利用 E-CHARTS 可视图像对提出的偏移模型进行可视化展现。最后，在结论展望章节提出城市创意产业区空间集聚发展的创新驱动路径并勾勒出系统动力学 SD 模型。

二、研究方法

研究方法的选择对于研究问题的解决以及研究结论的形成至关重要，管理、经济研究方法越来越向系统工程理论方向深化。按照系统论的方法，将创意产业空间集聚看作一个整体做深入研究。在研究方法的选取上，采用多样化策略，在具体的研究过程中，综合运用多种方法灵活处理和解决研究问题，在研究过程中结合管理工程学、产业经济学、系统工程学、计算机信息、经济地理学、城市规划学等相关理论和研究方法。延续笔者硕士阶段关于景观产业的研究，采取开阔的研究思路，确保研究方法的多样性、研究系统的逻辑性、研究过程的合理性、研究结论的有效性、研究成果的落地性，力求从创意产业区空间集聚的本质、影响因素的特性以及组织驱动相互作用的关系出发，而不是孤立地去分析空间集聚内个别功能性要素的整体性。

（1）文献检索、调查法、比较研究方法与归纳演绎方法。笔者利用 Springlinker、Ebseo 等检索系统，查阅了国外关于创意产业、创意产业区域城市及空间等方面研究的成果、最新记录等。通过结合影响因素、组织驱动等相关理论，最终形成了本书的理论架构。对于数据的遴选，本书针对不同的方法进行了梯度式的认知研究；对于扎根理论，本书主要进行了文献调查法和访谈设计法并结合问卷调研形成综合数据；对于实证检测部分，主要运用产业年鉴、数据爬取形成的面板数据；对于训练部分，主要运用数据回测、视频流数据和环境网格建模的参数设置形成的数据系统。

（2）扎根理论、耦合理论等的定性研究方法。扎根理论是通过系统地收集和分析资料从而衍生出理论的研究方法,其基本宗旨在于从经验资料的基础上建立理论。现有文献对城市创意产业区空间集聚复杂体系有一定程度的研究,但没有形成系统权威的结论,而扎根理论被视为定性研究方法中最科学的一种。鉴于此,本书采用扎根理论的研究方法对城市创意产业区空间集聚的影响因素进行探索性研究,从而构建出空间集聚的多因素理论模型及驱动效应—影响因素—空间集聚度的内在关联框架。

(3)运用管理工程及系统工程学的定量研究方法。从定性分析趋向定量化研究,从中观层面研究逐步深入,重点采用创意产业空间集聚的关联模型、应用模型相结合的信息技术研究方法。在数理实证层面,对耦合模型、回归模型、算法给予支撑;在案例实证层面,与模型相互结合,最终基于创意产业空间集聚视角提出城市创意产业空间集聚创新路径,如图1-2所示。

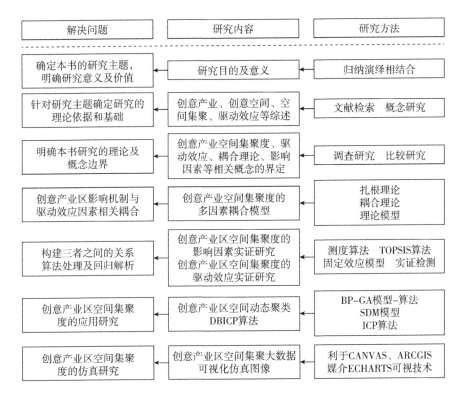

图1-2 本书研究方法汇总

三、技术路线

本书的技术路线如图 1-3 所示。

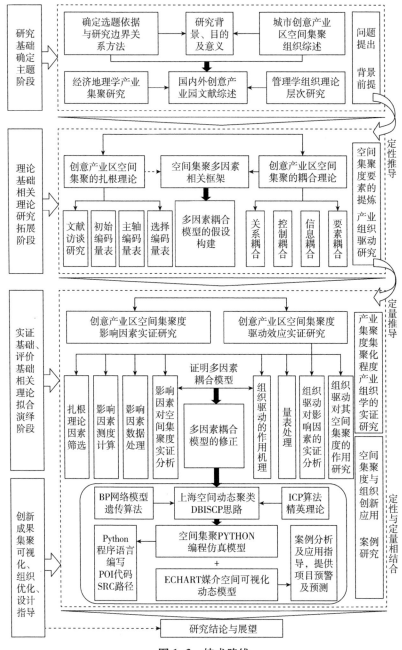

图 1-3 技术路线

本书的研究技术路线是"研究基础—理论基础—实证基础—创新应用"。首先回顾已有的和题目相关的理论研究成果；其次在已有研究的基础上分析城市文化创意产业区空间集聚的理论框架和研究思路；再次根据形成的研究假设，对耦合模型进行检验；最后进行评价及应用研究，提出城市创意产业区空间集聚的创新发展路径。

本书依据管理及系统工程的观点，综合利用耦合理论、神经指标、统计学、扎根理论、空间集聚度理论、组织驱动理论，定性分析与定量分析结合，规范分析与实证分析相结合，多理论、多视角综合分析城市文化产业区空间集聚的演化过程及发展路径，使组织及企业了解自身涉足空间集聚的可行性和必要性，可以预测高能人才的流量及集聚热点，可以为政府部门及时掌握城市创意产业区空间发展现状，进行文化产业规划、管理提供决策依据，为我国城市区域创意产业区空间集聚——演化发展提供理论和决策依据。

第四节 研究的主要创新点

（1）定性定量梳理了城市创意产业空间集聚指标资料，建立了驱动系统和影响因素指标的关联框架。在对创意产业空间集聚基本概念界定以及对其内涵的区域经济学原理、管理科学模型和数学分析的基础上，本书提出了对创意产业区空间集聚的概念理解。尝试构建了创意产业区空间集聚的研究逻辑构架，根据广义的驱动效应下影响因素作用机制，运用扎根理论和耦合理论的质性研究方法，对城市创意产业区的空间集聚的影响因素进行解构和重构，得到创意产业区空间影响因素的五大要素指标和驱动效应的六大类别指标，并与驱动效应的驱动因素产生关联，通过内生性驱动和外延性驱动两大创新驱动系统交互作用，共同构成了城市创意产业区空间集聚度的指标体系。同时，构建了城市创意产业区空间集聚的初级多因素理论模型，提出了驱动效应—影响因素—空间集聚度关联逻辑构架，具有较强的学科前沿性与理论创新性。

（2）实证探究了创意产业关联框架下指标的强弱相关性，拓展了多因素理论模型中各指标的应用范畴。利用创意产业空间集聚的测度分析和TOPSIS算法，实证检验了该模型空间集聚的相互作用机理。多因素理论模型显示了城市创意产业的影响因素的构成要素与驱动效应的动态关系，并从14项影响因素指标中选取了7项强相关作用指标，完善了多因素理论模型。研究发现，指标间的相互作用符合空间集聚指标的多功能区间函数描述，体现了城市创意产业区空间集聚下的演化规律。

（3）基于多因素理论模型指标提出空间动态集聚 DBISCP 算法，实现了创意产业空间动态集聚可视化的有效途径。说明了多因素理论模型在城市区域可视化方面具有较强的适用性。基于 Matlab 程序代码与 JavaScript 代码进行后台交互。在浏览器层面对权重信息进行赋值。在 CARVAS、ARCGIS 中展现城市创意产业空间集聚效果。最终导入 E-CHARTS 浏览器，生成大数据动态可视化动态图像，表现出理论模型的实际应用价值。本书为国家推进创意产业空间集聚区建设提供了从理论到技术操作的依据，具有较强的学科开拓性与学术创新性。对城市创意产业空间集聚区域、创意发展以及政策环境具有一定的指导作用，还可以对城市工程管控、规划决策实施和经济建设实践提供驱动支持。因此，本书的研究成果对促进创意产业空间集聚与驱动系统的创新发展具有现实意义。

第二章 创意产业区空间集聚度相关理论及文献综述

20世纪末期，世界大都市开始从工业城市向创新城市转型，对老工业城市内城区进行创意更新及特色重塑已经迫在眉睫。随着城市的创意更新及创意发展，无论是创新城市、智能城市、海绵城市、森林城市、韧性城市，还是垂直城市，均出现了城市创意产业区空间集聚的特征。本书认为，创意产业空间集聚是一个复杂的空间组织系统，它受内外驱动效应的影响，在驱动条件合适的空间范围内产生影响因素，而影响因素直接形成了创意产业空间集聚的动因。本章的研究基于驱动系统、影响因素指标概念及研究进展进行文献综述，提出空间集聚度、影响因素以及驱动效应三者理论上存在研究必要性和研究可行性。首先，在前人研究的基础上对相关概念边界进行深入阐释，并对城市创意产业区的空间集聚度提出了自己的观点。其次，对城市空间的集聚度、影响因素和驱动效应进行初步的认知研究，为下一章创意产业空间集聚指标类扎根研究提供理论支撑。

第一节 创意产业空间集聚度理论及方法

一、空间集聚指标化简介

（一）概念缘起

空间集聚思想及理论最早起源于赫伯特·西蒙（Simon Herbert，1962）在20世纪70年代提出的复杂系统设计。复杂系统的特点在于可以分割和拆解成单独的小系统，并对这些系统进行有效处理；20世纪90年代后，该理论被有效应用于管理工程领域。鲍德温和克拉克（2015）针对指标化产品特征，预见了创意产业指标化在信息时代的重要特征。青木昌彦（2001）提出了指标的概念含义：指标是一种半自律性子系统的抽象量化，指标化则将这些量化的事实及依据进行统筹。徐宏玲等（2005）对指标化组织的成因、路径及运行机理进行了系统性概括等。戴魁早（2018）通过对指标化的路径及运行机制的探讨，成功地把指标的系统性理论与政府机制和城市发展策略联系起来。

（二）理论发展

林雄斌和杨家文（2018）提出了"经济空间集聚与多样化路径"概念。罗珉和李亮宇（2015）提出，产品或业务的指标化直接导致了空间要素和组织的指标化。刘芸和朱瑞博（2018）认为，空间指标可以通过标准与非标准的界面结构与耦合性系统理论适当结合，并按照一定的路径及创意方式相互结合构成更加复杂的系统。孙婷和余东华（2018）认为，就空间指标与组织驱动的关系来说，空间集聚是由一组空间指标按照某一界面规则构成的"基因组"。Youmin Xi 和 Xiaojun Zhang（2013）认为，各组织系统的内部外部通过一定的"诱导规则"，才能耦合空间集聚下影响因素和驱动系统的产生。因此，运用耦合机理促成创意产业空间集聚的指标化建立，是解决空间局部互动与全局演化的关键。良好耦合作用的指标化空间集聚将促使各指标在驱动优势、创意更新、空间发展、价值溢出、外部共享、内部结构调整等方面产生积极影响，更有利于创意产业区空间集聚效应的产生。盛革（2014）认为，空间集聚指标化为实证及科研提供了良好的基础，有利于创意空间的聚合与扩散。空间集聚指标化体系强化了空间集聚在驱动效应和影响因素的创新路径方面的优势，符合本书运用驱动效应和影响因素指标化来研究城市空间集聚热点的要求。

（三）研究现状

许多学者探索性地对创意产业区空间指标化条件进行了直接或者间接的研究。国外大多从创意产业与城市更新、可持续发展与智慧园区等结合的角度展开研究，例如，Richard Florida（2019）强调智慧及知识产业对产业园区经济的推动作用，指出创意人才集聚是促进产业园区功能转型和经济增长的关键。Wayne Atton（2020）通过城市触媒理论（Urban Catalysts）将产业区的影响因子称为"创意媒介"，进一步联系并带动产业园区域范围内智能元素的发展，提升了空间地域特色。Li H. 和 Wu J.（2022）通过对创意园空间产业格局的变化分析，识别出创意园在发展过程中功能的不确定性和创新属性。Xiaolu W.（2021）对城市创意遗产保护再利用问题进行了探究，形成了工业及创意遗产保护与空间再利用的创新模式。国外研究也注重创意产业链的协同效应，如伦敦的科技城（Tech City）通过创意与科技的融合，形成了完整的创新生态系统。尽管美国和欧洲的许多学者研究了存量创意园区的空间改造模式，企图通过空间多功能利用、共享办公、创意文化场景打造等方式盘活并提升创意园区的经济效益和社会影响力，但由于国外城市与上海市的现实背景和产业发展形态的差异较大，对创意产业园空间优化的指导性有限。有关创意园的功能性破局有待研究细化及分类探讨。

国内方面，王玉梅（2018）提出，创意产业区的空间集聚可以通过影响因素和驱动协作进行拟合，实现创意产业的指标联合化，从而有利于创意产业区的空间重构。臧建东和章其波（2018）明确指出，城市创意产业区域通过产品指标化、空间指标化、资源指标化和组织指标化来探索创意产业区组织驱动机制。创意产业采用空间指标化的组织形式，可以方便产业内外的知识及价值溢出与共享。余晓泓（2010）认为，创意产业区的空间指标特征体现了空间组织的复杂适应性系统。他提出复杂系统理论和空间指标化组织模式的创新应用，例如，启发式算法在聚类方面的应用，认为实行空间集聚的指标化发展是增强创新能力和提高创新收益的有效方法。韩顺法等（2018）认为，产业区进一步发展的重要方向和动力的依据之一便是空间指标，创意产业的指标化综合了空间的集合性、空间的分解性、空间的演进性、空间的响应性，并形成具有兼容性、重复性、适应性的空间集聚评价。

（四）指标评估

在空间聚类的指标评估研究中，徐汉明和周箴（2017）基于环境效度影响因素分析下的创意产业园区评估指标体系，提出了环境驱动下构建创意产业园区评估指标体系的若干建议与对策，并对评估指标的多样性及实用性做了总结。姜玲和王丽龄（2016）通过研究评估了大多数文化创意产业的集聚效应总体上能够产生正效益，但某些组织的集聚却会出现负变化。冯根尧（2014）提出应充分发挥空间集聚的高融合性、高集聚性、高辐射性的特征，通过形成新的组织驱动产业链，带动相关产业发展。陈建军和葛宝琴（2008）依据城市空间产业空间集聚原理，评估了创意产业园的空间集聚可以提升组织的外部经济性和规模收益性，具有提高创新能力以及降低风险的作用。杨勇等（2015）通过空间测度方法对科普产业空间集聚度及驱动模式进行识别。董秋霞和高长春（2010）将影响创意产业园区竞争力的组织驱动因素进行系统性的分析，构建了评估指标体系。以上对组织驱动的研究主要聚焦于环境、产业链、价值风险等层面，对于驱动模式与空间的聚类关联的研究较少，涉及驱动系统与空间集聚的动因关系没有定论。

（五）扎根理论的概念界定

扎根理论（Grounded Theory，GT）是一种质性研究方式，一般的方法流程是将经验资料的积累、查找、访谈经过一定的总结后建立理论。其主要的方法内容为：在没有理论假设的前提下，直接从实际观察和文献整合入手，从原始资料中总结归纳，并形成系统的理论。这是一种科学的归纳方法，即在系统性收集资料的基础上寻找反映事物现象本质的核心概念，然后通过这些概念之间的联系建构相关的理论。扎根理论要有真实的数据及材料的支持，才能从纷繁杂芜的现象事实中抽象出新的概念和思想。扎根理论方法体现了后实证主义的范式哲学思想，也适用于理论的构建及证伪。该理论说明，只有从资料中产生的理论才具有生命力。

从真实的资料中提升理论是扎根理论的灵魂，只有通过对资料进行深入分析，层层剥茧，才能逐步形成理论框架。一般需要4~5个关键的科学归纳步骤，从下到上将资料不断地进行浓缩。扎根理论事先并不需要设定假设进行逻辑推演，它强调的是归纳分析的科学性。必须依赖文献、数据、访谈、面试等事实作为研究的依据。关于城市创意产业空间集聚指标类的扎根理论研究将会在第三章详述。

二、指标类耦合概念分类

（一）耦合的条件界定

耦合是指两个或多个系统和结构方式通过相互作用形成一个整体或体系的物理现象，一般用于物理学领域，是在子系统间相互影响、相互联合、相互作用、相互协调、相互促进的动态结构关联体系。在复杂空间集聚的复杂网络中，任意一个指标发生改变，其余指标也会发生联动变化。改变一个指标的强弱，也会引发其他指标产生相应的反馈，进而对耦合体系产生相应的影响。

耦合理论也可以用在空间经济学领域，目前，学界研究的热门包括产业空间集聚与区域经济耦合、空间组织与行为耗散耦合、区域经济与生态环境耦合等，以上均是研究耦合系统的联系性及协同性。耦合的理论为研究管理工程与系统工程领域提供了全新的视野。

（二）耦合性的概念

耦合性也叫块间联系，指对软件系统结构中各指标间相互联系紧密程度的一种度量。指标之间的联系越紧密，其耦合性越强，指标之间的独立性越差，指标间耦合的高低取决于指标间接口的复杂性、调用的方式以及传递的信息。

耦合效应（Coupling Induction）也称互动效应、联动效应。所谓耦合效应是指两个（或两个以上诸要素之间或诸系统之间发生相关联系的）子系统通过中介环节的关联和相互作用时，既有作用与反作用方式，又有吸引和排斥而形成更大系统的现象。这种现象在复合材料力学中称为耦合效应。

（三）耦合效应的分类

基于物理学领域的分类，耦合的种类也有很多，依据耦合度从强到弱的顺序可分为以下几种类型：内容耦合、公共耦合、控制耦合、标记耦合、数据耦合、非直接耦合六类。其中，内容耦合是对各指标的内容进行相互关联；公共耦合是多个指标均为一个共同的事项服务；控制耦合是指一个指标对另外指标的控制性；标记耦合不进行数据传递，而是进行结构信息传递；数据耦合用来描述数据间的信息关系关联；非直接耦合不进行主要的数据及信息交换，而是通过主事项指标进行控制和作用。本书主要采用信息耦合、控制耦合、关联耦合。

（四）耦合效应的研究现状

耦合描述的是城市创意产业空间复杂系统下驱动系统中多个指标间的相互影响、相互作用的关系。各个指标间相互联系、约束、协调，进而产生整体的关联性和一致性。原则上，空间集聚指标设计间的耦合关系应尽量松散，形成松散的体系。各指标之间的耦合，尽量规避使用数据耦合、内容耦合，应增加使用控制耦合，在扎根理论研究阶段的空间设计、编码、测试和维护时就把各个指标明确下来，形成综合的指标体系。

城市产业区空间集聚关系中各指标间应该采用较为松散的耦合。本书同时嵌入多个空间元素指标进行梯度分析。Beekun R. I. 和 Glick W. H.（2003）认为，松散耦合可以提高各空间集聚节点的可重用性。刘茂松（2005）认为，空间集聚的指标化优势在于空间组织形式创造的"新组合"信息化体系。党兴华和张首魁（2005）应用 DCS 耦合模型，为研究创意空间集聚的控制耦合、信息耦合和关系耦合打下基础。程立茹和周煊（2011）认为，指标化技术耦合降低了创意组织与关系组织间的相互关联，外部激励条件是创意市场服务的自主创新价值提升，内部条件可以直接影响空间整合和创造过程，但在空间集聚阶段仍会产生积极作用。

三、空间集聚度测算方法

（一）研究现状

随着上海的快速发展，各个城区的城市创意产业区数量增加，为该区域带来经济和资本的增长。国内外研究表明，创意产业多向经济发达城市聚集发展。城市集聚度已经成为体现城市创意综合竞争力、城市区域发展活力、城市时尚消费力创意指数、城市创意提升的重要评价因子。产业空间集聚度的测算以及产业空间集聚的测算经过多年的发展，已经从赫芬达尔指数和空间基尼系数这两种早期的测量方法转换为 E-G 指数、L 函数等新的测量方法，研究的方法也日臻成熟。进一步探索关于创意产业空间集聚度的研究有利于认清空间集聚度的演化趋势。当今主流学派多用区位熵测量创意产业的地域分布，研究多呈现创意产业空间集聚地理特性。例如，部分学者侧重于空间集聚指标选取及识别研究。产业空间集聚指标最初源于 Costanza（1997）在 Nature 期刊发表的空间系统价值体系研究。王娟等（2006~2008）将创意园区的绿色碳指标核算运用到社区空间评价中。肖燚等（2017）把产业园文化系统服务的空间格局运用于基础设施空间中。彭建等

（2017）通过阐释创意园产业数智生态格局，提出了绿色经济指标筛选、数据边缘计算修正等进行智能格局构建；刘海猛等（2020）提出了解释城镇化与产业园环境耦合机理的分析框架 CHNC，并论述了其指标、概念、内涵、演化规律的相互作用。郭永等（2009）的研究表明，随着城市集聚度的提升，服务业也与城市发展外扩同步发展。曹祎遐（2012）基于价值指标化的创意组织驱动模式提出产业空间集聚的创新形态。马仁峰（2011）通过构建多元回归揭示了创意产业区空间测度演化与大都市空间重构机理。苟昂和廖飞（2005）开展了基于组织指标化的价值网络研究。胡彬（2007）探讨了创意产业价值创造的内在机理与政策导向。褚劲风（2008）从文化环境、科技水平、人力资源、知识产权等影响要素出发，立足上海创意产业空间集聚的现实条件，建立多元线性回归模型，发现了人口密度与创意产业空间集聚测度之间构成显著的逻辑内在性等。总体来看，以上研究从创意园的空间框架整合、产业指标筛选慢慢转向关注产业变量集聚、耦合跨界、区域协调等议题，但对创意园绿色低碳产业集聚模型指标的系统量化、算法与指标定量检测方面仍然略显粗糙。

（二）空间集聚度指标

赫芬达尔指数（HHI）：赫芬达尔指数是一种对产业集中度测度的指标，在经济领域和管理工程层面应用较为广泛，能很好地体现创意产业集中程度。指数内涵通过计量市场份额的变化，量化各市场或空间创新主体所占市场空间总收入或总资产百分比的平方和，可以得出城市创意产业中创新规模的离散度。其计算的公式为：

$$HHI = \sum_{i=1}^{N} \left(\frac{X_i}{X} \right)^2 = \sum_{i=1}^{N} S_i^2 \qquad (2-1)$$

式中，X 代表某个地区中全部企业的总体规模，X_i 代表第 i 个企业的规模，$S_i = \frac{X_i}{X}$ 代表第 i 个企业在这个区域当中的市场占有率，N 代表该地区中的企业数目。通过该指标可以清晰地看出地区产业的集中度，其特点如下：

（1）当地区的整个市场落入一家企业时，即该企业垄断这个市场，则有 $HHI = 1$，此时产业具有最大的集聚度；当所有企业的规模相同时，则有 $HHI = \frac{1}{n}$，此时产业被平均分配，产业空间集聚度最小。故此，这一指标在 $\frac{1}{n} \sim 1$ 波动，数值越大，表明企业规模分布的不均匀度就越高。

（2）该指标克服了绝对集中度和相对集中度的缺点，对大范围的空间区域及大规模的市场份额的计量非常敏锐，对小规模的空间市场份额的计量则不敏锐。

（3）该指标不受空间区域创意企业数量和产值规模的影响，能较好地测量区域创意产业在某一时段集中度的变化趋势。

空间基尼系数：空间基尼系数也是一种应用比较广泛的用于测量产业空间集聚度的方法，是由克鲁格曼在1991年提出的，用来测量产业空间集聚程度的指标。其计算的公式为：

$$G = \sum_{i=1}^{n} (S_i - X_i)^2 \qquad (2\text{-}2)$$

式中，G为空间基尼指数，S_i为i地区某行业就业人数占全国该行业就业人数的比重，X_i为该地区就业人数占全国总就业人数的比重，对所有地区进行加总，就可得出某行业的空间基尼系数。空间基尼系数的值介于0~1，当$G=0$时，说明该产业平均分布在各个区域；当$G=1$时，说明该产业完全集中于某一个地方，其值越大，表示该行业在地理上的集聚程度越高，即创新产业在地理框架限定的范围内集中趋势明显。

EG指数：Ellison和Glaeser（2005）指出，基尼系数大于零并不表明有聚集现象存在。换句话说，空间基尼系数测算出的不平均并不意味着存在集聚现象，因为它没有考虑到区域企业间的规模差异。例如，超大规模的企业的产值很高，并不意味着在该区会出现创意产业空间集聚的现象。EG指数则规避了上述缺陷：一是把以市场接近为导向的空间布局行为产生的聚集剔除；二是避免了大范围、大规模的单一企业造成的集聚假象，其计算公式为：

$$\gamma_{EG} = \frac{G - \left(1 - \sum_i x_i^2\right) H}{\left(1 - \sum_i x_i^2\right)(1 - H)} \qquad (2\text{-}3)$$

式中，G表示空间基尼系数，H表示赫芬达尔指数。Ellison和Glaeser指出地理集中度指标分为三个区间：第一个区间为$\gamma < 0.02$，表明空间集聚的离散及波谷区域；第二个区间为$0.02 < \gamma < 0.05$，表明空间集聚的均质区域；第三个区间为$\gamma > 0.05$，表明在空间集聚的峰值区域。

区位熵指数：在空间经济学产业结构研究中，一般采用区位熵指标来分析区域主导性及部门的专业属性。区位熵在研究高层次区域的联系性方面很有效。它是由哈盖特所提出的概念，反映了区域内创意产业部门的专业化程度，以及某一区域在空间的集聚作用。区位熵的计算公式为：

$$LQ_{ij} = \frac{q_{ij}/q_j}{q_i/q} \qquad (2\text{-}4)$$

式中，LQ_{ij}为j地区的i创意产业在某一个区域的区位熵，q_{ij}为j地区的i创意产业的相关指标（如产值、就业人数等）；q_j为j地区所有产业的相关指标；q_i

指在全国范围内 i 创意产业的相关指标；q 为全国所有产业的相关指标。

LQ_{ij} 的值越高，区域创意产业空间集聚水平就越高，一般来说，当 $LQ_{ij}>1$ 时，被认为 j 地区的区域集聚度为佳；反之则具有劣势。区位熵在一定程度上能很好地反映出区域层面的创意产业空间集聚水平和集聚趋势。

（三）TOPSIS 模型简介

TOPSIS 法（Technique for Order Preference by Similarity to Ideal Solution）是一种多目标决策方法。方法的基本思路是定义决策问题的理想解和负理想解，然后在可行方案中找到一个方案，使其距正理想解的距离最近，而距负理想解的距离最远。

理想解是设想最好的方案，它所对应的各个属性至少达到各个方案中的最好值，负理想解是假定最坏的方案，其对应的各个属性至少不优于各个方案中的最劣值。方案排队的决策规则是把实际可行解和理想解与负理想解作比较，若某个可行解最靠近理想解，同时又最远离负理想解，则此解是方案集的满意解。

（四）面板模型简介

面板数据就是时间序列截面数据，又称混合数据。面板数据模型具有三种形式，分别是混合效应模型、固定效应模型与随机效应模型。平常接触的时间序列数据以及截面数据都是一维数据，时间序列数据就是变量在不同时间上的数据，界面数据则是变量在截面空间上的数据。面板数据是综合考虑上述两个方面的数据结构，合成得到的二维数据。

面板数据的表示需要用到两个下标，既讨论个体截面维度，又表示时间维度，例如：

$$y_{i,t} \quad i=1, 2, \cdots, N; \quad t=1, 2, \cdots, T \qquad (2-5)$$

式中，N 表示面板数据当中具有 N 个个体，T 表示时间序列的时间长度。对于面板数据，如果固定 t 不变，则 $y_{i,\cdot}$（$i=1, 2, \cdots, N$）表示横截面上 N 个随机变量；如果固定 i 不变，则 $y_{\cdot,t}$（$t=1, 2, \cdots, T$）是纵截面上的时间序列变量。

混合效应模型：时间层面与截面层面是不同的。在时间层面中，不同的个体之间不存在显著性的差异；在截面层面中，不同的截面之间不存在显著性的差异，即各个回归系数不随个体与截面的变化而变化，此时，可以直接将面板数据混合在一起用普通最小二乘法进行参数估计，建立混合效应模型：

$$y_{it} = \alpha + \beta x_{it} + u_{it} \quad i=1, 2, \cdots, N; \quad t=1, 2, \cdots, T \qquad (2-6)$$

式中，α 和 β 不随 i，t 变化。

固定效应模型：采用在模型中加入虚拟变量的方式估计回归参数，称此种模型为固定效应模型。其具有的三种类型主要有个体固定效应模型、时间固定效应模型、时间个体固定效应模型。

$$y_{it} = \beta_0 + \beta_1 x_{it} + \beta_2 z_i + u_{it} \qquad (2-7)$$

式中，z_i 是不随时间变化的潜在变量，不可观察，但与 x 相联系。上式可以变化为：

$$
\begin{aligned}
y_{it} &= \beta_0 + \beta_1 x_{it} + \beta_2 z_i + u_{it} \\
&= (\beta_0 + \beta_2 z_i) + \beta_1 x_{it} + u_{it} \\
&= \alpha_i + \beta x_{it} + u_{it}
\end{aligned}
\tag{2-8}
$$

随机效应模型：采用虚拟变量的原因是解释变量的信息可以通过对误差项的分解来描述这种信息的缺失。

$$
y_{it} = \alpha + \beta x_{it} + u_{it}
\tag{2-9}
$$

式中，误差项在时间上和截面上都是相关的，用三个分量表示如下：

$$
u_{it} = u_i + v_t + w_{it}
\tag{2-10}
$$

式中，$u_i \times N$（0，σ_u^2）表示截面随机误差分量；$v_i \times N$（0，σ_v^2）表示时间随机误差分量；$w_i \times N$（0，σ_w^2）表示混合随机误差分量。同时假定 u_i、v_t、w_{it} 之间互不相关，各自分别不存在截面自相关、时间自相关和混合自相关。关于空间集聚指标类的实证研究将在第四章提及。

四、BP 神经网络模型简述

（一）概念简介

人工神经网络是 20 世纪 40 年代出现的，由众多的神经元的连接权值连接形成，具有大规模并行处理以及分布式信息存储、良好的自组织自学习能力等特点，在处理信息、识别模式、智能控制等领域得到广泛的应用。其中，误差反向传播算法（Error Back Propagation Training，BP）是一种可以逼近任意连续函数的算法，其有很强的非线性映射能力，而且网络中间层数、处理单元数及网络的学习系数等参数需要根据具体情况设定，灵活性很大，因此它在许多应用领域中起到重要作用。

20 世纪 80 年代中期，许多研究人员发现了误差反向传播算法，这一系统解决了多层神经网络连接权学习问题，在数学上给出了完整推导。后来，把采用这种算法进行误差校正的网络模型称为 BP 网。

（二）运作方式

首先，BP 模型是一种监督式的学习模型，BP 神经网络输入学习样本，进而使用反向传播模型对神经网络的权值和偏差进行反复调整训练，使输出的向量与期望向量最大限度地接近，只有当网络输出层误差的实际训练结果的期望值小于指定的误差时，训练才能完成，保存网络的权值和偏差。

神经系统的基本构造是神经细胞，也称神经元，它是处理体内信息处理、传递的一个基本单元。在生物学上，每一个神经元都是由一个细胞体和细胞体所伸出的突触组成的。突触将神经细胞的信号传递给其他的神经元，一个细胞既可以同时传递信号给多个细胞，也可以同时接收多个细胞的信号，如图 2-1 所示。

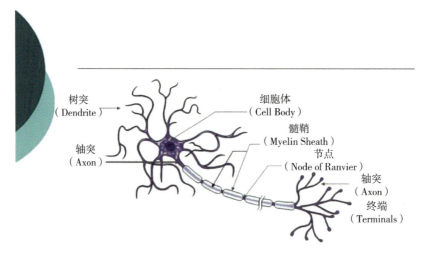

图 2-1　神经细胞信息传递示意

根据神经传递的生物模型，建立起一个数学上的模拟神经信息传递过程的模型。每个神经细胞既可以接收多个细胞的信息，也可以传递信息给多个细胞，传递的信息包括放大、缩小信息，各个细胞之间形成一定的空间拓扑形态，信息的传递具有传递性和时序性。根据以上的想法，建立单个细胞模型，如图 2-2 所示。

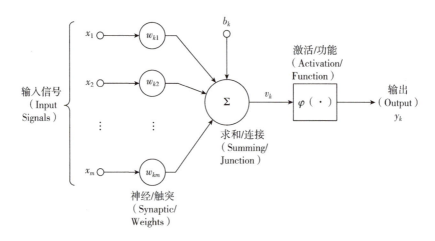

图 2-2　单个神经细胞的输入传出示意

单独的一个细胞所体现的功能是非常单一的，只有多个单个细胞组成一定的空间形态，才能体现出信息传递、记忆学习的功能，根据之前的假设，在单个细胞的基础上建立相应的空间网络。神经系统的基本构造是神经细胞，也称神经元，它是进行体内信息处理、传递的一个基本单元。在生物学上，每一个神经元都是由一个细胞体和细胞体所伸出的触突组成的。触突将神经细胞的信号传递给其他的神经元，一个细胞可以同时传递信号给多个细胞，也可以同时接回多个细胞的信号。空间网络包括输入层、隐含层、输出层。输入层和隐含层、隐含层和输出层之间是通过权重的矩阵相互关联的，以此来实现信息交换的目的。每一层可以由许多个不同的神经元组成，同一层内的各个神经细胞不能相互交换信息。该层的任意一个细胞均可以和上一次或者下一次的任意一个细胞相连。任意一个细胞的值发生改变都会影响下一层所有的值。

　　从空间拓扑图形中可以看出，整个系统中存在两种传播的途径：一种途径是由上一层到下一层的正向传播，每一个神经单元通过一个权重向下一层传播信息，信息是在一层层的神经元细胞之间逐渐传递的；另一种途径是反馈的机制，下一层的输出结果能够反馈到上一层或者上几层的神经细胞，这一机制就保证了神经系统的稳定性，通过权值的反复调整，最终达到一个稳定的权重状态。

　　BP 神经网络学习机制运行的特点是能够进行学习，从数据中不断学习来改善权重，这种改变是一个动态的过程，在反馈中不断地调整权重新适应新的环境。BP 神经网络实际上是一种监督学习，即数据能够根据自己的数值对输入的样本给予"回应"，"回应"是指信息每次传递的结果都会有一个标准的结果与之对比，这样的信号可以用来判断计算的误差和精度，相应地，系统会根据误差的大小，进行权重的更新。当预测的情况输出与期望的输出差距很小时，达到预期的精度后，训练完成，整个网络系统独自作为一个系统，BP 的单元结构如图 2-3 所示。

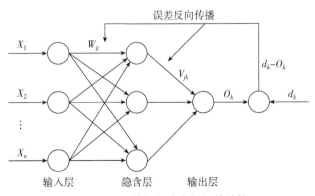

图 2-3　BP 神经细胞空间拓扑结构

在神经网络示意图中，W_{ij} 是输入层与隐含层的权值，V_{jk} 是隐含层与输出层的权值，X_1、X_2、$\cdots$、X_n 是神经网络的输入值，d_k 是希望输出值，d_k-O_k 是作为反馈信息传递给之前的层，大小是实际输出与预期输出之间的误差。关于空间集聚指标类的求解研究将会在第五章第一节中提及。

五、SWARM 群智能算法

（一）概念简述

随着全球科技进步和区域一体化的发展，创意产业的空间聚集性分析对城市地理深层次空间构建和区域创新发展具有重要价值。伴随着大数据可视化的应用，创意产业空间集聚的研究与影响因素、算法模拟、可视图像日渐紧密，SWARM 群智能算法成为判定区域热点集聚、改善城市空间结构、提升城市管理水平的先决条件和重要手段。具有相当重要的地理创新意义。

Liu Yun-Hao（2012）认为，大数据可视化预测主要以群智能统计聚类方法和 SWARM 插件形式支持，并将机会网络引用到数据传输过程中。MATLAB 作为计算平台，具有很好的预测及建模性能，但其界面只能研读单纯的函数线性变化，缺乏对模型的动态可视化描述，且无法重复动态过程造成系统置换，同时占用了更多的系统资源。因此，将数据模型与可视化模型进行有效映射，增强模型透明度、提升数据交互更新能力是 SWARM 图形可视化研究的重要方向。

（二）研究现状

目前，国内外群智能 SWARM 算法有三类：第一种是以蚁群算法为代表，该算法是对蚂蚁群落采集食物过程的模拟，已经成功运用在很多离散优化问题上。第二种是以粒子群算法为代表，是源于对鸟群觅食过程中的迁徙和聚集的模拟，主要应用于函数优化方面。群智能优化广泛应用于社会生活中，如路由选择、负载平衡、工程分配、故障定位等。因此，该系列算法尽管并未完善，但其优异的求解能力正吸引着越来越多的技术人员对其进行研究。第三种是 SWARM 智能算法，是一种在空间数据库搜索群集的动态密度聚类算法。这类算法与计算机图像研究和 AI 人工智能研究的关系密切，常用的划分法和层次法可发现球状动态聚类，且对图像噪声数据特别敏感，而基于密度的算法可以发现任意形状的聚类，也能对噪声数据进行较好地处理，如 K-MEANS 算法、层次聚类算法、DBSCAN 算法、图形聚类法，其中 DBSCAN 算法是一个比较有代表性的基于密度的聚类算法。与划分和层次聚类方法不同，它将簇定义为密度相连的点的最大集合，能够把具有足够高密度的区域划分为簇，并可在噪声的空间数据库中发现任意形状的聚类。随着问题的日益复杂，理想状态下的算法已不适用于具体问题。本书在分析蚁群算法的优缺点之后，尝试着以杜宾 SDM 模型为基础，以二者融合产生的

DBISCP 算法求解空间集聚的实际问题。如表 2-1 所示。

表 2-1 SWARM 智能算法特点比较

群智能算法	优点	缺点	目前应用的领域（截至 2018 年）
PSO	算法寻优精度高、收敛速度快、鲁棒性强，函数优化	算法复杂、参数较多	路由选择、负载平衡、工程分配、故障定位
GA	算法收敛速度快、全局寻优能力强	易陷入局部最优、效率低、能得到满意解早熟收敛	工程结构优化、悬臂桁架位移、路由算法、高光谱图像波段研究、农作物优化、分配工序
ABC	收敛速度快、全局寻优能力强、参数少	易陷入局部最优、稳定性差	仿生芯片研究、公交指标、站房设计
WPA	算法收敛速度快、全局寻优能力强、初始值对算法影响不大	易陷入局部最优、寻优精度差、算法复杂	复合算法研究、公交路线研究、地铁线路研究
DE	算法收敛速度快	寻优精度低	数据挖掘、模式识别、数字滤波器设计、人工神经指标、电磁学
ACO	全局寻优能力强、易于与其他算法相结合、离散优化	初始信息素较低、搜索路线不稳定	旅行商 TSP 问题、雷达信号、信息处理、软件估算、节能调度研究、路由算法、图像研究、分配工序

在理论研究层面，由于驱动效应的间接相关性及对影响因素的作用传导，本书选取对空间集聚度产生直接作用的影响因素层面，即用影响相关作用机制作为实现空间集聚算法的重要研究步骤，进行实际应用及价值推广。在技术研究层面，针对空间集聚度与影响因素的实际关联，通过遗传算法对上海区域空间进行优化训练，再求解空间集聚路径，最终形成 POI 算法及研究思路，在实际应用中研判各城市的创意产业区个体对于空间集聚活力的表现。

在方法研究层面，遗传算法是模拟生物进化的寻优方法，遗传算法是利用种群进化进行快速搜索，具有全局收敛性，利用其产生并遴选较优的空间区域找到满意解。然后，基于 DBSCAN 层次聚类算法对满意解进行更小范围内的空间集聚和线性轨迹，即改进后的 DBISCP 模型。这一算法充分利用了遗传算法的快速性、随机性、全局收敛性以及蚁群算法的正反馈性、求解高效性、建设性的"集聚"启发式特征。故将遗传算法和 POI 算法融合应用于上海城市创意产业区的空间集聚动态模拟中产生了很好的应用效果。借鉴其思想，在研究思路层面将对几种算法进行创新融合。

在技术研究层面，创意产业区空间集聚选择是一种基于复杂系统模型的区域路径组合优化问题，它要求所选的驱动和影响指标有较好的性能，即选出信息量大、相关性小、类别可分性好的指标。指标选择技术包括两方面：一方面是准则函数，另一方面是搜索方法。目前，启发式搜索方法有分支定界法、粒子群算法、蜂群狼群、遗传算法、POI 算法等。基于分支定界法的波段选择能够用相对较少的时间选择出最佳区域组合，但其要求准则函数是波段数目的单调函数，且在样本数多时计算效率低。粒子群算法计算速度较快，但选择的区域组合相关性大、性能差。基于蜜蜂、狼群算法的空间选择能够获得性能较好的集聚组合，但计算时间较长，且结果稳定性较差。遗传算法是一种概率搜索算法。基于遗传算法的波段选择可以较好地解决区域选择过程中样本偏移数目多、难以遍历的问题，但其收敛速度问题目前仍无法得到满意的解决，即在有限的时间内无法有效收敛。综上所述，现有的空间集聚应用方法大多不能兼顾区域效率和精解效率两个方面。

在空间聚类算法方面，孙国道等（2018）通过道路卡口数据和城市 POI 数据，通过 DBSCAN 聚类算法模型，用 B-T 可视化展示不同的功能区块以及人群移动。王子毅和张春海（2016）研究出用户交互需求的空间可视化更新模型 DRILLDOWN 模型，拓展了交互的数据能力。屈华平和李健（2012）研究出对于预处理过滤系统的流水线模型，强化了空间感知数据的挖掘规律。宁安良（2010）利用可视化的回路模型优势，发现空间数据驱动图形可以更好地交互和标靶数据的准确性。苏楚等（2018）发明了空间转换模型，基于可视化多层次数据钻取并进行不同图表间的动态跳转。以上空间可视化研究应用注重模型的数据表达及分配方式，但对空间模型算法的数据筛选及交互语言的内在关联并未过多涉及。关于算法构建的研究将在第五章第二节中提及。

第二节　城市创意产业区空间集聚度相关概念

一、空间集聚的发展缘起

创意产业区的空间发展脉络，其发展较为领先的英国、美国、澳大利亚已经呈现出明显的产业空间集聚化特点。近几年，国内创意产业区空间集聚模式在各地均有快速发展，具有代表性的北京、上海、香港等城市集中着全国大多数的创意企业。创意产业空间集聚是空间集聚组织系统，它受内外驱动效应的影响，在驱动条件合适的空间范围内产生影响因素，影响因素直接形成了创意产业空间的集聚的动因。目前，该领域的相关研究者已从影响因素分析视角、发展模式识别视角、企业组织互动机制视角展开了一系列的研究。但对于揭示创意产业区空间集聚度驱动效应创新能力的关系却鲜有研究。因此，本书尝试在理论研究城市创意产业空间集聚对组织驱动影响因素的基础上，进行相关概念边界的深入阐释，对城市空间的集聚度、影响因素和驱动效应进行比较研究，如表2-2、表2-3所示。

表2-2　产业空间集聚与经济发展对城市演化的影响

项目	主导经济—空间关系			
	农业经济	工业经济		知识经济—创意经济
社会类型	农业社会	工业化前期	工业化后期	后工业—信息、创意社会
城市化	缓慢城市化	加速城市化	郊区化	逆城市化—再城市化
城市发展	城市化集聚量变	第一次城市集聚转变	第二次城市集聚转变	第三次城市集聚转变（本书案例研究体现）

资料来源：马仁峰. 创意产业区演化与大都市空间重构［M］. 杭州：浙江大学出版社，2014：32.

表2-3　创意产业空间结构发展界定——以现代城市为例

城市创意产业的空间结构			产业组织结构
空间集聚阶段	空间集聚表征	空间层面	主导产业
创意产业要素孵化	形成一些创意产业的最初驱动条件	点状要素	知识密集型产业组织
创意业联动发展	形成优势产业链，以产业链带动产业组织上下游发展，产业空间集聚度明显增强	链状结构	资本要素、技术条件等组织介入
创意产业热点生成	少数优势地区发展成为增长极，初步形成空间集聚体系，产业空间集聚增速	小区域循环结构	资本要素、产品输出、服务业形成动态均衡
创意产业园区形成	创意产业规模集聚开始出现，由自组织生成，也可以由他组织生成，形成空间集聚的规模体系	区域组织结构	政策导入、市场调节、资本密集型、知识密集型组织介入、溢出效应出现
创意产业区域要素	由创意产业园、产业热点、产业动态、产业信息等各种相关创意指标形成的空间复杂指标关系体系，也是本书研究内容	城区空间指标关系结构	高新技术密集型、资源互助型、结构驱动型、环境友好型、改造型、供给侧型产业功能组织优化
创意产业融城创城	创意产业区域引发的都市功能效应明显，城市产业比重及职能、效率开始嬗变，形成完善的创意城市网络体系	城市生态圈复合结构	以全要素创意产业平台为本的可持续城市结构体系

二、空间集聚的概念特征

近几年，创意产业空间集聚的驱动系统特征引起了国内外学者们的广泛关注，关于创意产业的空间集聚理论的论文数量也逐年上升，从概念理论派的学者霍金斯、凯夫斯到佛罗里达城市创意产业学科研究，经历了从创意阶层、创意城市、创意产业链到创意产业空间结构等深层次问题的跨越发展。今天，创意产业区空间组织与空间经济发展紧密结合，创意产业空间经济的影响力日渐扩大。相应地，城市创意产业空间集聚作为绿色生态产业发展的主要模式之一，其产生的学科影响力及社会生产力已经得到了诸多学者的认同。

西方新产业区的精髓是走自立型而不是依附型发展道路。对于发展中国家来说，加强区内组织间的合作联系、建构区域创新指标和发展新产业区是非常重要的。新产业区理论的贡献在于：发展中国家的新产业区应是具有发展意义的，而不具有依赖意义。因此，与发达国家类似，发展中国家新产业区内企业的联系与合作指标，是其持续创新的重要条件。发展中国家需要高度重视产业区内企业的合作指标和企业在本地的根植性问题。区内企业间、企业和大学、企业和其他机构间产生相互作用，形成不断促进技术创新的区域社会文化环境。

近年来，国内外产业经济学、区域经济学、社会学、地理学以及技术经济学等不同学科都针对产业区的空间集聚现象，从不同侧面展开研究并取得了大量的成果。总体来看，国内外空间集聚现象的研究主要集中在产业区的形成和空间集聚机理、空间集聚创新优势与竞争优势、空间集聚与组织驱动理论以及空间集聚的案例分析等方面。本书试图从创意产业区空间集聚的研究缘起开始，进行简要梳理和评述。

（一）城市创意产业区空间集聚的区位特征

国外对产业空间集聚现象的研究，最早可以追溯到马歇尔的产业区理论，他将地域相近的企业和产业的集中区域称为"产业区"。在研究早期工业地域分布时，马歇尔察觉到专用机械和专业人才在产业空间集聚区具有较高的使用效率，并指出，产业空间形成的原因在于为了获取外部规模经济提供的好处。这种好处包括提供协同创新的环境、共享辅助性工业的服务和专业化劳动力市场、平衡劳动力需求结构和方便顾客等。遗憾的是，马歇尔之后的主流经济学并没有对产业区现象进行更深入的研究。

此后，对产业空间集聚的研究兴趣来自"第三意大利"，包括意大利中部和东北部各省的经验。波特在研究国家竞争优势的过程中，注意到一国的优势产业往往在地理上集聚，从而开始对集聚经济进行研究，并对产业空间集聚进行了定义。继波特之后，产业空间集聚领域的研究开始吸引不同学科研究人员的注意力，逐渐成为国外理论研究的热点。

（二）城市创意产业区空间集聚的外延特征

城市创意产业区空间集聚的概念有别于产业集群。所谓空间集聚，是指一定数量的创意企业基于一定内在原因在地理位置空间集中的组织现象。城市产业区的空间集聚不仅包括本地企业组织，还包括提供研究和技术性支持的政府机构以及其他机构，如大学、智囊团、专门培训教育机构、行会等。由此看来，广义的城市产业区的空间集聚不仅涵盖企业空间集聚，而且包括特定区域的非企业机构。在空间结构上，"产业群""产业空间集聚"与"空间集聚"有明显差异。"空间集聚"更加强调创意产业的物理空间属性。研究发现，相关企业可能共存于某种特定产业和空间区位内，有可能彼此共存于某种特定产业内，并相邻于相关支撑产业的空间共享区位。本书主要关注创意产业区空间集聚的组织系统及影响因素的指标属性，重点研究多因素指标下的动态集聚特征和管理应对策略。为此，本书之后的相关研究中，主要采用创意产业区空间集聚的概念，不涉及创意产业集群和相关业态的相关研究。

（三）城市创意产业区空间集聚的驱动特征

空间集聚效应（Combined Effect），是指在某一区域中的各种产业和经济活动在空间上集中产生的群聚效果以及吸引创意产业组织及活动向某地紧凑的过程，空间的紧凑度导致了城市创意产业的群体集中化。空间集聚效应是一种常见的经济地理现象。以美国硅谷为例，在硅谷聚集了几十家全球 IT 巨头和众多的中小型高科技公司，构成了全世界第一个美国硅谷电子信息创意产业区；国内的例子也屡见不鲜，形成了城市高度集中化的制造业空间集聚布局。类似的效应也出现在其他城市，如北京、上海这样的大城市中具有多种空间热点和集聚效应，甚至创意管理中也存在着空间集聚效应，通过集聚效应，可以在某种程度上对园区内组织间创意知识的传播和共享起到一定的疏导、传播作用。对于相关指标的研究也是本书研究的重点。

（四）空间集聚的形成因素

创意产业区空间关系影响因素的研究，最初源于 20 世纪末欧洲创新环境研究小组（Gremi）提出的"milieu"概念，译为"场景"或"氛围"。Landry 定义创意情境是"建筑物的创意空间集合性，创意价值的思维流动性"。以后的学者发展了创意空间的概念，如 Charles Landry 的七要素理论，并把这些要素发展成指标化，即人员品质性、意志领导性、人力多样性、人才发展性、组织文化性、地方认同性、都市空间性、设施动力性，通过这些指标及要素，可能产生适合创意企业及组织的空间集聚。Florida 提出了创意空间产业发展的"3T"要素，即创意技术（Technology）、创意人才（Talent）、城市的包容力（Tolerance）。Glaeser 则认为创意空间集聚真正有效的是"3S"要素，即技能（Skills）、阳光（Sun）和城市蔓延（Sprawl）。G. Hearn 从动态的空间角度提出，知识产权保护机制、活力的创意人才群体、宽广的信息交流平台以及完备的风险投资体系是创意产业发展必要的四大要素。Scott 认为，生产者的空间集聚化所形成的经济价值凸显、地区劳动力市场的多样性、创造性领域的发展是城市空间发展创意产业的重要条件。Potts J.（2007）认为，创意产业区内有产业空间集聚增长效应及其影响因素，即区域空间的根植性，所以才能形成亟需的产业规模。Rachelle Bosua 和 Nina Evans（2012）认为，政府可以通过完善交通及基建设施等相关环境政策发展赶工服务等相关产业，为创意产业空间集聚营造一个适宜的发展环境。黄滢和陈堂发（2018）提出，空间环境、法律法规、城市基础、产业关联性等是创意产业城市空间集聚的重要指标，也会促进城市文化经济学视域下的中国传媒产业空间集聚发展。蒋三庚和王莉娜（2017）研究北京市文化创意产业空间集聚效应，提出产业空间集聚的空间形成机制和发展模式。朱政和张振鹏（2018）通过对伦敦、东京迪士尼公司产业空间集聚的案例进行分析，对创意产业组织理论进行了空间驱动的内生研究。

创意产业区空间集聚主要通过创意文化创造力改造发展区域，故其对地区经济再生能力、空间创新能力、旧区改造能力、形象重塑能力和文化旅游衍生能力等方面都具有显著的优势。首先，Francois P.（2010）认为，创意产业区空间集聚的发展引起了城市文化经济的勃兴。Chuluunbaatare 等（2014）从创意产业空间集聚的功能入手，从空间功能演进方面指出城市创意市场、产业消费、创意价值对集聚起到了正向作用。城市创意产业间接促进了城市旧区改造、社区的微更新、区域创意形象的判识等。正如 Heur B.（2009）所论述的："'文化'已成为所有正消失的土厂和仓库的魔法替代品，并作为创造新城市空间形象的装置，正使城市更具吸引流动资本和专业人才的能力。"创意产业区空间集聚与城市建筑遗产、交通属性的密切关系，也是构成城市文化旅游的关键。因此，地方文化旅游的发展与城市创意产业空间集聚有着密切的关联。Dwi Suhartanto 和 Anthony Brien（2018）专门论述了城市、文化旅游和文化产业的空间发展关系，认为文化创意空间与建筑社区、遗产保护、工程保养和基建更新是紧密联系的。刘芬芳（2017）以创意音乐产业的案例分析为基础，研究创意产业和城市发展之间的关系，并深入探讨了创意产业区空间集聚的价值。郎嵬和克里斯托弗·约翰·韦伯斯特（2017）则运用凯文·林奇提出的城市意象六大性能指标，探讨了城市创意产业区域空间集聚发展所需的内生性及外部性。

综上所述，本书认为创意产业区空间集聚的指标涵盖外部效应、驱动属性、影响因素、组织结构、金融环境等城市发展建设的重要指标。在加强空间集聚及发展的同时，应促进产业区空间信息传播和地域交流及创意商品沟通，促进价值结构升级和经济增长方式的转变，形成创意产业区的空间价值溢出，从而在提升城市片区综合竞争力、打造城市创新特色、实现城市创产空间一体化方面起到重要的作用。

三、空间集聚的概念认知

本书对城市创意产业区空间集聚定义进行了定义。首先，创意产业区空间集聚是一种动态聚类的组织驱动复杂体系，也是一种物理空间的动态表征，这是研究的重要概念基础。其次，创意产业区空间集聚下各种内外部环境条件是空间动态聚类存在和发展的指标基础。最后，不断深化的创意产业影响因素是空间聚类的研究基础，产业空间集聚包含了某创意产业驱动效应下各种相关动态聚类行为，创意产业区集聚度是驱动效应下影响因素的空间投影。此外，不同的地理区位的创意产业和创意资源能催生出不同类型、不同结构、不同形态、不同竞争力的产业空间集聚。许多创意产业的空间集聚还把教育跟空间挂钩，由政府和其他机构提供专业化培训、教育、知识、信息研究和技术支持，形成科研机构、智囊机构、培训机构的提供者和贸易联盟等。本书认为，存在某种系统性的驱动效应，经过空间化的指标重组和空间指标的效应转换，与影响因素共同作用生成创意产业区的空间集聚及指标特征。

总之，城市创意产业区空间集聚伴随着创意产业新兴，根植于区域发展、人文地理和空间经济学理论基础，因此，具备前沿性和传统方法性的特点。故用管理工程学的方法进行研究，因其较强的空间集聚表征，对创意产业区空间集聚的影响因素和驱动效应的探讨更应注重空间结构及其指标属性。

第三节　创意产业区空间影响因素的研究动态

近年来，关于"创意产业空间集聚的影响因素"等研究与一般意义上的"创意产业空间"并未形成统一的理论框架和完整的理论体系。本书为创意产业区空间影响因素理论提供了新的视角。传统空间影响因素的研究多基于影响因素的视角，或多或少忽视了影响因素的信息传递、影响因素的传播方向、影响因素的价值溢出在创意产业空间集聚创新中的作用。影响因素是指将创意产业空间分为许多可以独立体现其集聚的影响指标，并通过模型框架及规则进行驱动统合的过程。因此，创意产业区影响因素充分利用空间指标化协调形态实现空间集聚及创新，空间指标化内外部驱动方式和空间创新战略的作用日益凸显，空间导向下指标加速了集聚创新的速度。本书认为，创意产业区的空间结构呈现出集聚状特征，可以通过影响因素的指标，基于算法整合来实现空间集聚的可视性。通过实证与求解，实现了空间集聚的可视化图像，并对城市创意产业空间集聚提出了相关对策建议。

一、影响因素的概念

影响因素的概念性研究进展也非常迅速，Baldwin、Clark 以及青木昌彦等（2002）分别对创意产业空间集聚的指标进行了深化研究，构造出了空间集聚的发展模型。其中，青木昌彦和安藤晴彦（2003）进一步认为，创意产业空间集聚化是创意环境需求下的资源整合、技术支撑、产品标准、创意消费和资源分配等不平衡发展的必然结果。

在创意产业区的发展初期，空间指标不断得到丰富和提升。褚岚翔和黄丽（2018）对产业区的企业数量、租金水平进行了对数值研究。张祥建等（2015）发现，投资需求、财政支撑对空间集聚起到显著的促进作用。刘磊（2013）研究表明，市场经济背景下科学与公众的教育产业创新发展的基础与空间集聚性相关。另外，零售产值、消费要求指标也是构成创意产业空间集聚的重要影响变量。根据 Liliana Rivera（2014）的研究，影响因素符合对创意产业调节变量的产业逻辑衍生，基于周期性的创新产业投入、知识获取与转移能力强化并呈现空间集聚的演进效果。陈向东（2004）认为，空间指标化的影响因素可以从经济性、技术性、分解性三方面来表述。Jordi McKenzie（2013）认为，使用空间指标化的影响因素可以采用差异化的竞争、消费产品的运作、财政政策的扶持和园区空间的建设四个特征来表示，创意产业空间集聚在不断演化和发展。

二、影响因素的识别

Capello R.（2012）首先提出"影响因素"（Dynamic Influence）的概念，探寻在动态环境下，创意产业区保持空间集聚竞争优势的来源。Liant M. 和 Fujita M.（2006）认为，影响因素是在释放地域发展、园区服务、消费创新、产业协作和资金支持等方面对空间集聚的直接关联。地域发展是指遵循城市创意产业发展机理、通过产业区域合作来形成空间集聚的有效推进。产业协作指可以重复、交替地建立一系列产业相关、产业主导、产业分配和产业服务板块，这些是通过创意产业区相关组织的标准化界面实现的。资金支持可以是一种政策服务或是一种外部资源，可以在创意产业的供应链管理、消费者服务或类似的领域里创造新的产业结构。想要达到空间集聚，就需要通过建立一个标准化、体系化的"影响因素"对空间集聚进行系统性研究。而空间集聚是要使各个创意组织能够利用这些区域平台更好地实现创意的价值。

在影响因素及模型研究中，Mytelka Lynn（2000）认为，城市区域资源和制度背景对于区域经济增长具有决定性的作用，便利的交通系统和完善的指标设施是影响创意产业的关键因素。褚劲风（2009）将上海市创意产业产出值作为输出变量，建立了多元线性回归模型，得到影响因素各指标对产出的影响关系。谭娜、彭飞（2016）认为，文化创意产业集聚区建设对地区文化性因素、经济实力因素、城市开放程度和技术性形成有利影响因素。宗利永、李元旭（2015）通过文化创意类众包社区发包方参与动机研究，确立了创意产业企业开展专业服务众包的指标。陈前（2016）提出了空间创意类专业培养模式的指标。马仁峰（2011）通过构建多元回归模型，揭示了创意产业区演化与大都市空间的影响因素指标的关系。这些研究通常以区域资源、创意产值、文化技术因素等作为影响指标，针对影响因素指标的全面性及相关性研究较少。

第四节　创意产业区组织驱动效应的研究评述

一、组织驱动的概念及特点

经济学中的组织概念是由英国著名经济学家马歇尔首先提出的。其在1890年出版的《经济学原理》一书中，将新的生产要素描述为一种能够强化知识作用的组织集合，他把组织驱动视为创新产业部门的基本单元。这些基本单元基于空间条件而构成集聚现象。其特点归纳为：①生产性。创意活动功能可以产生财富。②商品性。生产的产品和提供的劳务都不是自身消费，没有免费的创意消费品，换句话说，创意消费品就是具有创意属性的特色商品。③求利性。创意活动的价值是通过生产和劳务所得的经济收益，直接推动了创意产业的发展。④组织性。创新系统的基本单元形成某种产品的生产能力与创新规模，体现在某种劳动服务所产生的经济价值。创意产业区的空间集聚既保留了供应链、价值链等这些现代创意产业区模式的优点，也有其自身的特点。本书从现有文献对空间集聚的研究来看，以上资料大多是从外部市场、政策引导、资源配置、投资价值、教育管理、创意商品等角度来判识创意产业区空间集聚发展。

二、创意产业组织驱动

随着产业空间集聚分析范式的日臻完善，部分学者开始探索空间集聚下组织驱动的本质问题，对产业空间集聚指标的探索往往始于评判性指标。商灏和杨瑞龙（2015）认为，空间集聚的评价指标日益演化成为介于企业与市场之间的一种重要的、有效率的组织形式。对产业空间集聚的组织驱动属性的研究，已经成为深化创意产业空间研究的新切入点。吴德进（2006）提出，产业空间集聚是一种中间性体制组织，决定了产业空间集聚组织的效率界限，产业空间集聚的驱动研究开始体系化。梁军（2008）认为，产业空间集聚的驱动系统是一种中间组织，指标内创意产业之间的重复性交易是彼此联系的纽带，也可以看作动态演进的新形态，隐含了产业空间集聚长期演进的约束条件。以上学者也基本认同产业空间集聚与组织驱动系统的关联性，指出创意产业空间集聚的驱动与组织科层、市场需求、政策引导等密不可分。其中，有一小部分学者的研究已经涉及产业空间集聚下组织驱动系统的深层次探讨。但是，目前的研究鲜有深入剖析空间集聚的驱动特征和价值论证。本书认为，产业空间集聚具有组织驱动的特征，能够在创意产业空间集聚的发展过程中保持稳定的空间边界，并在集聚层次范围内形成产业空间的圈层优势。

三、驱动系统的概念

在中观的研究层面，驱动系统是城市创意产业空间集聚的外生空间与内生空间的条件动力。文献研究表明，学术研究者几乎都选取空间集聚过程中创意政策、创意产品、创意服务及创意人才作为驱动指标。Porter（1998）、Krugman（1991）、Krugman 和 Venables（1995）将城市创意经济空间集聚与经济活动的驱动现象联系起来，并将空间因素纳入传统经济学分析中，试图从新的角度解释经济集聚对创意空间的正外部性和经济活动分布的空间集聚规律，其中正外部性也被称为空间集聚的促进效应。由于驱动效应，经济集聚效应被很多学者证明可以影响城市创意产业区域的空间紧凑性。Ciccone（2002）、Brülhart 和 Mathys（2008）、范剑勇等（2006，2013）将这些驱动指标产生的空间集聚效果联动研究，得出城市创意产业的空间集聚所带来的正负外部性同时取决于其驱动效应和影响因素的共同结果的论断，具有一定的管理应用和借鉴价值。

肖雁飞和廖双红（2011）认为，获取驱动条件需要大量创新性思维、专业性信息、相关政策、市场环境等的介入。潘瑾等（2007）认为，这些驱动元素来源于城市自组织的积累和他组织的协调。褚劲风（2008）指出，外部效应与内部效应均对空间集聚度产生至关重要的影响。

内部驱动效应是创意产业区空间集聚组织赖以生存的基础条件和创新要素。随着科技水平的提高，区域驱动要素的内生性需求依赖区域经济的传递性形成最初的创意需求，王发明（2009）认为，创意需求在空间地理上的邻近，是创意溢出最主要的模式载体。彭张林等（2015）认为，释放出的创意信息形成了研发设计、创意零售、媒体娱乐及咨询决策的组织驱动雏形。这些组织集合通过战略规划、实施、调整、响应的驱动氛围引导，同时获取内部营运驱动的迭变能力。Jordi McKenzie（2013）认为，通过内驱的延展，创意产业空间将体现出自身发展所需的大量知识积累和技术类聚，从而促进创新价值的不断溢出、创新绩效的不断提高，最终导致创意产业空间集聚的生成。

外部驱动效应是催化创意产业区空间集聚的外部条件与环境，是中观尺度上对区域型空间集聚演进的组织基础。城市创意产业区的空间集聚是在自发形成、政府导向综合作用下产生的。创意环境开放型经济发展的交互，使创意产业的各要素能够在一定的地域空间中以自由流动的经济增长方式递进转变。从政府角度看，臧志彭（2015）认为，政策支持、资源汇集和创新制度为创意产业的驱动提供了生长优势，以创意经济为依托的市场品牌、商场适应力、应变力和占有率为创意产业市场化和有效性提供了支持。王苗宇（2012）认为，技术主导驱动的创新能力、制造能力、科技能力和研发能力提供了市场渠道的流通路径，这些外驱效应催生了零售产值、投资需求和租金水平等影响因素，同时也是创意产业空间集聚的重要发生机制导致其价值溢出的重要原因。

四、驱动效应的识别

城市创意产业区驱动效应的演变趋势在宏观层面到微观层面表现出的空间驱动特征是有区别的。在宏观空间区位选择方面，吴威（2014）认为，创意产业区空间集聚选择集中于产业集中度较高的大城市，这是一种创意产业与区域经济增长互动发展的自组织与他组织结合的典型区位演变趋势。另外，创意产业空间集聚的区位选择看似随机，却存在空间环境变化的区位转换规律。此外，余吉安等（2018）认为，创意产业技术创新与文化创意双轮驱动模式要根据各个城市创意产业区的实际情况发展考虑，并摸索创意产业空间集聚发展的有效驱动模式。具体表现在区域内外部影响，称为"驱动系统"。本书将在第三章研讨城市创意产业区空间集聚的指标类识别及构建。

五、驱动效应的机制

在城市创意产业区的空间驱动效应下，Piasno 和 Shune 首先提出"驱动能力"（Driving Ability）的概念，驱动效应是在空间环境下，利用结构创新、战略服务、市场协作和科技创新四个方面与园区组织之间的驱动连接，从而达到空间集聚的目的。驱动效应是指遵循产品创意化，整合创意集聚因素，通过创意合作来集聚创意空间等管理原则。在创意产业驱动下，利用平台优势创造创意价值溢出和空间集聚效应。

厉无畏和王慧敏（2009）认为，驱动效应竞争优势的来源是外部环境和内部组织的合理架构即外部性的适应能力和内部性的管理能力。具体来讲，相应的指标包括但不限于结构组建能力、战略远景能力、营运系统能力、创新管理能力等方面。这些指标能力把空间拟合优势、空间经济优势、空间管理优势统合为竞争力及空间凝聚力。李海舰和郭树民（2008）发展了该理论，他们认为，创意产业空间集聚驱动系统下的外部环境指标具有的替代性以及协同性与内部环境的结构函数趋同。创意产业区空间竞争力来自指标化体系，而指标化体系的竞争力来自影响因素的核心要素。余东华和苗明杰（2008）从空间指标化角度分析认为创意产业区为组织拓展成长空间提供了新的创新平台。内部驱动效应通过市场竞争能够降低生产和组织成本，增强驱动组织的竞争能力和空间聚合能力。王淑莉（2007）认为，外部驱动效应的竞争机制通过市场管理、组织柔性能够更好地满足外部消费者多样化的需求，更快地适应外部环境变化。另外，Armstrong H.（2007）认为，基于组织驱动系统内升能力进行技术空间创新。E. L. 格莱（2006）认为，基于创意产业区空间集聚发展，组织驱动系统外部性能够引导组织从地理集聚向政策集聚过渡。

第五节　国内外研究综述

近年来，关于创意产业指标大类的研究文献纷繁芜杂，有涉及研究世界经济一体化的创意指标的、有研究创意产业国家间不均衡发展和地区间指标差异的、有研究指标的价值溢出和环境效益的、有研究产业空间集聚指标偏好的等。在中国期刊网上，2003 年以前用管理科学与工程手段研究文化创意产业的论文几乎为零，2004 年以后关于这一领域研究的论文才开始迅速增加。2008 年搜索结果中，关于"城市文化创意产业"的各类期刊文章有 505 篇、空间集聚类的有 230 篇、动态聚类的有 88 篇、指标类的有 22 篇，还有些是相关的新闻媒体报道。这一情况表明，中国的创意产业空间集聚的研究还处于起步阶段。2014 年，创意产业的论文及研究又有了很大进展，虽然多数仍是介绍性文章，且创新性研究较少，但是对于创意产业概念内涵及外延的解读较为深刻，并且体现了创意产业的学科结合性。2003~2024年，中国关于文化创意领域的论文达41584篇。2010年达到峰值，为3772篇。2010~2024年有所回落，预计2024年的论文大约895篇。主要主题多分布在文化创意产业、创意产业、创意产业发展、创意产业园等领域。学科分布多在文化领域，占比达28.9%，其次是文化经济领域，占比达26.13，再次是服务业经济领域，占比5.5%，依次递减。说明文化创意产业的研究热度逐渐衰退，但是融合性、应用性研究逐渐增多，文章的主题也逐渐由理论研究转向应用研究（见图2-4、图2-5、图2-6）。

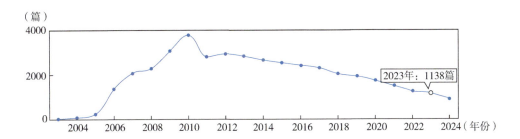

图2-4 2024年创意产业领域相关文章数量统计

资料来源：中国知网，经笔者整理。

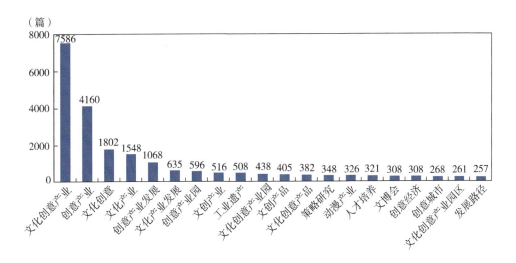

图2-5 2024年创意产业领域主要主题分布统计

资料来源：中国知网，经笔者整理。

在研究内容方面，创意化分工、创意竞争优势、创意生产方式、创意规模经济、创意技术支持、创意知识溢出等研究视角，共同形成了创意产业空间集聚的

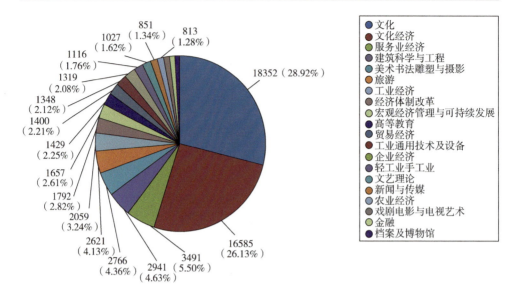

图 2-6　2024 年创意产业领域学科分布统计

资料来源：中国知网，经笔者整理。

研究体系，并在空间集聚的形成机制及创新指标等方面取得突破性成果。在研究方法上，既有试图构造纯理论模型的，也有立足于实证分析的，也有描述现象立地调研的。研究手法多样化、研究内容深入化、研究理论横向化、研究理念跨界化，这为本书的系统性研究提供了思路与眼界。在研究视角上，管理类别的空间集聚文章与城市规划类别的文章大致相当：如《城市规划》杂志 2017～2018 年的研究空间集聚度（空间紧凑度）的文章有 6 篇，而且论文的选题暗示城市创意产业空间集聚度与微能级城市的空间关系和大城市多核副中心的空间集聚有密切关联，国际范围内创意产业的综合研究统计如图 2-7 所示。

国外学者 Francois P.（2010）通过对大量 CCI 创意产业的特征进行研究，指出经济增长极具有一定的空间集聚发展趋势。Chuluunbaatar E.（2014）整合了海量的文献资料，得出 CCI 集聚发展的关键驱动因素。Craig C. S.（2013）探讨了城市在促进文化产品创造环节的作用，说明城市为文化产品的创作提供了新的思想和表现形式，是创意人才集聚地的成因。

国外研究表明，城市越发达，CCI 创意产业呈空间集聚化程度就越高。人才、经济、城市均成为创意产业空间集聚度形成的主要动因，但研究的层面太过宏观，不适用于中观层级的产业空间驱动效应解析。

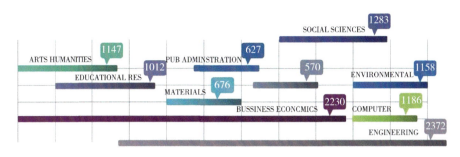

图 2-7　2022 年国际期刊创意产业研究领域统计

资料来源：Cnpiec LIKE Service，经笔者整理。

国内对于创意产业区空间集聚的相关研究，①产业空间集聚理论层面，王缉慈（2002）率先用新产业区理论分析了中关村新技术产业空间集聚区域，理论分析了用指标和植根性两个主要标准识别的新产业区空间集聚对于发展中国家的意义。李世杰和李凯（2005）从理论上分析了产业空间集聚可以看作复杂适应性系统，它的功能分解与功能整合均可以进行指标化构建。②创意产业空间发展层面，马仁峰（2011）通过构建多元回归揭示了创意产业区演化与大都市空间重构机理。杨勇等（2015）通过空间测度方法对科普产业空间集聚度及发展模式进行识别。③创意产业聚焦分析层面，高长春（2018）认为，应对中国创意产业空间集聚与企业绩效进行微观层面的实证分析研究。陈建军和葛宝琴（2008）发展了创意产业空间集聚的指标结构，并指出创意产业空间集聚的指标涵盖外部经济性、规模收益性、市场效应等，指标体系的搭建有助于提高创新和竞争力。④案例实证研究层面，褚劲风（2008）通过深度访谈、问卷调查统计和档案资料等方法，用多元线性回归模型实证研究了上海创意产业空间集聚影响因素的成因。万里洋等（2016）对创意产业空间发展模式进行了研究，通过空间权重矩阵的方法，对济南文化创意产业空间集聚发展提出建议。高长春和江瑶（2015）提出了地区文化产业发展的指标计量模型，并选取 1996~2009 年全国 30 个省份为样本，实证了文化产业空间集聚对区域创意产业发展的影响及对策。

综上所述，对于创意产业空间集聚理论的指标研究非常广泛，既能有效拓展经济地理学科知识，又能丰富组织驱动的相关理论，对于规模经济、外部经济、组织企业、产业联系等，创意产业指标也可以与区域经济发展相结合。虽然国内外相关研究注重分析产业空间集聚与空间组织之间的关系，但不难看出，城市创意产业空间集聚与驱动效应、影响因素之间的关系研究已刻不容缓，对三者之间的关系研究可以为国家大力发展创意产业、积极建设创意产业空间集聚区提供必要的理论依据和实证依据。因此，深耕创意产业空间集聚的驱动效应及创新能力指标，具有十分重要的理论价值和创新意义，也是进一步开拓创意产业区功能与空间集聚的创新关键所在，如表 2-4 所示。

表 2-4 国内创意产业领域研究基本情况

研究层面	学者	研究对象	产生的结论	与本书的关系
产业空间集聚理论	王缉慈	创意产业区域技术产业空间集聚现象	理论分析了用指标和植根性两个主要标准识别的新产业区空间集聚对于发展中国家的意义	中观层面的集聚识别及认知
	李世杰、李凯	创意产业空间集聚的复杂适应系统	理论上分析了产业空间集聚是其可以看作系统功能分解与相似功能再整合的指标化结构	集聚度的功能指标组成
创意产业空间发展	马仁峰	创意产业区域空间演化	构建多元回归揭示了创意产业区演化与大都市空间重构机理关系	创意产业区构成要素，呈现空间维的集聚扩散等时空特性
	杨勇、李素文、包菊芬	创意产业的集聚度与发展模式	通过空间测度方法对科普产业空间集聚度及发展模式进行识别	空间集聚度与发展模式之间的关系
创意产业聚焦分析	高长春	创意产业空间集聚与企业绩效	对中国创意产业空间集聚与企业绩效进行微观层面实证分析研究	采用回归模型、测度算法进行实证检验
	陈建军、葛宝琴	创意产业空间集聚与外部经济性、规模收益性、市场效应关系	依据产业空间集聚原理，证明了创意产业空间集聚可以使园区具有提高创新和竞争力以及降低风险的作用	创意产业外部特征的变量借鉴
产业案例实证研究	褚劲风	创意产业空间集聚影响因素的成因	多元线性回归模型的建立与实证研究了上海创意产业空间集聚影响因素的成因	空间集聚度影响因素的作用
	万里洋、董会忠、吴朋等	创意产业空间发展模式研究	通过空间权重矩阵，对济南文化创意产业空间集聚发展提出建议	创意产业空间集聚度的发展嬗变
	高长春	创意产业空间集聚对地区文化产业发展的影响	以全国30个省市为样本，构建文化产业发展的经济计量模型，实证空间集聚对地区文化产业发展的影响	创意产业空间集聚的发展评价

结论：通过对创意产业、城市创意产业空间集聚、空间影响因素、创意组织驱动、空间驱动效应、空间指标化相关文献的研究，提出本书对概念的认知及观点。当前对创意产业空间聚类在驱动系统与影响因素的指标关联性存在以下不足：①指标层面。对城市创意产业区空间集聚的研究有相对成熟的概念基础，并已有很多有价值的研究成果，但概念蕴含的层次边界不清晰。文献研究主要侧重于影响因素、驱动系统的单一性指标对空间集聚的影响，并未考量城市发展新阶段中驱动系统与影响因素指标假设的科学性。②研究层面。国外研究针对产业结构、产业发展要素分析等方面，国内研究针对价值链和空间指标属性等方面，目前对创意产业空间集聚的驱动系统研究不明确，影响因素的研究较为松散，指标构建深入研究尚欠，亟须引入最新的研究方法对空间集聚进行深入探讨。③关系层面。目前尚未发现有文献解读创意产业空间集聚与驱动效应、影响因素之间的关系，更缺乏对创意产业空间集聚下耦合机制的实证研究。由于被解释变量是驱动系统、影响因素类指标，因此，深入研究三者之间的相互作用机制，是当今城市创意产业空间集聚研究领域需要解决的问题。

基于此，本章对驱动系统与影响因素指标概念及研究进展进行文献综述，认为空间集聚度、影响因素以及驱动效应三者理论上存在研究必要性和可行性，空间指标化和扎根理论适用于创意产业区空间集聚的多因素理论模型的构建。进一步通过实证模型、求解算法、可视操作，最终形成城市创意产业区空间集聚的图像，进而提出适合现今城市创意空间发展的理念及政策建议。

第三章 创意产业区集聚度、影响因素及驱动关系研究

本章基于扎根理论，对创意产业区空间影响因素指标和驱动效应指标进行提炼，阐明二者之间的相关性，得出创意产业区空间集聚的初级多因素理论模型。首先，基于驱动系统与影响因素指标进行扎根过滤，得到城市创意产业区的14项影响因素和6大驱动因素，并对创意产业空间聚类的驱动系统与影响因素指标进行关联性分析，形成结构方程。其次，构建组织驱动及影响因素的指标关系，形成创意产业空间聚类指标体系。再次，基于信息耦合、控制耦合和关系耦合，对指标体系进行耦合划分。最后，生成创意产业区空间集聚的初级多因素理论模型。

第一节 研究前提

Caves（2000）和 Heur（2009）首次提出，在区域整体区域范围内，文化创意产业在地理空间上往往会产生集聚性特征。Scott（2000）认为，从创意资源开始，通过捕获灵感、增强创意能力，最终形成创意产业的集聚。创意产业的空间集聚实质上给组织驱动提供了一种存在集聚经济的影响环境。城市创意产业区空间集聚与演化过程是一个复杂的空间组织系统。城市在经济发展态势、经济增长方式、空间演化形式、结合空间要素的需求性、文化沉淀的历史性和人才行为的多样性等方面均构成了影响城市创意产业空间集聚的重要驱动效应，这些驱动效应内因与外因相互组合、交互影响，产生了驱动效应—影响因素—空间集聚度的内在关联体系。因此，提出如下思路：城市创意产业空间聚类与影响因素和驱动效应呈关联特征，如图3-1所示。

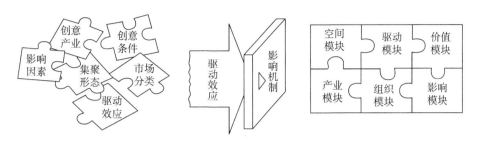

图 3-1　创意产业空间聚类、影响因素与驱动效应的整合

第二节　系统流程

扎根理论的流程设计，首先基于文献调查法对驱动指标和影响因素指标进行扎根理论（Grounded Theory）初始译码研究；其次对开放式译码、主轴译码、选择性译码进行空间集聚指标初始构建；再次借助 QSR NVivo12 软件进行译码统计分析；最后对指标体系进行实证检测。驱动系统下的影响因素是空间集聚复杂系统中的独立单位，也是判识空间集聚度的基础。本书采用扎根理论的方法进行分析和探索。目前，流行的扎根理论研究过程是 Strauss 和 Corbin 提出的程序化研究方法，其流程分为初始编码、开放式编码、主轴编码和选择性编码四大步骤。扎根理论的研究思路如图 3-2 所示。

第三节　调研数据来源

一、客观数据

扎根理论方法对客观文献的丰富度和多元性有要求。创意产业区空间聚类指标系统所涵盖的范围很广，具体可以细分为政府政策、园区建设、基建发展、创意市场和交通运输等方面。截至 2019 年，不同国家对创意产业区空间聚类的归类和划分没有统一的标准，如英国将创意产业空间聚类分为区位、广告、建筑、交易、制作、设计、休闲、开发八大类，体现的是以地理综合性和产业区位性为

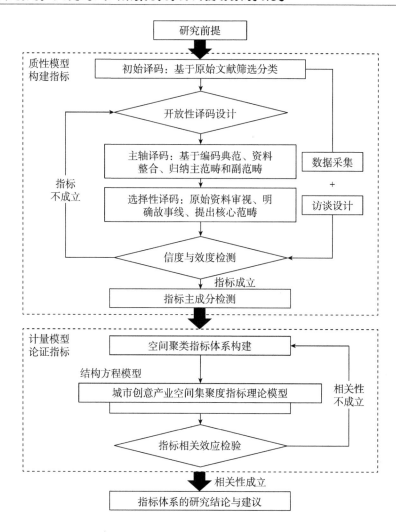

图 3-2 扎根理论的研究思路

驱动系统。美国将创意产业区空间聚类分为文化、影视、传媒、指标、建筑、产业、政府七大类，体现的是以创意产权和市场机制为空间驱动。本书根据研究需要，对创意产业空间集聚的研究主题进行分组。

客观数据的第一项来源，本书以"驱动效应"和"影响因素"为关键词，共收集 2014~2019 年的 350 份相关文本资料。收集文献资料的途径包括但不限于：东华大学图书馆相关文献资料、世界学术网站、百度文库、知网、相关新闻报道、行业资讯、各类相关的期刊。为了保证本书收集的创意产业空间聚类相关研究数据的相关性、真实性和有效性，又进一步对所收集到的资料进行内容排查、筛选，将本书的研究对象所属行业归为驱动效应、影响因素等 208 份无重复文本资料，再从中筛选出 68 份核心资料用于研究。其中，60 份用于译码分析，剩余 8 份用于描述性统计和信度效度检验。

关于客观数据的第二项来源主要有：①2016 年迄今学界高层（如上海社科院研究员李健、中国工业设计园区基础数据与发展指数研究员蒋红斌、东华大学工商管理学院教授高长春等）访谈报告分析记录。②2018~2019 年国际创意管理大会的专题专访、企业年报及纸质文献记录。③ 文化创意产业区文献。④2016 年迄今，创意产业、创意商品、创意消费、创意服务四个相关方面的文献资料。⑤部分数据来源于中国国家统计局于 2004 年 3 月发布的《文化及相关产业分类》；2006 年举办的"首届中国创意产业大会组委会"提出的中国第一份创意产业分类导则；2008 年开始上海、北京、杭州、深圳等地的政府管理机构尝试性界定的创意产业划定标准；2015~2017 年，清华大学主持的《创意工业产业区发展指数及研究报告》。该报告中的数据已经触及并部分涵盖了创意产业的类别，并细化到了二三线城市，具有较高的可信性，故可作为数据来源之一。⑥部分网络数据则根据政府网站信息公开统计年鉴的点击量，利用 Python 实现网络爬取，存放于 Porn 目录下。数据集的 70% 作为训练样本，各 15% 作为测试和验证样本。

关于数据选取的对象，使用的数据来自课题组于 2012~2016 年 12 月开展的上海创意产业空间集聚调研。根据获取的数据，截至 2017 年，经市委宣传部挂牌的市级文化及创意园区累计已达 96 个。课题组经市场调研走访发现，核心区域的创意产业区为 23 个。超过 30% 的文化创意产业区都集中在内环。其中，虹口区、杨浦区、长宁区、徐汇区、静安区、普陀区、黄浦区、浦东新区等上海市核心城区更是创意园区的集聚地，发展相对稳定、成熟。故选取此样本作为代表上海创意产业区的选择依据，研究所选用的数据资料主要来源于网络调查、统计年鉴、档案资料中的相关数据。

本书对原始数据采用取均值、求和等方法确定输入数据，并采用无量纲、归一化的方式进行训练。以上数据获取的路径由笔者与导师讨论后得出。

二、访谈设计

关于访谈设计的来源：主要采用深度访谈和开放式问卷调研的方法，对所获得的经验资料进行四级译码的研究处理。

此次访谈，主要运用了深度访谈和组群访谈两种形式。深度访谈强调现象到本质的过程性探索。本书选择了 32 位从事创意产业领域的受访者，采用对年龄、性别、职业、教育等编码的形式进行了 8 次一对一深度访谈，访谈时间为 0.3~

0.5 小时/次。本研究共进行了 3 次焦点小组访谈，每三人为一小组，平均时长为 40 分钟，形成约 5 万字的访谈记录，再将全部资料作为扎根研究的记录基础，进行四层译码分析。

扎根理论研究理论抽样往往选择有限的但具有代表性的定点人群做深度研究，其抽样过程具有目的性和非概率性，遵循以下三个标准：①受访者具备相当的教育水平和学术水准。受访者学历都在本科以上，以研究生为主，具有较强的逻辑思维能力和理解力。②受访者对其所属的创意产业区域有直观的印象和实践感受。受访者一般从事相关的创意产业工作，能够精准把握问题的关键，提高了访谈的效率。③受访者从事的行业与创意产业相关联。行业相关程度能直接提升人们对行业知识的了解程度。本研究的受访者尽可能达到空间集聚相关的创意驱动各类指标，满足于对驱动系统及影响因素的初始遴选。

第四节　扎根过程分析

关于此次研究工作的分工：以创意产业区数据与访谈结合的形式，由笔者及管理硕士背景的两名相关研究人员共同完成。相关的分工为：1 人负责客观数据的采集和资料的整理，1 人进行项目编码和软件研究，包括对数据的相关检测。根据扎根研究的需要，对所获得的经验资料进行初始编码、开放式编码、主轴编码和选择性编码四级编码，对资料进行详细的比选、整合、归纳、梳理、讨论等。每一个阶段形成的研究归纳又是下一个阶段的研究依据及基础，最后经过球形及饱和度检验，形成结构方程，使空间集聚指标模型体系化、关联化。

一、初始译码的设计

通过文献资料的破题、引用、分类、整合、逐段落反复仔细分析推敲，形成参考点，形成概念化和指标化成树节点，共发掘 24 项初始概念（a1～a24）、24 项提纯概念（aa1～aa24），进而归纳为 12 项初选指标（A1～A12）。在影响机制和驱动效度指标遴选方面，无论采取文献调研还是访谈调研，都要规避"指标共线问题"，从而重新整合资料，划分指标区间。基于驱动效度层面的文献综述，经过专家的访谈整合后形成初始译码。研究过程如表 3-1 所示。

表 3-1 驱动效应初始编码一览表

参考点举例	初步概念（a）	提纯概念（aa）	初选指标（A）	性质维度
肖雁飞、廖双红（2011）认为，获取该条件需要大量创新性思维、专业性信息、相关政策、市场环境等的介入。潘瑾、李崟、陈媛（2007）认为，这些驱动元素来源于城市自组织的积累和他组织的协调。褚劲风（2008）指出，外部效应与内部效应均对空间集聚度产生至关重要的影响。效应研究实例：王发明（2009）认为，创意需求在空间地理上的邻近，是创意溢出最主要的模式载体。彭张林、张强、杨善林（2015）认为，释放出的创意信息形成了研发设计、创意零售、媒体娱乐及咨询决策的组织驱动雏形。这些组织集合通过战略规划、实施、调整、响应的驱动氛围引导，同时获取内部营运驱动的迭变能力。Mckenzie J.（2013）认为，内驱的含义在于：大量的创意知识和创意技术通过市场渠道流入企业组织，通过创意绩效不断提高，最终导致了创意产业空间集聚的生成。效应研究实例：从政府角度看，臧志彭（2015）发现政策支持、资源汇集和创新制度为创意产业的驱动提供了生长优势，以创意经济为依托的市场品牌、商场适应力、应变力和占有率为创意产业市场化和有效性提供了支持。王茁宇（2012）认为，技术主导驱动的创新能力、制造能力、科技能力和研发能力提供了市场渠道流通路径	研发设计类 a1	设计驱动 aa1	驱动效应主导理念 A1	驱动内部结构、驱动类型、文化创意的专业分类的提取和描述
	媒体娱乐类 a2	娱乐驱动 aa2		
	文化艺术类 a3	文化驱动 aa3	驱动效应结构理念 A2	
	咨询决策类 a4	咨询驱动 aa4		
	战略规划周期 a5	规划驱动 aa5	驱动效应决策理念 A3	驱动内部方向性、引领性、决策性的描述
	战略实施周期 a6	实行驱动 aa6		
	战略调整周期 a7	整合驱动 aa7	驱动效应战略理念 A4	
	战略响应周期 a8	协同驱动 aa8		
	组织盈利能力 a9	盈利驱动 aa9	驱动效应营运理念 A5	驱动内部营运、操作流程、体系化的描述
	组织偿债能力 a10	现金驱动 aa10		
	组织筹资能力 a11	融资驱动 aa11	驱动效应营运理念 A6	
	组织增长能力 a12	增速驱动 aa12		
	创意市场价值力 a13	商场价值驱动 aa13	驱动效应市场环境理念 A7	驱动外部市场需求、诉求、市场增值能力的描述
	创意市场占有率 a14	市场占有比例驱动 aa14		
	创意市场适应力 a15	消费者偏好驱动 aa15	驱动效应市场客群理念 A8	
	创意市场应变力 a16	客群聚焦、灵敏度驱动 aa16		
	创意政策支持 a17	政策驱动 aa17	驱动效应政策引导理念 A9	驱动外部以政府为主导的政策红利及创意偏好描述（PPP）
	创意创新制度 a18	制度驱动 aa18		
	创意资源汇集 a19	资源驱动 aa19	驱动效应资源汇集 A10	
	创意立法支持 a20	法律驱动 aa20		
	创意科技能力 a21	科技驱动 aa21	驱动效应科技创新理念 A11	驱动外部技术性资源支撑、科技知识的外溢描述
	创意制造能力 a22	智造驱动 aa22		
	创意知识能力 a23	知识驱动 aa23	驱动效应知识转化理念 A12	
	创意研发能力 a24	研发驱动 aa24		

基于影响机制层面的文献译码，再经过专家的访谈整合后形成初始译码。共发掘 20 项初始概念（a1~a19）、20 项提纯概念（aa1~aa19），进而归纳为 10 项初选指标（A1~A10）。根据影响因素方面的文献综述，经过专家的访谈整合后初始编码举例如表 3-2 所示。

表 3-2 影响因素初始编码一览表

参考点举例	初步概念化（a）	概念化（aa）	范畴化（A）	性质维度
影响因素指标中，褚岚翔和黄丽（2018）对企业数量、租金水平进行了对数值研究。张祥建等（2015）发现投资需求、财政支撑对空间集聚起到显著的促进作用。刘磊（2013）研究表明，市场经济背景下科学与公众的教育产业创新发展的基础与空间集聚性相关。另外，零售产值、消费要求指标也是构成创意产业空间集聚的重要影响变量。根据 Liliana Rivera（2014）的研究，影响因素符合对驱动效应的调节变量的产业逻辑衍生，基于创意产业周期性的创新产业投入、知识获取与转移能力来强化并呈现空间集聚的演进效果。影响因素符合驱动效度中调节变量的概念规则和适用范围，基于创意产业创新投入、知识获取与转移能力来强化并呈现空间集聚的演进效果	园区文创财政支出 a1	财政影响 aa1	影响因素的扶持理念 A1	财政支持、互信、协同机制
	园区获得政府资金支持 a2	资金影响 aa2		
	园区政策响应机制 a3	政策影响 aa3	影响因素的政策理念 A2	
	园区与政府的友好关系程度 a4	关系影响 aa4		
	地区金融行业产值 a5	产值影响 aa5	影响因素的业务理念 A3	产业类型、产业展示、推广机制
	广告电视媒体产业的业务量 a6	业务量影响 aa6		
	出版产业的业务量 a7	宣贯影响 aa7	影响因素的宣贯理念 A4	
	新媒体展示空间的业务量 a8	展示影响 aa8		
	地区城市化率 a9	城市化影响 aa9	影响因素的城市化理念 A5	地区发展、区域创意氛围、创意空间机制
	地区创意从业人数 a10	城市员工数影响 aa10		
	地区创意产业人员平均工资 a11	薪酬影响 aa11	影响因素的薪金理念 A6	
	创意产业研发投入 a12	研发投资影响 aa12		
	创意企业入驻率 a13	入驻影响 aa13	影响因素的投资理念 A7	园区资金、发展、周期性演变机制
	园区每年投资额 a14	投资影响 aa14		
	园区平均租金 a15	租金影响 aa15	影响因素的租金理念 A8	
	园区规模企业数 a16	企业数影响 aa16		
	园区电子商务量 a17	电子商务额影响 aa17	影响因素的消费理念 A9	消费需求、客群消费、降本增效机制
	园区居民消费中文创消费额 a18	消费额影响 aa18		
	园区创意成本额 a19	成本额影响 aa19	影响因素的成本理念 A10	
	园区组织税收额 a20	税收额影响 aa20		

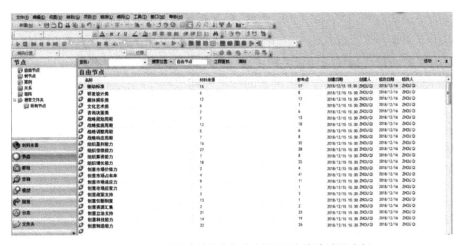

图 3-3　NVivo 驱动效应指标初始译码该统计过程分析

注：资料的初始译码涉及大量分析表格，书中只截取部分，以此为例。

二、开放式编码的设计

开放译码实际上是对访谈资料进行概念提炼的过程。首先，将受访人对创意产业空间聚类指标的观点进行整理，形成备忘录。其次，对筛选后的备忘录逐条进行初始译码贴标签，得到 380 条备忘信息。最后，把备忘信息进行开放式译码，通过软件 NVivo 归纳成自由节点与树节点相关联的编码。为保证译码的准确性及真实性，本书选择两位具有高等教育背景的译码员进行集采并进行原始语句独立转译，针对访谈语句赋予不同的译码。如图 3-3、图 3-4 所示。

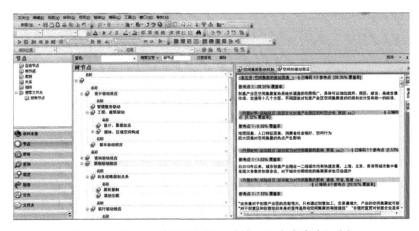

图 3-4　NVivo 驱动效应指标开放性译码该统计过程分析

注：资料的开放式译码涉及大量分析表格，书中只截取部分，以此为例。

首先，基于QSRNVivo12进行程序译码统计后，对各自形成的空间集聚的表述进行统一整合，形成几十个自由节点。其次，对自由节点进行合并、归类，形成空间集聚的粗选指标。如将结构主导、战略布局、营运计划等概念可以归类到"内部创意驱动"指标。合并所遵循的标准使初级概念之间有较高的相似性，如"管理服务""工程技术服务"意思可以归于"设计驱动"指标，也可以合并。再如将"特定客群""客户反映"合并到"客群反馈"指标。最后，经过逐项归类和合并，最终得到驱动效度与影响机制开放式译码粗选指标。如表3-3、表3-4所示。

表3-3　创意产业区空间组织驱动效应指标开放式编码结果举例

序号	概念化范畴（子节点）	初级概念（自由节点）	部分代表性的原始语句
1	设计驱动aa1	设计、建筑、工程、管理其他服务aaa1	"创意设计与独特集约的空间感情密不可分""创意产品市场的信息有效，通过创意技术使创意商品的整体质量及价值均有提升，顾客喜欢与众不同的东西和业态集约的环境""创意空间集聚越有个性，越受关注与喜爱"
2	娱乐驱动aa2	媒体、新闻、影视、创意产品aaa2	"比如说与影响力的娱乐手段，在独特的场所拍戏，均带给我精神上放松的空间享受""娱乐空间最好的形态就是开敞大气"
3	文化驱动aa3	追求创意商品、文艺创作、表演创意、创意联想、工艺品制作aaa3	"现在的创意文化集合店经营的成功之处在于创意商品的定制化、小规模化""一件有独特的物品常常能使人想起一次旅行、一段经历、一段文化等，其中特定空间及载体非常重要"
4	咨询驱动aa4	策划咨询、信息价值共享、社会经济咨询aaa4	"一个好的设计和想法，在体系上至少要经过创意咨询、创意生产、传播和消费几个环节，创意价值才能形成溢出效应""创意咨询的好处在于，可以与创意生产和产业消费形成链条，也彰显着创意教育的重要性"
5	规划驱动aa5	商务服务咨询战略关系、协作关系战略aaa5	"要空间规划的尽可能集中，让本书对产业区进行合理的规划""创意产业区需要传统创意产业的空间载体""创意产业区的空间类型不易复制""创意产业的发展需要空间集聚化、紧凑化的不断加剧"
6	实行驱动aa6	共生关系战略驱动、创意产业项目战略实施、试行、管控驱动aaa6	"创意产业空间的改造及设计执行，因为创意产业的增值功能，其空间集聚也在不断迭加""除了空间切分，更重要的是创意企业的系统配合，把创意产品不断迭代、推广才能产生创意价值""不同时期创意的立足点、发展点、实践点不同"
7	整合驱动aa7	创意产业战略的调整驱动aaa7	"毫无疑问，设计师引领着本书进行空间产品的整合，创意人才引领着本文进行价值系统上的整合""创意人才是创意企业占比非常高的无形资产""文化创意者的作品对人们的精神消费产生强烈的冲击及促进"

续表

序号	概念化范畴（子节点）	初级概念（自由节点）	部分代表性的原始语句
8	协同驱动 aa8	创意产业项目战略的协同、合作、响应周期 aaa8	"很多创意产品仅仅是穿着文化外衣的商品，它必须面对市场对它的挑剔，思考与制作进行战略协同，这些战略的布局与空间有关""设计本身也是在特定空间生产过程的一部分，或者说是生产概念产品"
9	盈利驱动 aa9	创意产业的盈利值、盈利空间、盈利大小 aaa9	"好的创意想法要展示出来，好的创意产品才能展现其商业附加价值""将创意融入公司设计理念就能形成独一无二的盈利空间""消费者对空间集聚的领悟要通过直观成型的产品体现出来""艺术家创造产品，需要经过一定渠道孵化后才能产生价值，在产业链上需要有不同的制作公司进行实现，也就是说产业区在空间配置层面需要更好的规模效应，而规模模型可以形成规模节约，达到更多的盈利目的"
10	产业驱动 aa10	组织架构、产业布局、产业管理和协调 aaa10	"公司的战略经营和创意思维起到了至关重要的作用，在空间上，产业驱动的影响也很大""创意产业的空间布局，从相关产业的有机组合来讲，空间的价值挖掘的潜力巨大"
11	融资驱动 aa11	政企关系、市场制度、自由式融资、渠道驱动 aaa11	"创意融资是政府投资渠道下空间建设与管理的政策依据，融资驱动吸引了资金链相关产业涌入产业区，使空间集聚成为可能"
12	增速驱动 aa12	创意组织驱动：净利增长值 aaa12	"空间的集聚与变化使消费者也能自发贡献各种创意，进入业态增速发展时期""产业周期的加速运转必会带来空间的响应机制，从而让创意的传播更快"
13	市场价值驱动 aa13	创意组织驱动：市场产品价值 aaa13	"创意市场价值挖掘的素材信息来自信息的流通""创意产品交流平台建设提供了空间集聚的便利场所，推动了创意市场的发展"
14	市场占有比例驱动 aa14	创意组织驱动：品牌价值及占有率 aaa14	"市场占有率非常重要，反映了创意产业在空间上对创意企业的生产规模有要求""市场产品的发布通过创意触媒端在合适的空间进行宣贯""创意市场的宣传主要集中于创意触媒端，并向社会大众进行辐射""会对自己从产业空间集聚区买到一个独特的东西而欣喜"
15	消费者偏好驱动 aa15	创意组织驱动：营销价值 aaa15	"消费者及客群向往的空间集聚是艺术作品成交的主要场所""消费者通过参加创意展会和创意集市，在促进创意交流的同时，也促进了空间的积极发展""贵的产品并不一定具有创意价值，在有个性的创意产业区淘到的一个有创意的商品更容易带来喜悦"
16	客群聚焦、灵敏度驱动 aa16	创意组织驱动：创新数、特定细分客群、客户反应度、灵敏度 aaa16	"在有创意的空间条件下，创意产品消费者不知不觉中扮演了引领潮流的作用""艺术作品要为普通消费者接受需要有一定的传播渠道和空间环境"
17	政策驱动 aa17	创意组织驱动：政策数量及友好程度 aaa17	"创意产品受政策的引导很大，政策导向可以产生空间集聚""政策驱动促进了创意空间集聚的深化"

续表

序号	概念化范畴 （子节点）	初级概念 （自由节点）	部分代表性的原始语句
18	制度驱动 aa18	创意组织驱动：制度化、程式化 aaa18	"制度驱动也能带来价值溢出，创意文化产业的附加值非常高，如迪士尼。其卡通人物作为品牌延伸产品，也创造了很大的消费市场，同时迪士尼的园区具有典型的产业空间集聚特征"
19	资源驱动 aa19	创意组织驱动：R&D 值 aaa19	"创意产业空间发展思路就是通过免费吸引企业入驻，吸引人气后再带动住宿、餐饮、娱乐等复合资源消费""创意产业空间集聚的大型展览都可以带动文创产业的发展"
20	法律驱动 aa20	创意组织驱动：法律依据 aaa20	"法律驱动对于创意产业区空间价值及舆情价值都是宝贵的""法律规定了在创意产业区的规划发展条例和空间演进策略"
21	科技驱动 aa21	创意组织驱动：科技创新产值、知识驱动 aaa21	"科技驱动形成了科创产业体系，这些体系的形成对于空间集聚是有帮助的""科技驱动的目的在于需要培养创意人员的灵感、提供创意空间的载体、形成创意空间与创意科技的新融合"
22	智造驱动 aa22	创意组织驱动：创意生产及制作、改进 aaa22	"对创意型公司而言，制造驱动带的空间集聚性很大""制造本身就带着工业感的空间美学""是其所创造的创意产品价值的空间积累"
23	知识驱动 aa23	创意组织驱动：知识价值 aaa23	"知识的发展促使空间的个性化定制已经成为一种流行趋势""知识带来的价值溢出必然会在产业区空间集聚上产生连锁反应，使产业区空间集聚及业态的空间美感增加"
24	研发驱动 aa24	创意组织驱动：技术研发支持 aaa24	"研发平台成为在空间集聚上进行创意交流的重要渠道""大家已经形成了共识，良好的研发效应为创意产业区的空间集聚带来了更大的发展余地"

表 3-4　创意产业区空间影响因素指标开放式编码结果举例

序号	概念化范畴 （子节点）	初级概念 （自由节点）	部分代表性的原始语句
1	财政影响 bb1	财政支持、财政赞助、基金 bbb1	"财政对于创意产业区的空间规划与建设紧密相关，任何形式的赞助对空间集聚都是有益的""通过财政带来的建设和创意收益，使创意产业整体质量都有提升，空间集聚进一步强化"
2	资金影响 bb2	创意资金、融资渠道 bbb2	"资金对于创意产业空间集聚的影响，能带来更强的创新动力和智力支持""资金影响可以使园区的软硬件均得到提升"
3	政策影响 bb3	政策扶持、计划支持 bbb3	"对创意产业区的扶持政策无论在初期还是在发展期，都是极为有利的""政策利好形成了对空间集聚的可持续发展"
4	关系影响 bb4	关系创造、创意协作、竞争关系、协作关系、共生关系 bbb4	"对于关系的塑造，产业区的组织通过创意协作、竞争关系、协作关系、共生关系拉近了合作往来，催生了产业空间集聚""在系统性的关系组织中，空间集聚的发生机制也在生成"

序号	概念化范畴（子节点）	初级概念（自由节点）	部分代表性的原始语句
5	产值影响 bb5	创意共享、产值产出 bbb5	"创意产值就等同于创意输出，输出产生的价值溢出又促进了产业空间的集聚""产品不易复制，而且产值每天都在更新，空间集聚的作用效果也在加强"
6	业务量影响 bb6	业务贡献、利益关系、业务机制 bbb6	"业务量对于创意产业区的贡献很大，通过创意加工，交易量增大，产业的空间集聚就可能会增强"
7	宣贯影响 bb7	宣传策划、宣讲产品发布会、海报宣传、广告 bbb7	"对于创意区和创意组织本身的宣传是推动空间集聚的有效途径""合理的宣贯对创意企业是非常高的无形资产""在某种程度上加速了创意产业的空间集聚，达到了品牌效应和标杆效应"
8	展示影响 bb8	展示构思、设计、创作、灵感 bbb8	"很多展示产品通过创意展示，达到创意空间的生成效果"
9	城市化影响 bb9	城市化发展、改造、更新 bbb9	"城市的发展带动了创意产业区的发展""创意产业区的发展带来了空间集聚的演化"
10	员工数影响 bb10	组织架构、人员布局、组织协调 bbb10	"员工是创意企业的基础结构、是创意企业的财富。在创意产业区的空间集聚层面起了至关重要的作用""员工数的布局，对于产业空间的集聚演化非常重要，因为员工数量在一定程度上决定了创意产业区的空间发展及容量"
11	薪酬影响 bb11	月薪、薪酬制度、管理 bbb11	"薪酬必须完全符合市场的需求""对创意型公司而言，薪酬管理是天性""薪酬高的企业组织，其产业空间的拓展也很大，促使了空间集聚的产生"
12	研发投资影响 bb12	研发建设、信息化、研发手段 bbb12	"研发投资使消费者也能自发贡献各种创意""研发对于空间集聚的生成起到了先导作用"
13	入驻影响 bb13	共享信息、企业商务网站、联络 bbb13	"创意产品交流平台和软文化节庆活动为入驻组织及企业建设提供了便利场所""入驻平台成为了创意交流的重要空间渠道"
14	投资影响 bb14	投资技术、投资策略、投资渠道 bbb14	"投资对于创意产品的孵化及发展的益处是多样的，它能加快创意产品研发的周转期""投资对于创意产业空间的集聚有相当积极的影响"
15	租金影响 bb15	租金收益 bbb15	"租金对于企业的发展也是息息相关的，租金越高，创意组织的耐受力越差""租金对于空间集聚的反作用很明显"
16	企业数影响 bb16	企业扩散、引领潮流、组织形态 bbb16	"企业数量对于创意产业区的容量大小具有直接关系""企业数量对创意产业区的空间集聚有直接影响"
17	电子商务影响 bb17	电子产品、后续价值发掘、版权 bbb17	"电子商务的发展对于创意产业区也是有利的，因为大多数企业的后面及服务器器都设置在产业区内，租金也很便宜""在这些指标企业中，电子商务也最活跃，使产业的空间集聚也很明显"

序号	概念化范畴 （子节点）	初级概念 （自由节点）	部分代表性的原始语句
18	消费额影响 bb18	消费、品牌辐射 bbb18	"消费者及客群向往的空间集聚是艺术作品成交的主要场所" "消费额带来的资金周转可以使创意企业繁荣兴旺，加速产业区的空间迭代"
19	成本额影响 bb19	成本额、创意付出 bbb19	"成本控制对于创意企业管理流程是非常必要的，降本增效将是一项长期的任务，同时，成本控制带来的自组织与产业区的空间集聚可能是负相关的"
20	税收额影响 bb20	税收、需求 bbb20	"税收是一项基本制度，创意园区的税收政策一般带有扶持目的，由于税收的利好将对创意产业区空间集聚带来积极影响"

三、主轴编码的解析

主轴译码是发现和建立概念指标之间关系的过程，通过寻找编码间的关联，最终建立主指标，如图 3-5 所示。

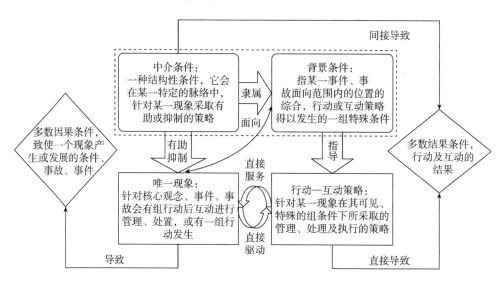

图 3-5　主轴译码典范模型

在驱动效度指标的开放式译码中形成了初选指标，主轴译码是依据概念指标之间的相互关联性和逻辑性得到一级指标，经过进一步相互梳理得到二级指标，也称为树节点。本节删除的二级指标有两种：第一种是无法跟其他概念聚集而形成的二级指标。第二种是出现在不同一级指标下的含义相近的二级指标。二级指标的修正主要集中在市场驱动、科技驱动两个方面。基于 Ee4 市场驱动一级指标，经过二级合并形成市场资源（Eee9）、市场机遇（Eee10）、市场平台（Eee11）三项指标，表达了文化信息为创意产业的空间发展提供市场支撑条件。在 Ee6 科技驱动一级指标中优化了宣贯推广（Eee15）、展览演示（Eee16）、科技流通（Eee17）三项指标，强调科技成果对外输出的过程。以上消除了二级指标间的相关性和包含性。最终的结果形成"结构驱动""战略驱动""营运驱动""市场驱动""政府驱动"六项一级指标和其所涵盖的 14 项二级指标。这些指标形成的共识意见、轴编码的结果如表 3-5 所示。

表 3-5 以驱动效应 E2-2 为现象的空间集聚模型——主轴编码结果

序号	主指标	概念指标（子节点）	内涵
	一级指标	二级指标	
E1	Ee1 结构驱动指标	Eee1 架构建设 Eee2 创意偏好	空间集聚的组织结构和服务框架的需求，是创意产业区自身价值提升的体现
E2	Ee2 战略驱动指标	Eee3 战略指引 Eee4 协同关系 Eee5 价值分配	创意产业区内各主体在空间集聚的模式下相互之间的决策作用机制，包括决策价值导向、战略竞争与战略合作以及空间价值分配机制等
E3	Ee3 营运驱动指标	Eee6 经营理念 Eee7 资源配置 Eee8 制度规则	创意产业区组织内赖以发展的企业经营、操作、制度、资源等各方面的支持及创意企业的经营运转
E4	Ee4 市场驱动指标	Eee9 市场资源 Eee10 市场机遇 Eee11 市场平台	从市场价值体系上，文化信息为创意产业的空间发展提供了市场支撑条件。通过明确市场机遇，整合市场资源，使创意产品在市场上有较强的驱动性和较大的占有率
E5	Ee5 政府驱动指标	Eee12 扶持力度 Eee13 引导意愿 Eee14 合作形式	政府对创意空间集聚的产生过程进行引导及干预，包括从政府的扶持力度、创意人才聚集招募、创意产品设计孵化、空间合作及开发等
E6	Ee6 科技驱动指标	Eee15 宣贯推广 Eee16 展览演示 Eee17 科技流通	从技术驱动层面上，创意空间集聚到从科技虚拟到产品生产的落地过程，包括宣传、展览、展示等各种传播环节相关的活动，各种知识溢出、市场流通和价值体现

在影响机制指标的开放式译码中，根据影响因素指标的开放式编码结果，二级指标的修正主要集中在文创产业、园区建设、基建支持三个方面。基于 Aa3 文创产业一级指标，经过二级合并形成创意零售指标（Aaa10）、创意产值指标（Aaa11）两项，表达了区域文化、资金影响、创意产品、创意服务具有内在关联性，也体现了产品从生产到流通的文化价值与空间效应。在 Aa2 园区建设一级指标下，经整合形成居住水平指标（Aaa7）、企业数量指标（Aaa8）、平均租金

指标（Aaa9）三项二级指标，体现了创意企业的入驻孵化、居住质量、租金对企业数量的相互作用。在基建支持（Aa5）一级指标下的 Aaa15 原为区域流量二级指标，但经过分析认为交通流量具有数据量化的可行性，故改为交通流量（Aaa15）。本阶段的非共识意见：根据封志明、唐焰、杨艳昭等（2007）的研究表明，地形起伏度（Aaa6）是影响城市创意区域人口集聚分布的重要因素，需要在选择性译码小节明确。最终的结果形成"地域发展""园区建设""文创产业""消费需求""基建支持"五项一级指标和其所涵盖的 15 项二级指标。这些指标形成的共识意见，主轴编码的结果如表 3-6 所示。

表 3-6　以影响因素 A3-3 为现象的空间集聚模型——主轴编码结果

序号	一级指标	二级指标	内涵
A1	Aa1 地域发展指标	Aaa1 城市化率指标	地区的城市化水平，对创意产品和服务的需求，是顾客自身价值提升的体现
		Aaa2 从业人数指标	创意产业园区内通过吸引客群、增大人才从业数量来强化企业间科技流、物流、人才流、信息流等关键流量
		Aaa3 工资薪酬指标	创意企业及组织通过薪酬、奖金等各项福利政策支持来吸引各类创意人才，从而形成空间集聚效应
		Aaa4 教育投入指标	创意产业是新兴产业，持续性教育投资有利于引导文化、科技产业的加速孵化。教育投入包括教育发展、教育宣传、教育展示等各种环节，使文化创意为主导的空间集聚进一步提升
		Aaa5 区域投资指标	创意产业空间集聚的产生过程，包括年投资额、创意产品融资、空间建安成本、空间开发全部环节
		Aaa6 地形起伏指标	城市区域地形的起伏和空间的物理变化对创意区人口集聚分布具有重要影响（非共识性意见）
A2	Aa2 园区建设指标	Aaa7 居住水平指标	居住质量直接决定该区创意产业空间集聚的质量，居住水平提升也带动了周边环境、科教、文化的提升
		Aaa8 企业数量指标	创意产业区空间集聚的组织及企业数量对于空间演进起到最直接的表象特征
		Aaa9 平均租金指标	租金对创意产业区的组织入驻率的影响可能较大，总体上讲伴随着年租金的升高，企业的更迭可能会很频繁
A3	Aa3 文创产业指标	Aaa10 创意零售指标	创意零售与区域文化、资金影响、创意产品、创意服务具有关联性，由于创意零售在文化输出的末端，与消费者进行对接，故对空间集聚的作用明显
		Aaa11 创意产值指标	创意产值是产品从生产到流通的价值体现，企业创意能力越强，产值规模越大，创意产值就越高，空间效应越好

续表

序号	一级指标	二级指标	内涵
A4	Aa4 消费需求指标	Aaa12 创意来访指标	创意来访的增加对创意产业区空间集聚的发展可能起到了重要作用，具体相关作用机制还要针对各种情况进行分析
		Aaa13 创意消费指标	创意消费的服务半径相对较小，基本上在 3 千米半径之内，消费的对象也相对小众，在调研过程中发现，创意消费与艺术品及创意服务有相关性
A5	Aa5 基建支持指标	Aaa14 基建背景指标	在创意产业空间集聚阶段，伴随着城市基建化、就业流动、基建投资等因素是共同形成集聚状态的重要前提
		Aaa15 交通流量指标	基于创意产业时空数据分析和动态人群建模方面，空间模式是个体及群体在地理空间的轨迹移动集合，而交通因素成为研究动态聚类和大数据挖掘的重要流量依据

　　主轴编码是扎根系统中比较重要的环节，此阶段关于驱动效应指标的开放式编码结果形成共识的有 aa1 设计驱动、aa2 娱乐驱动、aa3 文化驱动、aa4 咨询驱动等。在驱动效应指标 24 项中，除共线指标"创意驱动""消费者客群"、模糊指标"整合驱动""增速驱动"、重复性指标"智造驱动""科技驱动""智力驱动"三项合并为"技术驱动"，"法律驱动""制度驱动"合并为"政策驱动"，"市场价值驱动""市场占有率驱动"合并为"市场主导驱动"，剔除冗余度指标"协同驱动"，重新遴选驱动 E1～E6 共 6 项为一级指标，"结构驱动""战略驱动""营运驱动""市场驱动""政府驱动""技术驱动"等 17 项为二级指标。本阶段驱动指标的非共识意见："规划驱动"与"咨询驱动"是否存在包含关系；"盈利驱动"与"价值溢出"是否存在相关性。

　　关于影响因素指标的开放式编码结果有 bb1 财政影响、bb2 资金影响、bb3 政策影响、bb4 关系影响等 20 项指标，其中除共线指标"政策影响""研发影响""投资影响"、模糊指标"展示影响""宣贯影响"、重复性指标"财政影响""资金影响"合并为"区域投资影响"，去除冗余指标"电子商务影响"，由于文化创意产业是新兴产业，税收优势存在均布性，故把"税收额影响"剔除，把"城市化""就业量""工资额""年投资"整合为"地域发展"方向。把"入驻率""企业量""租金""学历"与"园区建设"挂钩。"产值""虚拟商务"与"文创产业"结合。"消费""零售"与"消费需求"关联。"财政""教育"与"基建"关联。综上，重新整合为影响因素为 aa1～aa5 共 5 项一级指标。本阶段驱动指标的非共识意见：根据封志明、唐焰、杨艳昭等（2007）的地理形态研究，地形起伏度 Aaa6 是影响城市创意区域人口集聚分布的重要因素，纳入与否意见不一，需要在选择性编码环节明确；另外，14 项二级指标中某些指标是否需在选择性编码中进行二次修改。

四、选择性编码的设计

驱动系统指标通过主轴译码归纳出了主指标，下一步将进行指标间的选择性编码，充分挖掘指标间的线性关联。在规避"指标共线问题"的前提条件下，进一步探索核心指标，形成最终的空间聚类指标体系，主要有内生性驱动、外延性驱动两大主指标。在主指标下又形成了6个二级驱动指标，通过这些指标相互作用和连接，共同构成了创意产业区空间聚类的驱动指标。核心指标与其他指标的关系如图3-6所示。

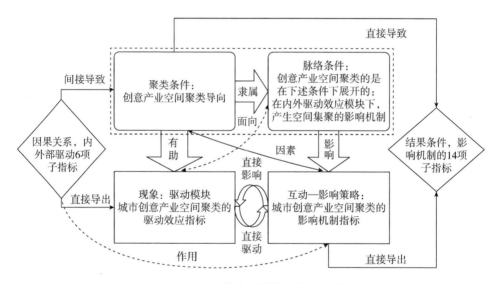

图3-6 核心指标与其他指标的关系模型

创意产业区空间集聚效应之间相互作用和影响而形成的结构驱动、战略驱动、营运驱动组成了创意产业区内部驱动效度。选择编码确定"创意产业区空间集聚关联"这一核心范畴，围绕该空间集聚驱动效度核心范畴的"故事线"可以表达为内生性驱动、外延性驱动是创意产业区空间集聚主要构成指标，因此，这6个主要驱动指标相互作用和连接，共同构成了创意产业区空间集聚的指标。上节提到的"地形影响因素"，经过研究还是决定剔除，原因有二：一是根据扎根理论排除了人口集聚这一模糊指标，也就相当于排除了地形因素；二是地形因素是天然形成的地理上客观存在，不太符合驱动系统的社会学定义初判，故没有把此因素纳入指标中。此阶段并没有形成非共识性意见。选择性编码的各指标之间的关系结构和序号重置编排如表3-7所示。

表 3-7 驱动效应主范畴与核心范畴的关系结构

序号	主指标与核心指标关系结构	内涵及说明	总结归纳
E1	结构驱动指标——创意产业区空间聚类关联	创意产业空间聚类是一个空间演进系统，结构驱动是空间集聚的价值体现。驱动元素创造了创意产业区空间聚类的核心功能，创意产业空间演进产生于创意产业空间聚类复杂化指标化系统中	a. 内生性驱动要素
E2	战略驱动指标——创意产业区空间聚类指标	战略机制的作用在于：对创意产业区内部组织及结构起到引导、管理、沟通及协调等，是空间聚类指标发挥作用的有效保障与促进机制	
E3	营运驱动指标——创意产业区空间聚类指标	以营运为主体的创意产业驱动指标对创意产业区空间聚类的贡献在于，实现了创意企业的运维、操作流程的转化、资源运作的整合，也是创意产品从生产到流通的重要一环	
E4	市场驱动指标——创意产业区空间聚类指标	市场需求是创意产业区空间聚类得以形成的基础，促进了市场中各指标之间的信息交互和连接，提供了市场品牌价值的传播、创意知识和信息共享，促进了空间聚类的有效演化	b. 外延性驱动要素
E5	政府驱动指标——创意产业区空间聚类指标	政府的政策引导是对创意从孵化、开发、生成等一系列过程的扶持及合理引导，从创意产业的空间聚类角度看，政策引导和外部条件的有效利用是创意产业空间演进中不可或缺的一极	
E6	科技驱动指标——创意产业区空间聚类指标	技术科普的创意传播承担着创意产业空间聚类中的科技价值，决定着价值流通和技术增值的关键指标	

影响因素指标的选择性译码结果分析：经研究发现，影响因素对创意产业区空间聚类效应之间的相互作用分为 5 大类 14 项 3 级指标，如表 3-8 所示。

表 3-8 影响因素主指标与二级指标的关系

序号	主指标与核心指标关系结构	内涵及说明	总结归纳
A1	城市化率指标	创意产业空间集聚指标受创意产业区所在的城市规划发展较大，从区域发展论角度看，人流是最具有空间价值的属性所在，其中教育价值的增值也产生于创意产业空间集聚的指标化系统中	c. 地域发展指标要素
A2	从业人数指标		
A3	工资薪酬指标		
A4	教育投入指标		
A5	区域投资指标		

续表

序号	主指标与核心指标关系结构	内涵及说明	总结归纳
A6	居住水平指标	园区建设在创意产业空间集聚中起着协调企业组织的入驻、流通、联合、竞合、分化作用，是产业空间集聚发挥作用的基建保障与规划机制	d. 园区建设指标要素
A7	企业数量指标		
A8	平均租金指标		
A9	创意零售指标	以文化创意时尚产业支持的指标对创意产业空间集聚的意义在于：它涵盖了文化创意的组织类型和生产方式，实现了文化创意的实体转化以及产业区组织生态圈	e. 文创产业指标要素
A10	创意产值指标		
A11	创意来访指标	消费及零售是创意产业的盈利渠道之一，完善了创意产业链的经济环节。从产业链角度看，创意消费对于推动空间的演化有积极意义	f. 消费需求指标要素
A12	创意消费指标		
A13	基建背景指标	城市绿色基建投入标志着交通属性与工程属性在集聚要素中的重要作用。产业区基建设施的好坏与交通流量有很大的关系。土地建设指标也是创意产业空间集聚中资本市场扶持和政府资金投入的关键指标	g. 基建支持指标要素
A14	交通流量指标		

经过四级译码解析后，驱动效度核心指标包含内部驱动、外部驱动两类方向，细分为6项二级指标（结构驱动、战略驱动、营运驱动、市场驱动、政府驱动、科技驱动）。影响因素核心指标包含地域发展、园区建设、相关产业、消费需求、政府支持5类方向，细分为14项二级指标（城市化、从业人数、工资薪酬、教育投入、区域投资、居住水平、企业数量、平均租金、创意零售、创意产值、创意来访、创意消费、基建背景、交通流量）。以上指标均对创意产业空间集聚产生关联。

五、扎根的识别结果

表3-9为空间驱动效应与影响因素的典范模型。

表 3-9　空间驱动效应与影响因素的典范模型

因果（前因）驱动条件	因果（前因）空间影响因素	
创意产业空间驱动效应 AA2	创意产业空间影响因素 AA3	
类型	特定面向	
驱动效应理念改善，创新驱动提升	驱动提升、影响因素	大/小
扎根拟合		
创意产业空间驱动效应 AA2 是在下述条件下开展的：在创意产业空间集聚的 AA1 驱动下，内生型驱动效应联合外延型驱动效应进行空间演进性质的影响因素 AA3 的开展，进一步阐明空间影响因素：地域发展、园区建设、创意产业、消费需求、财政支持五大方面。		
中介条件	行动/互动策略	
内外部驱动导向 AA2	空间影响因素 AA3	
行动结果		
由驱动效应 6 大内外因、空间影响因素 5 大条件共同促成创意产业的空间集聚度		

通过大量文献的阅读和问卷调研，在创意产业区空间集聚发展下探索其动因，分别对空间集聚驱动效应和影响因素进行空间集聚关联度的质性研究，研究相对成熟，且很多指标研究涉及或适用于空间集聚。由此可见，创意产业空间集聚的形式和因素是多样的（见表 3-10）。

表 3-10　空间集聚的驱动效应文献综述研究和扎根理论研究对比

空间集聚	内部驱动效应	外部驱动效应	影响因素
空间指标	内部结构、内部运作、内部战略	外部市场、外部政府、外部科技	地域、园区、基建、消费、财政、产业
研究程度	不成熟，定性和定量研究	不成熟，定性和定量研究	较成熟，定性和定量研究
集聚效应	以三大方面 6 项驱动要素与空间集聚产生假设并列关联	以三大方面与空间集聚产生假设并列关联	以五大方面 14 项影响因素与空间集聚产生假设关联
结合方式	并列关联	并列关联	耦合关联

第五节　扎根结果检验

一、描述性统计

利用描述性统计对四级译码进行解析，不同译码者对相同文本独立译码的统计进行检验。描述性统计是理论研究方法中的重要环节，方法如译码相关系数、译码信度系数、中位数、归类一致性指数等，本书选取描述性分析，对各要素进行统计，包括数据的均值、标准差等分析，结果如表 3-11 所示。

表 3-11　描述性统计

序号 NUMBER	均值 MEAN	标准差 Standard Deviation	中值 Median	样本数 Sample Size
a	3.7461	0.4537	4	208
E1	3.8560	0.4810	4	208
E2	3.4032	0.4399	4	208
E3	3.8561	0.3003	4	208
b	3.7471	0.4006	4	208
E4	3.6320	0.3742	4	208
E5	3.0918	0.3430	4	208
E6	3.9217	0.7303	4	208
c	3.5391	0.3766	3	208
A1	3.4532	0.3278	3	208
A2	3.6394	0.3892	3	208
A3	3.4903	0.4765	3	208
A4	3.9517	0.5218	3	208
A5	3.0092	0.3893	3	208
d	3.7201	0.3918	3	208
A6	3.9921	0.4572	3	208
A7	2.0124	0.3890	3	208
A8	3.9761	0.5127	3	208

续表

序号 NUMBER	均值 MEAN	标准差 Standard Deviation	中值 Median	样本数 Sample Size
e	3.3505	0.4085	3	208
A9	3.2840	0.2108	3	208
A10	3.4943	0.4932	3	208
f	3.8368	0.3860	3	208
A11	3.8421	0.3921	3	208
A12	3.9471	0.3742	3	208
g	3.7335	0.3281	3	208
A13	3.7649	0.2976	3	208
A14	3.8020	0.2842	3	208
F	3.4037	0.3782	4	208
G	3.6104	0.2944	4	208
H	3.2185	0.4396	3	208

二、信度检验

采用 Cronbach's alpha 克隆巴赫系数检视信度。如表 3-12 所示，经检验克隆巴赫系数在 0.75 以上，高于临界值 0.7，所以四级译码的信度是可靠的。

表 3-12　信度检验结果

指标域 Index District	Cronbach's alpha	信度等级 Reliability level
a	0.8216	High
b	0.9110	Very high
c	0.8264	High
d	0.7329	Higher
e	0.6987	High
f	0.7930	High
g	0.8262	High

利用 Cronbach's alpha 系数对调查问卷进行信度检验，结果在 0.75 以上，符合信度等级均为高要求，说明驱动系统与影响因素指标是城市创意产业区域空间集聚的真实反映。

三、效度检验

首先对量表的总体效度进行了检验，主要从结构效度来衡量。本书参照了徐汉明和周箎（2017）在环境影响因素的效度检测流程，采用因子分析方法来验证指标效度。在做因子分析之前，本书首先试用 KMO 方法和 Bartlett's 球形检验来验证变量之间的偏相关关系是否很小，并确定数据是否适合做因子分析。根据徐汉明、周箎的说法，KMO 适合做因子分析的情况是越接近 1 越好，KMO 取值最好在 0.5~1。Bartlett's 球形检验主要是用于检验数据的分布以及各个变量间的独立情况。SPSS 中关于 Bartlett's 球形检验的选项显示，数据呈球形分布的前提是 Sig. 值小于 0.05。

把问卷结果输入 SPSS16.0 软件中，具体结果如表 3-13 所示。其中 KMO 值为 0.7631，Bartlett 球形检验中，Approx. Chi-Square 约为 4.983，Sig. 值为 0，支持因子分析。

表 3-13　效度检验结果

KMO and Bartlett's Test		
Kaiser-Meyer-Olkin Measure of Sampling Adequacy.	—	0.7631
Bartlett's Test of Sphericity	Approx. Chi-Square	4.983E3
—	Df	3031
—	Sig.	0

再根据去驱动系统的构成指标进行探索性因子分析，按特征根大于 1 的方式抽取因子，因子提取法采用主成分法，旋转方法为最大方差法。如表 3-14 所示，部分影响因素维度上的题项因子载荷都在 0.5 以下，把这些指标题项剔除后，重新进行主成分分析操作，重新得出的结果显示所有影响因素的题项因子载荷均在 0.5 以上，表示量表的效度良好。

表 3-14　改良后的主成分分析

因子荷载 Factor loading	1	2	3	4	5	6	7	8
A. 内生性驱动要素（Endogenous Driving Elements）								
A1	0.5387	−0.26	0.1983	0.2276	0.4874	0.5038	0.3821	0.2743
A2	0.6536	0.0350	0.1215	0.4037	0.1106	−0.1370	0.0768	0.3472

因子荷载 Factor loading	1	2	3	4	5	6	7	8
A3	0.5839	0.2867	−0.0346	0.2675	0.0755	0.3297	0.1768	0.1896

B. 外延性驱动要素 （Extensive Driving Elements）

	1	2	3	4	5	6	7	8
B1	0.5090	0.2875	0.4110	−0.1886	0.2077	0.0748	0.2519	−0.3097
B2	0.6293	−0.3276	0.3133	0.1408	0.1566	0.6051	−0.2439	0.6013
B3	0.5286	0.1549	0.2755	0.1386	−0.2115	0.2323	0.0706	0.2224

C. 地域发展指标要素 （Indicator Elements of Regional Development）

	1	2	3	4	5	6	7	8
C1	0.6223	−0.0843	0.2875	−0.2945	0.0428	0.2330	0.2837	0.0983
C2	0.5534	0.1495	0.2647	0.2326	0.0960	0.2658	0.2391	0.1369
C3	0.3888	0.6611	0.1088	0.1030	0.1185	−0.1678	0.1444	0.0465
C4	0.1450	0.6543	0.0263	0.2017	0.0118	01603	0.1233	0.0086
C5	−0.1875	0.6471	0.1121	0.2715	0.1465	0.0744	0.1320	−0.0587

D. 园区建设指标要素 （Index Elements of Park Construction）

	1	2	3	4	5	6	7	8
D1	0.0186	0.6111	−0.2726	0.1654	0.0704	0.1553	0.1205	0.0280
D2	0.1358	0.6778	0.1573	−0.1194	01737	0.1425	0.1144	0.2611
D3	0.1108	0.5531	0.2217	0.2790	0.0212	0.2588	0.0211	0.1018

E. 文创产业指标要素 （Indicator Elements of Literary Creation Industry）

	1	2	3	4	5	6	7	8
E1	0.0295	0.5553	0.2104	0.0882	0.1776	0.1300	0.0762	0.0721
E2	0.0421	−0.1648	0.7028	0.1601	0.2696	0.1843	0.2030	−0.1831

F. 消费需求指标要素 （Indicator Elements of Consumption Demand）

	1	2	3	4	5	6	7	8
F1	0.1038	0.2547	0.6480	−0.0114	0.0443	0.0847	0.2756	0.0354
F2	0.1432	0.1140	0.6110	0.2742	0.2697	0.2184	0.2505	0.0124

G. 基建支持指标要素 （Infrastructure Support Indicator Elements）

	1	2	3	4	5	6	7	8
G1	−0.0694	0.1250	0.5211	0.2631	0.0677	0.1701	−0.0492	0.0168
G2	0.0187	0.0017	0.6303	0.0214	−0.1654	0.1778	0.0432	0.1017

　　进行效度分析后，再对集聚指标量表的主成分进行检验，经对比发现暂无新的指标和对应新项，表明信效度检测结果良好，由此整理出城市创意产业空间集聚指标的初始架构，如图3-7所示。

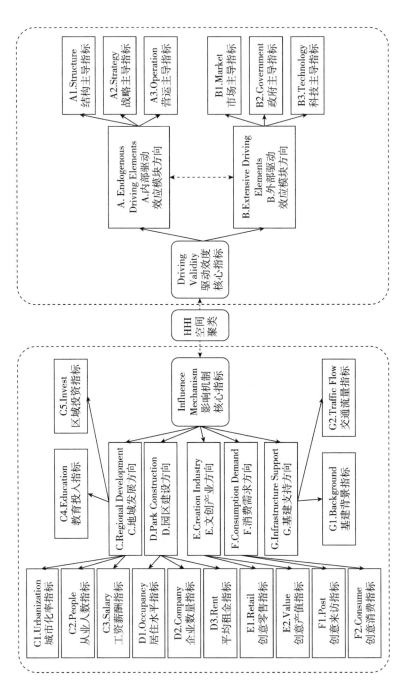

图 3-7　创意产业区空间聚类指标关联假设

第六节　结构方程分析

一、驱动效应与影响因素的关联构建

根据扎根理论形成的城市创意产业空间集聚影响因素与驱动效应指标的结果形成的空间聚类指标关联图，运用 AMOS17.0 软件，对调研数据进行驱动系统下的指标关联性检验，形成结构方程模型图 3-8。结构方程模型显示，驱动系统和影响因素主指标下的二级指标各变量之间关系显著。最终模型拟合的路径系数和拟合程度如表 3-15、表 3-16 所示。

二、综合驱动效应检验

采用 AMOS17.0 软件对结构方程进行建模，以此检测扎根理论的有效性和指标的潜在影响性，评估影响因素指标、驱动效应指标对空间集聚度的综合影响效应，运用结构方程对扎根理论所得的结果进行综合性检验，将 A 内部驱动、B 外部驱动、C 地域发展、D 园区建设、E 文创产业、F 消费需求、G 基建支持的子指标作为变量代入结构方程模型中进行检验；采用卡方值、近似误差均方根、拟合优度指数等评价指标来检验结构方程的整体拟合程度。从表 3-15 可以看出，该模型卡方值为 1348.20，自由度为 728，RMSEA 为 0.073，拟合表现性较好，但 IFC 值为 0.70，拟合程度略显一般。第四章会接着讨论二级指标的相关性特征。

表 3-15　综合效应模型拟合指数

	卡方值	自由度	CFI	TLI	IFI	RMSEA
模型	1348.20	728	0.70	0.720	0.8110	0.073

通过扎根理论、结构方程模型的检测表明，驱动效应、影响因素的各项指标与空间集聚之间确实有比较直接的作用。如表 3-16 所示，A 内部驱动效应到空间集聚度的路径系数为 0.319（p<0.01），B 外部驱动效应到空间集聚度的路径系数为 0.482（p<0.01），C 地域发展到空间集聚度的路径系数为 0.528（p<0.01），D 园区建设到空间集聚度的路径系数为 0.497（p<0.01），E 文创产业到

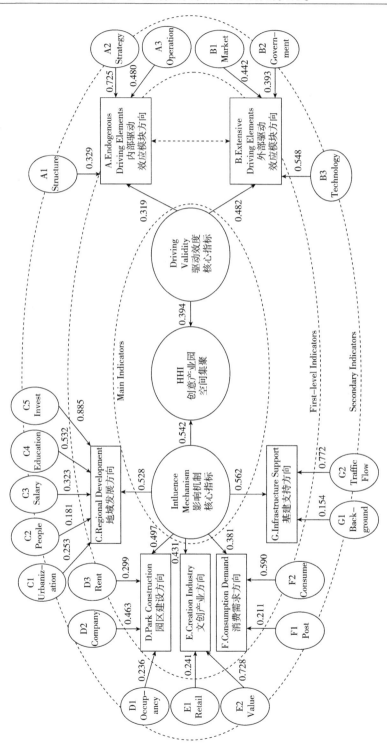

图 3-8 改良后创意产业区空间集聚驱动系统结构方程模型

空间集聚度的路径系数为0.431（p<0.01），F消费需求到空间集聚度的路径系数为0.381（p<0.01），G基建支持到空间集聚度的路径系数为0.562（p<0.01）。从表3-16可知，驱动效应、影响因素的七项一级指标对城市创意产业区空间集聚度具有显著影响。

表3-16 结构方程模型拟合路径

路径 PATH			未标准化的回归系数 Unstandardized Regression Coefficient	S. E.	C. R.	p	准化的回归系数 Standardized Regression Coefficient
驱动效应核心指标	→	空间集聚	0.329	0.028	3.756	***	0.394
影响因素核心指标	→	空间集聚	0.437	0.063	4.739	***	0.542
A. 内部驱动效应指标类	→	驱动效度	0.383	0.064	3.841	***	0.319
B. 外部驱动效应指标类	→	驱动效度	0.495	0.037	4.629	***	0.482
C. 地域发展指标类	→	影响机制	0.564	0.017	5.727	***	0.528
D. 园区建设指标类	→	影响机制	0.473	0.074	3.871	***	0.497
E. 文创产业指标类	→	影响机制	0.439	0.075	5.732	***	0.431
F. 消费需求指标类	→	影响机制	0.323	0.028	6.296	***	0.381
G. 基建支持指标类	→	影响机制	0.510	0.063	5.715	***	0.562
A1	→	A	0.386	0.027	10.642	***	0.329
A2	→	A	0.518	0.084	7.527	***	0.725
A3	→	A	0.437	0.038	6.729	***	0.480
B1	→	B	0.488	0.039	5.035	***	0.442
B2	→	B	0.636	0.027	6.733	***	0.393
B3	→	B	0.573	0.074	4.720	***	0.548
C1	→	C	0.272	0.012	5.382	***	0.253
C2	→	C	0.020	0.002	3.831	***	0.181
C3	→	C	0.459	0.011	3.555	***	0.323
C4	→	C	0.519	0.060	5.464	***	0.532
C5	→	C	0.615	0.088	7.583	***	0.885

路径 PATH			未标准化的回归系数 Unstandardized Regression Coefficient	S. E.	C. R.	p	准化的回归系数 Standardized Regression Coefficient
D1	→	D	0.236	0.003	8.627	***	0.236
D2	→	D	0.397	0.013	5.831	***	0.463
D3	→	D	0.627	0.014	4.793	***	0.299
E1	→	E	0.333	0.084	5.325	***	0.241
E2	→	E	0.578	0.083	4.837	***	0.728
F1	→	F	0.205	0.011	5.602	***	0.211
F2	→	F	0.481	0.006	9.491	***	0.590
G1	→	G	0.299	0.003	8.856	***	0.154
G2	→	G	0.728	0.076	6.038	***	0.772

注：*** 表示 p<0.01。

综上所述，本书认为，创意产业空间集聚下驱动系统和影响因素之间存在交叉作用关系，驱动力和影响力均为二级指标；地域发展、园区建设、文创产业、消费需求、基建支持等三级指标对一、二级指标的作用均为正向影响。根据表3-16不同指标的参数贡献值，可以把表格取值分为三个层级：第一层级，以0.3~0.499（含）为界，包括 A1 结构主导指标、A3 营运主导指标、B1 市场主导指标、B2 营运主导指标、C3 工资薪酬指标、D2 企业数量指标；第二层级，以0.5~0.699（含）为界，包括 B3 科技主导指标、C4 教育投入两大指标、F2 创意消费指标；第三层级，以0.7~0.899 为界，包括 A2 战略主导指标、C5 区域投资指标、E2 创意产值指标、G2 交通流量指标。指标的取值可以看出指标与影响因素和驱动效应一级指标相关性的强弱；但同时也可以看出，城市化率指标、从业人数指标、居住水平指标、创意来访指标、平均租金指标、创意零售指标、基建背景指标的取值在 0.299 以下，说明指标呈现的相关性较弱。综上，虽然各指标对空间集聚度的影响力有差异，但是各项指标对于创意产业园区空间集聚度的相关性的精确描述，还需要进一步数据回测和实证解析。

第七节　空间集聚度初级耦合模型建立

耦合理论研究的目的在于通过跨学科融合找到城市创意产业空间集聚度、影响因素、驱动效应三者之间的嵌套及衍生关系。本书认为，创意产业空间集聚是由众多半自律性的空间要素指标构成的复杂适应系统。这些空间要素指标具有系统功能的分级性和相似功能的整合性，体现了创意产业区的驱动系统本质。在扎根理论小节中，质性编码完成了指标的结构分级，结构方程形成了指标关联优化，但指标间的理论关联性并没有表述。因此，耦合理论的价值在于对创意产业空间集聚的指标进行概念体系化的统筹，把结构方程转译成理论模型。

空间指标化耦合是连接产业空间集聚度下驱动系统和影响因素的重要载体。基于以上两者间的关系，创意产业的空间集聚指标化耦合结构可以分解为影响因素指标耦合、内部驱动系统的指标耦合和外部驱动系统的指标耦合。影响因素指标的耦合直接体现为创意产业空间集聚的衔接和影响因素的关联关系；内外驱动效应的指标结构往往是基于地域的外部环境社会导向和内部组织发展，依托空间集聚的形成过程，将驱动链条上的不同环节分解，进而依据影响因素优选原则进行再整合，构成以空间集聚为主导机制的理论模型系统。

一、耦合内涵及特点

（一）耦合指标化

耦合理论研究的目的在于通过跨学科融合找到解决创意产业空间集聚理论模型的表述方法。适用于复杂系统的耦合理论主要有两种模式：①耦合模型的模式导入。空间集聚下分级指标的充分发展，从经典的耦合关系中找到与之相匹配的模式，并对指标中相关因素进行逻辑构建。②耦合模型圈层研究。不同系统内的指标通过相互联系形成更复杂系统的过程被称为系统耦合的指标圈层，对空间集聚的指标进行圈层搭建也是耦合研究任务。林丽和英涛（2007）认为，产业空间集聚是一个复杂适应系统，由众多半自律性的驱动功能指标构成。李世杰和李凯（2010）认为，产业集群是其可以看作系统功能分解与相似功能再整合的指标化结构。因此，指标化耦合是产业集群的组织结构本质。

解释系统各指标之间相互关系和作用就称为耦合指标化。刘佳丽（2013）认为，指标是一种半自律性的子系统，形成更为复杂的系统的基础在于特定指标按规则与其他指标相互作用。复杂系统由不同子系统内各指标相互联系和发生作用形成，其形成过程也被称为指标化耦合。

（二）指标化耦合

城市创意产业区空间复杂系统内部各要素之间依据内部驱动指标、外部驱动指标、影响因素指标等关联指标而形成耦合结构和耦合作用机制，进而实现基于耦合理论的创意产业区空间集聚驱动系统的多因素模型。李政和付淳宇（2012）认为，在空间集聚的指标化耦合过程中，可以将指标分别由不同耦合关系进行拟合，指标系统分解为一系列相互独立、具备特定功能、半自律的子系统便于进行分类耦合。如图 3-9 所示，空间复杂系统指标是驱动系统指标与影响因素指标的联立耦合模式。其中，驱动系统指标反映了内外部指标化中环境、资源、信息的驱动条件，从内外部驱动指标中产生了影响因素指标体系；影响因素的主要任务是在驱动系统下，依照驱动规则提供相对应的具体空间集聚方式。在城市创意产业区域内，驱动系统与影响因素对创意资源进行有效空间整合、重组、演进和归纳，进而形成系统、专业的指标化体系，构建具有全新特点的"驱动系统下影响因素的圈层关系耦合"。

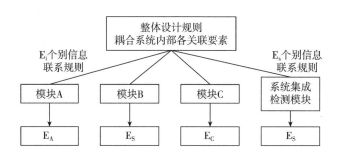

图 3-9 城市创意产业空间集聚的指标化结构系统

二、耦合类型的假设

（1）信息模式的耦合建立。信息耦合描述的是外部信息驱动指标与市场需求指标、政府主导指标和科技响应指标之间的耦合模式，这种指标联立模式体现出信息耦合的特点。在信息耦合中，指标间相互交换的内容是政府、市场、科技为代表的外部环境信息，这种信息模式为创意产业区驱动系统各指标提供了外部环境引导和支持的信息分享平台，有效地促进了驱动系统各指标间的信息交流、分享、读取、传播、学习等。信息耦合模式也提升了创意产业区空间集聚整体运行效率，为创意产业区域创造出更多的价值，如图 3-10 所示。

（2）控制模式的耦合建立。控制耦合描述的是内部控制驱动指标与结构主导指标、战略决策指标和营运系统指标之间的耦合关系，呈现控制耦合的特点。该耦合模式中的驱动指标既相互依赖又互相促进。结构主导指标表示创意组织整体架构，但其驱动系统结构内部还需要依靠战略协同、营运生产、产品流通的产业链作用。内部驱动指标还可理解为创意产业空间集聚的设计终端，涵盖创意产业空间驱动设计和产权开发，通过组织内部的驱动协调，实现空间价值增值，进一步实现创意产业区空间集聚的协同发展和价值突破，如图 3-11 所示。

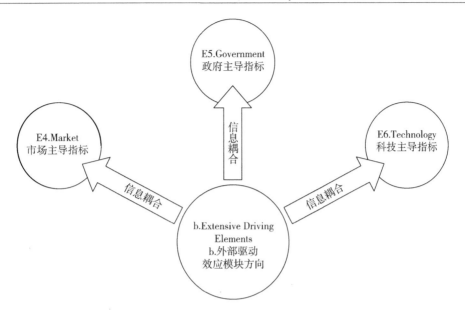

图 3-10 市场指标、政府指标、科技指标与外部驱动指标间的信息耦合模型

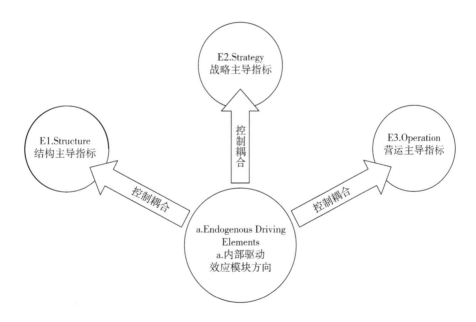

图 3-11 结构指标、战略指标、营运指标与内部驱动指标间的控制耦合模型

（3）关系模式的耦合建立。关系耦合描述的是在影响因素涵盖的地域发展指标、园区建设指标、消费需求指标、文创产业指标和财政投资指标等 14 项指

标之间的耦合关系，14 项指标呈现出关系耦合的特点。扎根研究表明，影响因素指标包括城市化率指标、从业人数指标、工资薪酬指标、教育投入指标、区域投资指标、居住水平指标、企业数量指标、平均租金指标、创意零售指标、创意来访指标、创意消费指标、基建背景指标、交通流量指标 14 子项二级指标。影响因素对创意空间集聚的生成有直接的促进作用。同时，各项指标在逻辑上均属并列关联。这种并列关系在空间发展、区域建设、文创产业、基建支持、消费需求导向上呈现耦合关系，也反映了空间的演进性和组织的响应性，如图 3-12所示。

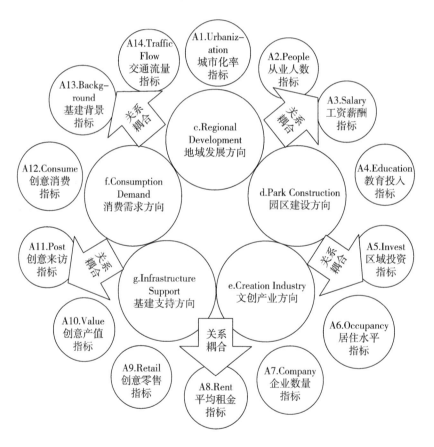

图 3-12　影响因素五大指标关联耦合模型

三、耦合关系及指标框架建立

（一）创意产业区域与创意园区的指标化耦合机制

从城市创意空间布局入手探讨创意产业空间集聚，发现其具有明显的区域发展地理边界性和组织边界性。上节用扎根研究，尝试性地建立了创意产业区外生空间、内生空间驱动系统指标。本节运用耦合理论的方法，分析城市创意产业空间集聚下各指标的特点并归纳，建立在特定创意产业下空间集聚的多因素理论模型及相互作用机理，分析创意产业区的空间集聚的驱动孵化元素，针对城市创意产业区空间分异特征，归纳提炼出城市创意产业区空间集聚规律以及空间演进模式，把创意产业区集聚度的耦合过程视作空间指标化组织的一环，将城市创意产业区的空间集聚过程细化为影响因素演进与驱动效应演进，这两种过程有内部的耦合特征。驱动效应又包含了一系列的空间元素指标：结构指标、战略指标、营运指标、科技指标、政府指标和市场指标。影响因素空间元素指标包括地域发展指标、园区建设指标、文创产业指标、消费需求指标和财政支持指标。本书通过分析影响因素及驱动效应指标间的相互关系，探索性地抽象出城市创意产业区的耦合关系框架，如图3-13所示。

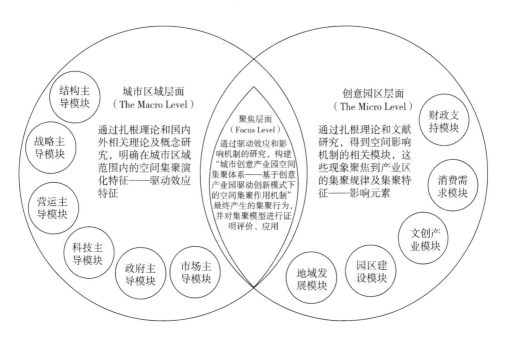

图3-13　城市区域层面与创意产业建设层面对空间集聚的关联性框架

（二）创意产业区驱动效应与影响因素的关联机制

驱动效应与影响因素的耦合机制是城市创意产业区空间集聚的研究关键。构建城市创意产业区创新机制传导下的驱动效应模式和空间影响模式，应依据不同的驱动效应、传导机制和政策导向等因素。进言之，创意产业区具有驱动系统指标和影响因素指标的圈层特征，如图3-14所示。

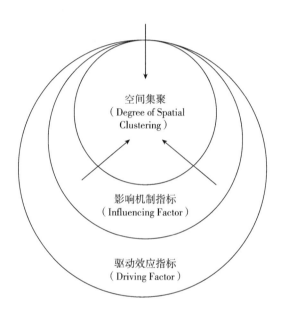

图3-14　城市 CCI 驱动效应指标、影响因素指标与空间集聚指标间的关联架构

具体来说，城市创意产业区的空间结构耦合关系形成了驱动效应、影响因素、空间集聚度的嵌套式关联。城市创意产业空间集聚度在中观层面的影响，主要通过外驱引擎、内驱需求、影响因素的相互作用机制。随着创意产业区空间集聚的社会指标越发成熟，驱动要素会伴随创意和价值溢出效应而产生产业类型的空间集合。影响因素会加速这种集合，初步形成创意产业的空间集聚趋势。

在创意产业区空间集聚指标体系中，内外部驱动指标相当于规则制定者角色。影响因素指标只有在驱动系统框架内，才能体现出对空间集聚度的影响，从而进一步对创意产业区域进行创造、挖掘、创新、迭代及升级。创意产业空间集聚指标中，影响因素指标与结构、战略、营运、技术、政府、市场各驱动指标之间存在圈层关系。图3-15的初级模型描述了在驱动效应下产生的影响因素。只有这样，才能产生创意产业区的空间集聚度。

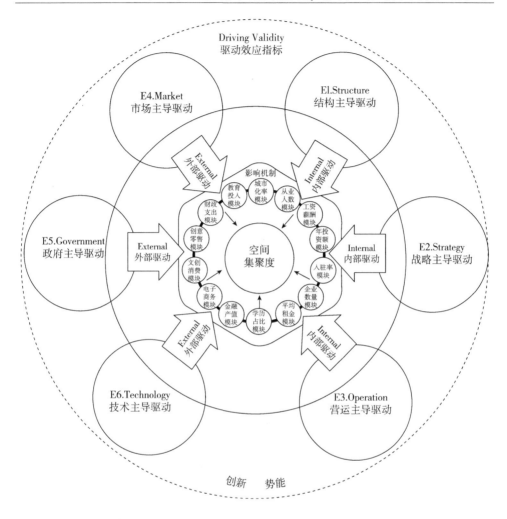

图 3-15 城市创意产业区空间集聚的初级多因素理论模型

第八节 本章小结

本章通过扎根理论探索了创意产业区空间集聚的基本指标，并用耦合效应理论发掘了各元素指标相互之间的关系，提出了城市创意产业空间集聚与影响因素和驱动效应呈多因素耦合相关的研究前提，从而构建了创意产业区空间集聚的初级多因素理论模型，并指出各指标对空间集聚度的影响力有差异。关于各项指标对于创意产业园区空间集聚度相关性的精确描述，还需要在第四章进一步讨论。

内外驱动效应是创意产业空间集聚的间接过程要素，空间影响因素是空间集聚的直接影响因素。在创意产业周期的影响下，驱动效应和影响因素的要素指标形成了。其中，驱动效应和影响因素对城市创意产业区的空间集聚度建立关系；通过资料查证、深度访谈所获得的较为可信的扎根分析，得到创意产业区空间集聚与组织驱动的6个子项指标和影响因素的14个子项指标。空间元素指标通过控制耦合、信息耦合和关系耦合三大耦合特征交互作用，结合内外部驱动与影响因素共同形成创意产业区空间集聚理论体系，也为后续开展城市创意产业区空间集聚度对驱动效应的实证研究奠定了基础。

综上所述，城市创意产业区的空间集聚关系形成了驱动效应、影响因素、空间集聚度的内在关联耦合结果。城市创意产业空间集聚度在中观层面的影响，主要是通过外驱引擎、内驱需求、影响因素的相互作用机制体现，随着创意产业区空间集聚的社会指标越发成熟，驱动要素会伴随创意和价值溢出效应而产生集聚演进。影响因素会加速这种趋势，因为随着产业区的发展，不同类型的创意型组织由于政策和利润驱动不同类型的空间集聚区，所以形成了不同发展模式的空间集聚的多因素理论模型，反过来，识别并研判不同因素的理论模型有利于创意产业区空间更好地集聚、转化、渗透和升级。

第四章　创意产业区空间集聚度的驱动效应实证研究

本章的研究目标是，以创意产业空间集聚的初级多因素理论模型为基础，并选取该模型中的强相关指标，完善多因素理论模型。首先，基于空间测度方法、指数分析法对城市创意产业区的空间集聚度与影响因素、影响因素对驱动效应的内在关联性进行实证检测。其次，对创意产业区空间集聚的作用机制进行阐述，也是对城市创意产业区的空间集聚进一步探索，利用不同的研究方法测量分析创意产业区影响因素和驱动效应的相互作用机理。

第一节　空间集聚度的测量方法

一、数值选取

本书的调研数据选取已经在第三章调研数据小节完成，并通过结构方程获取了相关数值。考虑到数据收集中会出现的问题以及人工输入误差的可能，在保证数据真实性以及完整性的前提下，通过数次检验以保证得到更加严谨的结论。本节将承接上一章数值信息进行创意产业空间集聚度测算。

在进行创意产业区集聚度的测量中，由于测量方法很多（见表4-1），选择合适的方法来计算这种集聚度至关重要。针对创意产业区来说，本身从事文化创意产业的人较少。同时，空间基尼系数大于0并不一定表明有集聚现象存在，因为它没有考虑企业规模的差异。从测量的可靠性来说，EG指数综合性更强，又克服了赫芬达尔指数的失真缺陷，能综合考虑企业与行业两方面因素的影响，但对于上海地区文化创意产业区来说，各方面数据并不是很完善，暂时还未有完整企业的数据，并且由于不同地区规模的差异，进行地区间的比较非常困难，故此方法并不适用。

表4-1 城市创意产业区空间集聚度测算方法汇总

测度方法	研究层面	数据来源	侧重点
案例分析法（Case Study）	宏—微观	定性分析与区域统计数据	影响产业空间集聚及竞争的要素
赫芬达尔指数（HHI）	中观（研究匹配）	产业集中度测度的指标	对规模较大的上位企业的市场份额反映比较敏感，而对众多小企业的市场份额小幅度变化反映小
空间基尼指数（Spatial GINI Index）	中观（研究匹配）	就业人数与集中度测度的关系	表示该行业在地理上的集聚程度越高，即产业在地理上愈加集中
区位熵法（Location Entropy Method）	中观（研究匹配）	反映某一产业部门的专业化程度，以及某一区域在高层次区域的地位和作用等方面	主要是分析区域主导专业化部门的集聚状况
E-G指数分析法（E-G Exponential Analysis）	中观（数据不完善）	对基尼指数的要素提纯	去除企业在布局过程中以市场接近为导向的布局行为产生的所谓聚集
聚类分析法（Cluster Analysis）	中观（后端）	区域投入产出数据	企业或相似产业之间的组织联系
图论分析法（Graphic Analysis）	中观（混杂，需要提纯）	创新调查与投入产出数据	企业或产业群间内在联系及其他指标联系

　　赫芬达尔指数因其综合了地区内部的小企业对产业的集聚性，具有很明显的优势，能有效去除行业影响方面带来的不足之处，反映的结果较为灵敏。但指标显示，不仅需要严格的数据结构，而且计算也具有一定的复杂度。故而，针对此种情况，考虑实际运用中的便利性，利用总体创意产业区的产值与文化创意产业产值的比值作为该指数的代表进行分析。而对于区位熵指数而言，其对于本书认知上海市创意产业区的空间分布情况有很大帮助，能够清晰地了解上海市城市产业区在不同区域的发展布局，另外，结合收集的数据可以从就业人数与产值两个方向同时计算，然后进行后续的分析。而且，区位熵指数被广泛应用于经济地理和区域经济的研究中，是衡量地方产业专业化程度的指标，所需的数据相对较少且计算简便。综合上面对各种方法的描述，最终选择利用赫芬达尔指数、就业人

数以及产值区位熵这三种方法对上海市城市创意产业区集聚度进行测度。表4-2为城市创意产业区空间集聚度尺度比较研究汇总。

表4-2 城市创意产业区空间集聚度尺度比较研究汇总

指标	单一地理尺度方法	基于距离的多空间尺度方法
空间尺度 （Space Scale）	只能反映单一地理尺度上经济活动的空间集聚及分布，如省城尺度	可以反映任意地理尺度上经济活动的空间分布
数据要求 （DATA Requirements）	具体到该研究区域的地理统计数据	具体到每个产业的统计数据及空间分布
统计意义 （Statistical Significance）	不需要给出统计显著性	需要给出统计显著性
地理意义 （Geographical Sense）	揭示某个地理尺度（如省市）创意产业活动的集聚及分散	揭示任意地理尺度（如省市）创意产业活动的集聚及分散
比较基准 （Comparative Datum）	HHI指数、K函数反映实际分布偏离完全独立随机分布的程度；D函数是某产业相对于其他行业的地理分布情况；GINI系数、E-G指数、M-S指数、M函数反映的是某产业相对于全部产业的集聚与分散程度	

二、指标筛选

（一）影响因素的测量

基于文献研究和扎根理论与结构方程的关联量化，此次研究分别对以上指标变量进行更为详细的测量。本书涉及的五大方面14个测量指标的空间集聚度的影响因素包括地区发展、园区建设、相关产业、市场需求及交通流量，空间集聚度为解释变量，构建TOPSIS算法模型。

（二）区域样本的选择

为了研究能够影响城市创意产业区的影响因素，第三章用扎根理论的质性研究、结合文献调研将影响因素分成五大方面14类小项，如表4-3所示。

表4-3 基于扎根理论的城市创意产业区空间集聚的影响要素指标

方面	变量符号	变量设计
地区发展	*Urbanization*	地区城市化率
	People	地区创意产业从业人数
	Salary	地区创意产业人员平均工资
	Education	地区的教育投入

续表

方面	变量符号	变量设计
园区建设	*Invest*	园区每年投资额
	Occupancy	园区的入驻率
	Company	园区规模以上企业数
	Rent	园区平均租金
	Background	园区就业人员本科以上学历占比
相关产业	*Value*	地区金融行业产值
	Post	地区电子商务量
市场需求	*Consume*	地区居民消费中文创消费额
	Retail	批发零售产值
交通流量	*Traffic Flow*	创意产业区交通的状态

第二节　空间集聚度测算分析

一、就业区位熵 LQ1 测算

城市创意产业区的发展进程中，吸引了部分就业人员的涌入，逐渐形成一定规模，创意产业区的发展在此基础之上进一步扩大。通过前文对区位熵指数的描述，可以得到表4-4的集聚度数据。

表4-4　基于就业人数区位熵 LQ_1 计算创意产业区集聚度

地区＼年份	2012	2013	2014	2015	2016
普陀区	1.1816	1.5560	3.2878	3.4192	3.8930
黄浦区	3.3260	4.2989	5.6860	5.7756	6.6859
徐汇区	1.8014	2.0946	2.8146	2.8308	3.4529
静安区	3.8122	2.9716	1.5835	1.1841	1.4890
浦东新区	1.4716	1.8402	3.0256	3.2392	4.0763
虹口区	0.1417	0.1785	0.1940	0.2157	0.2827

续表

地区＼年份	2012	2013	2014	2015	2016
长宁区	1.2829	1.5567	2.0683	2.1012	2.4038
杨浦区	0.4342	0.5378	0.9337	1.0101	1.2057
闵行区	0.2541	0.3082	0.5881	0.5046	0.6009

资料来源：《上海统计年鉴》以及各地区统计年鉴、现场调研、SEAZEN 数据库。

根据表 4-4 就业人数区位熵指数显示，从所选择的地区的时间维度而言，2012~2016 年，黄浦区城市创意产业区集聚度处于高位稳步提升中，浦东新区、普陀区以及徐汇区的集聚度持续增高，一直到 2016 年排在所选区域的第二名、第三名以及第四名，虹口区和长宁区的创意产业区人才就业集聚度一直在稳步提升，表明区域人才的活跃程度很高，大片的居住区人口数量也承载着就业人才的基数。杨浦区的集聚度在 2015 年突破了 1 的界限，表明近几年杨浦区的城市更新的活力及政策引导的红利政策，周边大学如财大、复旦、同济等高校云集，依托大学的科技资源优势，容易形成产业区等孵化载体，和强劲的就业人才集聚优势。闵行区集聚度一直在低位稳步提升，闵行正从人才资源次优区转化成人才集聚地，具体的原因在于政策导向和居住迁徙。基于人才释放带来的空间集聚度的演进能在一定程度上促进创意产业的繁荣。

根据表 4-4 中观察得出，数值变化最大的是静安区：2012 年其集聚度高居第二，在三年间由 3.81 降到 1.18，其集聚度一直在下降。表明静安区在与闸北区合并之前已经处于空间集聚的过度饱和状态，反而会有自组织般的区域人口弥散现象，这充分说明静安区的空间集聚已经比较密集，密集的人才资源急需压力释放，2016 年合并后"撤二建一"的新静安区域（户籍 100 万、常住人口 122 万）空间集聚度数值持续走低，说明政策带动城市布局出现转机，"十三五"规划和"一河两岸"规划均在新静安区开始布局。虽然闸北区的创意产业区不在此表，但并不能说明静安区的创意人才集聚给闸北区带来了发展机遇，这种"就业人才资源的正向流动"尚未考证，创意人才是否可以全面带动空间集聚度的演化还要做进一步研判。

二、产值区位熵 LQ2 测算

目前，上海创意产业区产值规模已经成熟，可以根据相关产值进行集聚研究，从产业区的发展数据看，其创造的效益反映出产业区的发展轨迹。利用城市创意产业区的产值数据做区位熵指数，得到表 4-5。

表 4-5　基于产值区位熵 LQ_2 计算创意产业区空间集聚度

年份 地区	2012	2013	2014	2015	2016
普陀区	0.9116	0.7680	0.8280	0.8400	0.7635
黄浦区	0.3954	0.3471	0.3652	0.3799	0.3316
徐汇区	0.4622	0.4068	0.4187	0.4221	0.3587
静安区	0.2805	0.2403	0.1694	0.1241	0.1057
浦东新区	0.7466	0.6320	0.4892	0.4745	0.4292
虹口区	0.0413	0.0341	0.0401	0.0421	0.0351
长宁区	0.2844	0.2441	0.2733	0.2477	0.1962
杨浦区	0.1304	0.1074	0.1211	0.1291	0.1163
闵行区	0.1463	0.1150	0.1315	0.1313	0.1477

资料来源:《上海统计年鉴》以及各地区统计年鉴。

从表 4-5 得出，各区城市创意产业区的集聚度并不强。在上海经济增长中，城市创意产业区的产值集聚度在减弱，普陀区（0.91～0.76）、浦东新区（0.74～0.42）、徐汇区（0.46～0.35）以及静安（0.28～0.10）均呈现下降态势，说明创意产业与区域产值呈现典型的负相关。但产值区位熵指数在 2012～2016 年的数据变量都非常显著，符合本书预期，说明变量选取是合理的。另外，黄埔区、长宁区、杨浦区以及闵行区的产值区位熵指数变动较小，差值 0.01～0.10 不等，表明集聚度提升或者下降得不是很明显，这是因为产值的均衡性削弱了模型的解释力度。虹口区的创意产业区集聚度较低，创意产业区的优势不强，表明模型的解释力有待完善。综上所述，产值区位与空间测度之间并未形成强势的发展关联。

三、赫芬达尔指数 HHI 测算

利用赫芬达尔系数计算城市创意产业区集聚度，赫芬达尔指数在经济领域和政府层面应用较为广泛，能很好地体现产业集中程度。由于数据采集的困难，并且考虑实际运用中的便利性，利用总体创意产业区的产值与文化创意产业产值的比值作为该指数的代表进行分析，得到表 4-6。

表 4-6 基于 HHI 指数计算创意产业区空间集聚度

地区＼年份	2012	2013	2014	2015	2016
普陀区	0.0870	0.0767	0.1104	0.1208	0.1147
黄浦区	0.0377	0.0347	0.0487	0.0546	0.0498
徐汇区	0.0441	0.0407	0.0558	0.0607	0.0539
静安区	0.0268	0.0240	0.0226	0.0178	0.0159
浦东新区	0.0712	0.0632	0.0652	0.0683	0.0645
虹口区	0.0039	0.0034	0.0054	0.0061	0.0053
长宁区	0.0271	0.0244	0.0364	0.0356	0.0295
杨浦区	0.0124	0.0107	0.0161	0.0186	0.0175
闵行区	0.0140	0.0115	0.0175	0.0189	0.0222

资料来源:《上海统计年鉴》以及各地区统计年鉴。

根据表 4-6 得出的 2012~2016 年数据显示，对于不同区域类的城市创意园的发展而言，因其产值对区域的贡献不同导致区域内城市创意产业区的产业空间集聚效应不同。其中，普陀区、徐汇区、黄浦区以及虹口区的城市创意产业区集聚度一直在提升，升幅在 0.03~0.08，说明这些区域在产业空间集聚方面成效明显。而静安区、浦东新区以及闵行区的城市创意产业区集聚度在下降。其中，静安区从 0.02~0.01 的微降说明，静安片区的创意产业开始呈现弥散—流动态势，从侧面说明创意产业已经进入成熟期，说明静安区与闸北区合并后良性互动，也比较符合现实情况。而长宁区和杨浦区内的城市创意产业区集聚度近几年一直在波动当中。可能受环境等外因扰动较大，虽然整体也符合计算情况，但在 2015~2016 年出现显著下降可能是模型存在内生性问题而导致的。除检测数据是否失真以外，是否在模型上存在一个恰当的阈值，还需要进一步的研究观察。但从长远来看，各区均呈现产业空间集聚良性的流动态势。这意味着模型在统计上是显著的。

本节主要研究城市创意产业区空间集聚度测算，分别探讨了赫芬达尔指数、空间基尼指数、E-G 指数以及区位熵指数，对这些指数从含义、公式以及指数的代表集聚度的发展状况来介绍。根据介绍的指数类型，结合现有的客观数据及样本，本书选择了赫芬达尔指数、就业人数以及产值区位熵三种方法对上海市创意产业区集聚度进行测算，以检验多因素理论模型的正确性。

在确定了空间集聚测度研究方法后，对上海市普陀区、黄浦区、徐汇区、静安区、浦东区、虹口区、长宁区、杨浦区以及闵行区的 23 家创意产业区集聚度进行计算，从不同的测量结果中进行比较研究发现：就业人数区位熵和产值区位熵指数主要是从地区的发展状况出发，然后在全域范围内进行比较分析，由于选择的经济区域范围较小，不容易看出真实的发展状况。但无论哪一种研究方法，均证明了影响因素与空间集聚度的显著相关特征，由此也验证了模型在空间集聚度—影响因素关系层面上的正确。赫芬达尔指数主要是看创意产业区在全域范围内的发展，其优点在于注重对地区经济的贡献状况，兼具绝对和相对集中度指标的特征，在数据翔实的情况下，本书选择赫芬达尔指数的集聚度作为分析的主要数据。

第三节　空间集聚度对影响因素的实证分析

一、TOPSIS 模型实证分析

（一）模型构建

将九个地区看作一个城市创意产业区的集合 Q_1，Q_2，…，Q_9，类似地，看作多准则决策 TOPSIS 模型中的备选方案，加上 14 个判别指标 R_1，R_2，…，R_{14}，构建决策矩阵（见表4-7）。

表4-7　决策矩阵

	R_1	R_2	R_3	R_4	…	…	R_{14}
Q_1	x_{1-1}	x_{1-2}	x_{1-3}	x_{1-4}	…	…	x_{1-14}
Q_2	x_{2-1}	x_{2-2}	x_{2-3}	x_{2-4}	…	…	x_{2-14}
…	…	…	…	…	…	…	…
Q_9	x_{9-1}	x_{9-2}	x_{9-3}	x_{9-4}	…	…	x_{9-14}

计算步骤如下：

第一步：计算规范决策矩阵。规范值为：

$$n_{ij} = \frac{x_{ij}}{\sqrt{\sum_{i=1}^{m} x_{ij}^2}} \quad (i=1, 2, \cdots, 9; j=1, 2, \cdots, 14) \qquad (4-1)$$

第二步：计算加权规范决策矩阵。其加权值为：

$$v_{ij} = \omega \cdot n_{ij} \left(\sum_{j=1}^{n} \omega_j = 1 \right) \quad\quad (4\text{-}2)$$

式中，ω_j 为 R_j 的权重。此处采用熵权法来计算评价指标的权重。对于指标中某个道路节点，设其空间邻域有 m 个道路节点、n 个评价指标，则判别指标熵 H_j 位：

$$H_j = -\frac{\sum_{i=1}^{m} f_{ij}\ln f_{ij}}{\ln m}, \quad f_{ij} = \frac{1 + x_{ij}}{\sum_{i=1}^{m}(1 + x_{ij})} \quad (i = 1, \cdots, m; j = 1, \cdots, n) \quad (4\text{-}3)$$

则该道路节点判别指标权重为：

$$\omega_j = \frac{1 - H_j}{n - \sum_{j=1}^{n} H_j}, \quad \sum_{j=1}^{n} \omega_j = 1 \quad\quad (4\text{-}4)$$

第三步：确定正理想解和负理想解：

$$A^+ = \{v_1^+, v_2^+, \cdots, v_n^+\} = \{(\max v_{ij}/j \in I), (\min v_{ij}/j \in I)\}$$
$$A^- = \{v_1^-, v_2^-, \cdots, v_n^-\} = \{(\min v_{ij}/j \in I), (\max v_{ij}/j \in I)\} \quad (4\text{-}5)$$

式中，I 为效益型属性，j 为成本型属性。

第四步：计算某个道路节点与正理想解和负理想解的分离度：

$$d_i^+ = \sqrt{\sum_{j=1}^{n}(v_{ij} - v_j^+)^2}$$
$$d_i^- = \sqrt{\sum_{j=1}^{n}(v_{ij} - v_j^-)^2} \quad\quad (4\text{-}6)$$

第五步：计算备选方案与正理想解的相对接近度：

$$r_i^* = \frac{d_i^-}{d_i^+ + d_i^-} (i = 1, 2, \cdots, 9) \quad\quad (4\text{-}7)$$

第六步：根据 r_i^* 由大到小对道路节点的重要性进行排序。

（二）TOPSIS 模型适用性分析

TOPSIS 模型主要是多准则实证模型，是有限方案多目标决策的实证方法，它对原始的数据进行归一化处理，消除量纲对其的影响，并且能最有效地利用原始数据的信息，反映不同方案的差距、客观真实的实际情况，应用较为广泛。TOPSIS 法相比单一指标分析实证的方法，能更加反映整体的客观情况，能综合分析评价，具有相对普遍性，在很多方面均有应用。

针对本节主要探讨城市创意产业区集聚度的影响因素方面，在城市创意产业区空间集聚多因素理论模型框架下，利用此方法分析研究 2012~2016 年创意产业区空间集聚影响因素中的重点因素是哪些，并且给出影响因素的影响力排名，针对排名再进行相应的评价。本书认为此法较为适用，故按此进行。

（三）TOPSIS 模型实证分析

通过关于 TOPSIS 法介绍以及计算步骤的阐述，利用此方法模型计算 2012～2016 年上海 9 个区域内 23 家城市创意产业区的各个指标权重，以了解在每年的发展中，哪些指标对创意产业区的发展具有更为明显的作用。

首先得到规范矩阵，利用规范矩阵进行下面所有的计算步骤，故此得到 2012～2016 年各个指标的权重，如表 4-8 所示。

表 4-8　影响因素变量的权重

年份 变量	2012	2013	2014	2015	2016
Urbanization	0.0004	0.0006	0.0010	0.0010	0.0009
People	0.2201	0.2178	0.2287	0.2216	0.1890
Salary	0.0003	0.0009	0.0020	0.0025	0.0017
Education	0.1064	0.1057	0.1047	0.0939	0.0856
Invest	0.1324	0.1349	0.0986	0.1005	0.0835
Occupancy	0.0003	0.0004	0.0003	0.0004	0.0002
Company	0.0288	0.0301	0.0366	0.0408	0.0390
Rent	0.0100	0.0099	0.0066	0.0118	0.0079
Background	0.0004	0.0003	0.0001	0.0001	0.0001
Value	0.2226	0.2210	0.2386	0.2309	0.2139
Post	0.1436	0.1443	0.1505	0.1562	0.1415
Consume	0.0466	0.0454	0.0462	0.0520	0.1580
Retail	0.0533	0.0535	0.0491	0.0498	0.0450
Traffic Flow	0.0347	0.0354	0.0368	0.0384	0.0337

结论：从表 4-8 中可以看到，结合 2012～2016 年的数据变化，地区创意产业从业人数、地区的教育投入、园区每年投资额、地区金融行业产值以及地区邮电业务量五种因素所占的权重在 2012 年均超过 0.1，但随着地区创意产业区的发展，这个指标权重降低，而地区居民消费中文创消费额的比重逐渐增大，随着消费升级概念的逐渐推广，文创消费对于创意产业区的贡献会逐渐增大；此数据符合创意产业区产业发展时空演化律，即空间集聚度的调节变量产业孵化、产业发展、产业进步和产业增速的演化中出现空间集聚—扩散的多重性特征。另外，根

据权值表发现，地区城市化率、地区创意产业人员平均工资、园区的入驻率以及园区就业人员本科以上学历这四项因素占这些指标权重很低，几乎可以消除其影响。其他指标对城市创意产业区都有一定的影响，但相关性及影响力待进一步研究。

下面将利用这些权重对城市创意产业区在 2012~2016 年的发展做一个排名，如表 4-9 所示。

表 4-9 2012~2016 年城市创意产业区发展排名情况

地区	2012 年		2013 年		2014 年		2015 年		2016 年	
	得分	排名	得分	排名	得分	排名	得分	排名	得分	排名
普陀区	0.0862	8	0.0725	8	0.0621	9	0.0496	9	0.3152	2
黄埔区	0.1098	5	0.1114	4	0.0961	3	0.0933	3	0.0709	5
徐汇区	0.1696	2	0.1733	2	0.1434	2	0.1390	2	0.1040	3
静安区	0.1025	6	0.1029	6	0.0816	7	0.0849	5	0.0587	6
浦东新区	0.9954	1	0.9954	1	0.9974	1	0.9944	1	0.7504	1
虹口区	0.0573	9	0.0576	9	0.0689	8	0.0644	8	0.0578	7
长宁区	0.1000	7	0.0997	7	0.0861	6	0.0761	6	0.0564	8
杨浦区	0.1112	4	0.1126	3	0.0959	4	0.0895	4	0.0596	4
闵行区	0.1114	3	0.1100	5	0.0878	5	0.0725	7	0.0398	9

结论：从表 4-9 中可以看出，2012~2016 年，浦东新区城市创意产业区的发展一直稳居上海的首位。发展较快的原因是：①空间产业效应。浦东新区的国家管控区域能级、综合土地坪效较大，其中陆家嘴依然是世界创意金融最活跃的区域之一；张江科创园承担科研载体，为创意人才提供重要的技术支持；迪士尼国际度假区引进了大量的国内国外高端客流；金桥出口加工区、外高桥自贸区、后世博区域的产业能效开始释放；高新影视产业区也逐步生成八大区域重点产业空间集聚。从区域优化空间格局上看，浦东新区俨然形成了"文化创意产业生态圈"，即"一横一纵"的发展格局：横向打造文创综合产业链生态圈，纵向打造大集聚区、创意园区、项目基地的三层立体产业架构。这些大集聚规模的区域会因为具有更多的产业和调配资源而获得更强大的社会渗透力和影响力，进而对创意产业空间集聚产生有利的影响。②政策开放效应。近六年浦东新区得到了"十二五"新规政策的支持；近期迪士尼国际度假区管委会又印发了《浦东新区文化创意产业发展专项资金使用实施细则》。2015 年，文创产业呈现下降趋势，这是因为

当年底宏观经济放缓所致，但重点产业和集聚势头依然发展良好，据《2016 年浦东新区文化产业政府工作报告》显示，文化产业的增速仍高于新区总体增速，产业效益也稳步提升。这表明，在空间集聚多因素理论模型中，影响因素与空间驱动效应的互动关系非常活跃。

徐汇区的城市创意产业区发展整体发展靠前，表明"徐汇创意产业中心"一直是创意产业空间集聚发展的优势载体。发展较快的普陀区的创意产业区，从排名垫底一直到 2016 年的排名第二，原因是创意产业具有环境和资源优势，有名的艺术创意产业区和商务科技园均坐落在此。黄浦区、长宁区以及静安区的创意产业区的发展都较为稳定。而闵行区的创意产业区的发展排名从 2012 年的第三降到第九，这是因为闵行区作为创意产业的起步区，其空间集聚效应并未完全释放。

二、面板数据模型的选择分析

随机效应模型和固定效应模型都是变截距的模型，最常用的是 WU-Hausman 检验。

WU-Hausman 检验原理：如果 $cov(\alpha_i, x_i) = 0$，随机效应模型（GLS）产生斜率系数的一致有效估计量，而固定效应模型（OLS）产生一致但无效估计量，所以应该采用随机效应模型；如果 $cov(\alpha_i, x_i) \neq 0$，随机效应模型斜率系数的估计量非一致，而固定效应模型产生一致有效估计量，所以应该采用固定效应模型。其假设如下：

H0：$cov(\alpha_i, x_i) = 0$（采用随机效应模型）；

H1：$cov(\alpha_i, x_i) \neq 0$（采用固定效应模型）。

三、面板数据模型平稳性检验

基于以上两种模型对空间聚类指标进行实证研究。该模型是针对不同的截面或者不同的时间序列，模型的截距也不同的情况下，采用模型中加入虚拟变量回归参数的方法。本书使用面板数据固定效应模型主要有两方面的考虑：一方面，Guggenberger（2010）建议直接用固定效应而不是用两步法估计指数参数；另一方面，随机效应假设个体固定效应项与解释变量不相关，这一假设在现实中往往很难成立。

由于面板数据反映了时间和截面二维上的信息，保证序列的平稳性，在进行模型估计前应避免因时间序列的非平稳性所造成的"伪回归"。首先通过运用软件 STATA14.0 检验各变量的平稳性。由于本书选取的是非平衡面板数据，所以利用 Fisher-ADF 检验面板数据单位根检验方法，具体检验结果如表 4-10 所示。

表4-10 单位根检验结果

变量	p 统计量	z 统计量	L* 统计量	Pm 统计量	结论
D（HHI）	88.7712 （0.0000）	−3.4882 （0.0002）	−7.4170 （0.0000）	11.7952 （0.0000）	平稳
D（Urbanization）	174.8061 （0.0000）	−7.9869 （0.0000）	−15.8106 （0.0000）	26.1344 （0.0000）	平稳
D（People）	78.2638 （0.0000）	−2.9468 （0.0167）	−5.6394 （0.0074）	9.3864 （0.0000）	平稳
D（Salary）	68.5095 （0.0000）	−4.4863 （0.0000）	−5.5973 （0.0000）	8.4183 （0.0000）	平稳
D（Education）	30.7538 （0.0307）	−1.0161 （0.1548）	−1.4092 （0.0826）	2.1256 （0.0168）	平稳
D（Invest）	35.1901 （0.0089）	−2.4905 （0.0064）	−2.3826 （0.0106）	2.8650 （0.0021）	平稳
D（Occupancy）	132.1052 （0.0000）	−7.1735 （0.0000）	−11.9754 （0.0000）	19.0175 （0.0000）	平稳
D（Company）	118.0935 （0.0000）	−4.2800 （0.0000）	−9.5295 （0.0000）	16.6822 （0.0000）	平稳
D（Rent）	108.4703 （0.0000）	−4.4479 （0.0000）	−9.1458 （0.0000）	15.0784 （0.0000）	平稳
D（Background）	122.0941 （0.0000）	−5.7414 （0.0000）	−10.7197 （0.0000）	17.3490 （0.0000）	平稳
D（Value）	73.5961 （0.0000）	−3.9472 （0.0000）	−6.3782 （0.0000）	23.5386 （0.0000）	平稳
D（Post）	186.1466 （0.0000）	−7.1175 （0.0000）	−16.2353 （0.0000）	28.0244 （0.0000）	平稳
D（Consume）	30.2380 （0.0352）	−2.1264 （0.0167）	−1.9890 （0.0261）	2.0397 （0.0207）	平稳
D（Retail）	148.1637 （0.0000）	−6.3419 （0.0000）	−12.3674 （0.0000）	34.1549 （0.0000）	平稳
D（Traffic Flow）	110.0935 （0.0000）	−5.7555 （0.0000）	−9.8792 （0.0000）	15.3489 （0.0000）	平稳

结论：由于变量的原序列不平稳，故此对变量进行差分处理，并对差分后的变量进行单位根检验，从表4-10可知，拒绝存在单位根的假设的原因在于，Fisher-ADF检验的统计量P和Pm的伴随概率都小于0.05，统计量的p值均满足

参数要求。这说明该模型是有效的，结果可以用作稳健性检验分析。本书认为，所有变量差分后的序列不存在单位根，即差分后的变量均平稳。

四、面板数据模型的回归分析

基于面板数据的可行性，利用 STATA 软件建立固定效应模型，然后进行 F 检验，这一步骤的目的在于确认运用哪一种模型较为合适。得到表 4-11 关于城市创意产业区集聚度影响因素的固定效应模型的检验结果。

表 4-11 固定效应模型结果

Fixed-effects（within）regression Group variable：distinct R-sq: Within = 0.6990 Between = 0.2188 Overall = 0.1225 Correct（u_ i, xb） = −0.7028				Number of obs = 45 Number of group = 9 Obs per group： Min = 5 Avg = 5 Max = 5 F（14, 22） = 3.65 Prob>F = 0.0033		
Hhi	Coef.	Sed. Err	t	p> | T |	[95%COF.]	[INTERVAL]
Urbanization	0.0006857	0.0042365	0.16	0.873	−0.0081004	0.0094718
People	−0.0000643	.0271483	−0.00	0.998	−0.0563664	0.0562377
Salary	0.0116788	0.0057687	2.02	0.055	−0.0002847	0.0236424
Education	−0.0121047	0.021215	−0.57	0.574	−0.0561019	0.0318926
Invest	−0.0033519	0.017263	−0.19	0.848	−0.0391532	0.0324495
Occupancy	−0.0099041	0.0039685	−2.50	0.021	−0.0181341	−0.001674
Company	0.0018531	0.007224	0.26	0.800	−0.0131286	0.0168348
Rent	−0.0010273	0.0055103	−0.19	0.854	−0.0124551	0.0104004
Background	0.0032626	0.0026111	1.25	0.225	−0.0021525	0.0086778
Value	0.0163405	0.0218884	0.75	0.463	−0.0290533	0.0617342
Post	−0.0232938	0.0168426	−1.38	0.180	−0.0582277	0.011631
Cousume	0.0006967	0.0019093	0.36	0.719	−0.003263	0.0046564
Retial	0.0023938	0.0107114	0.22	0.825	−0.0198202	0.0246079
WU-	0.0021654	0.0145618	0.15	0.883	−0.0280338	0.0323647
_ cons	0.0392494	0.0008492	46.22	0.000	0.0374483	0.0410104
Sigma_ u	0.04117523					
Sigma_ e	0.00569638					
rho	0.98122012	（fraction of variance due to u_ i）				
F test that all u_ i=0：F（8, 22） = 29.38						Prob>F = 0.0000

结论：由表4-11可知，最后一项 F（8，22）= 29.38，对应的 p 值小于显著性水平0.05，故此拒绝零假设即混合效应模型优于固定效应模型，由此可知，固定效应模型优于混合模型。

　　表4-12研究如何检验随机效应是否显著。

表4-12　随机效应的显著性检验

Breusch and pagan lagrangian multiplier test for random effects

Hhi (distinct, t) = xb+u (distinct) +e (distinct, t)

Estimated results：	Var	Sd = sqrt （var）
HHI	0. 0009072	0. 03012
E	0. 0000324	0. 0056964
U	0	0

Test：var （u） = 0

　　　　　　Chibar2 （01） = 0. 00

　　　　　　Prob>chibar2 = 1. 0000

　　结论：由于检验统计量在5%的显著性水平下 p 值为1.0000，所以可以看出随机效应模型不显著。

　　本书利用 STATA 对面板数据建立随机效应模型，并将以上的固定效应模型和随机模型进行保存，当 Hausman 统计量在统计上显著时，用于确定固定效应模型还是选择随机效应模型来估计参数。表4-13是 Hausman 检验的结果。

表4-13　Hausman 检验的结果

	Coefficients			
	（b）fe	（B）re	（b-B）difference	Sqrt （diag （V_ b-V_ B）） S. E.
Urbanization	0. 0006857	0. 0123733	−0. 0116876	
People	−0. 0000643	−0. 0231452	0. 0230809	0. 0064661
Salary	0. 0116788	0. 001046	0. 0106329	
Education	−0. 0121047	0. 0604387	−0. 0725434	0. 0113101
Invest	−0. 0033519	−0. 068857	0. 0655051	0. 0068814
Occupancy	−0. 0099041	0. 0034261	−0. 0133302	
Company	0. 0018531	−0. 013094	0. 0149471	0. 0039568

	Coefficients			
	(b) fe	(B) re	(b−B) difference	Sqrt (diag (V_ b−V_ B)) S. E.
Rent	−0. 0010273	0. 0144062	−0. 0154335	
Background	0. 0032626	−0. 0037624	0. 007025	
Value	0. 0163405	0. 0832919	−0. 0669514	
Post	−0. 0232983	−0. 0089103	−0. 014388	
Cousume	0. 0006967	0. 0067224	−0. 0060257	
Retial	0. 0023938	−0. 060967	0. 0633609	
Traffic Flow	0. 0021654	0. 0420507	−0. 0398852	

b = consistent under Ho and Ha; obtained from xtreg

B = inconsistent under Ha, efficient under Ho; obtained form xtreg

Test: Ho: difference in coefficients not systematic

$Chi2(14) = (b-B)'[(V_b - V_B)(-1)](b-B)$

$= -221.83$ Chi2 < 0 = model fitted on these

Data fails to meet fitted on these

Assumptions of the Hausman test;

See suest for a generalized test

结论：由表 4-13 可以得出 Hausman 检验不显著，因此本书采用的固定效应模型也是最优模型。

结合之前 TOPSIS 模型得到的地区城市化率、地区创意产业人员平均工资、园区的入驻率以及园区就业人员本科以上学历占比这些指标权重很低，这些影响因素较小，这里将两个回归进行对比分析，以保证模型估计的准确结果，采用随机效应方法（RE）进行参数估计，得到的结果如表 4-14 所示。

表 4-14 不同模型的参数比较

变量	(1)	(2)
	HHI (RE)	HHI (RE)
Urbanization	0. 0124 (1. 50)	
People	−0. 0231 (−0. 88)	−0. 0062 (−0. 25)

续表

变量	(1)	(2)
	HHI (RE)	HHI (RE)
Salary	0.0010	
	(0.11)	
Education	0.0604***	0.0535***
	(3.37)	(3.05)
Invest	0.0689***	0.0887***
	(4.35)	(7.02)
Occupancy	0.0034	
	(0.39)	
Company	0.0131**	0.0090*
	(2.17)	(1.87)
Rent	-0.0144	-0.0251***
	(-1.49)	(-4.09)
Background	-0.0038	
	(0.66)	
Value	0.0833*	0.0748
	(1.72)	(1.57)
Post	0.0089	0.0110
	(0.24)	(0.31)
Consume	0.0067**	0.0063**
	(2.13)	(2.04)
Retail	0.0610***	0.0847***
	(2.61)	(4.73)
Traffic Flow	0.0421**	0.0613***
	(2.01)	(4.10)
Cons	0.0392***	0.0392***
	(15.79)	(15.42)

注: 括号内为 t 统计值, * 表示 $p<0.1$, ** 表示 $p<0.05$, *** 表示 $p<0.01$。

从表4-14中可以看到，从列（1）中的回归可以得到地区城市化率、地区创意产业人员平均工资、园区的入驻率以及园区就业人员本科以上学历占比不显著，印证了前面TOPSIS模型得到的结论，故此将这四个变量剔除再次进行回归分析，得到列（2）中的结果。

从经过修正后的模型分析表明：地区教育投入、园区投资、园区规模以上企业数量、园区的平均租金、文创消费额、批发零售产值以及地区交通流量都是显著变量，对地区的创意产业区的集聚度影响较大。其中，地区的教育投入对集聚度具有正向的影响，当地区的教育投入增加1%时，带来地区创意产业区的集聚度提升0.0535%，由此可以得出教育投入对空间集聚的显著相关性；园区的投资对集聚度具有正向的影响，当园区的投资增长1%时，带来地区创意产业区的集聚度提升0.0887%，投资可以加速创意产业的孵化及发展；园区规模以上企业数对集聚度具有正向的影响，当园区规模以上企业数增长1%时，带来地区创意产业区的集聚度提升0.0090%，表明空间集聚下企业会有空间向心发展趋势，因为规模效应可以产生规模节约，从而带来更大的价值溢出；园区的平均租金对集聚度具有负向的影响，当园区的平均租金增长1%时，带来地区创意产业区的集聚度降低0.0251%，表明租金上升与空间集聚有反向联系；地区居民消费中文创消费额对集聚度具有正向的影响，当地区居民消费文创消费额增长1%时，带来地区创意产业区的集聚度提升0.0063%，地区批发零售产值对集聚度具有正向的影响，当地区批发零售产值增长1%时，带来地区创意产业区的集聚度提升0.0847%，这是因为当投融资、扶持资金进行突破后，文化创意产业链就形成了上下游优势资源聚合，形成了"文化集聚＋商业辐射效应"，从而对当地居民的消费和零售产值影响显著；地区文创的财政支出对集聚度具有正向的影响，当地区文创的财政支出增长1%时，带来地区创意产业区的集聚度提升0.0613%，这是因为近几年文创方面的财政支出对于市场准入和高能人才引进甚至企业的创意研发均起到促进作用。

本节研究了影响因素指标的显著变量在创意产业空间集聚过程中的相互作用机制，基于TOPSIS实证模型下选取影响因素对空间集聚度的强相关性指标，从影响因素层面的指标假设检验分析重新编号：A1教育投入、A2区域投资、A3企业数量、A4平均租金、A5创意消费、A6创意产值、A7交通流量七项指标与创意产业空间聚类显著相关，予以优先选取。另外，城市化率、创意来访、零售产值、居住水平、创意来访、从业人数、城市化率、基建背景8项指标对创意产业区域聚类的影响也有弱关联性，说明空间聚类指标关联结果成立，也从侧面强化了多因素理论模型的耦合机理。

第四节　驱动效应对影响因素的计量与验证

一、面板模型的构建检验

把剔除后剩余的 7 项影响因素指标与 6 项驱动系统指标构建面板数据模型，探究影响因素对驱动效率的途径。检验显著的影响因素指标与驱动系统指标的假设关联作用：

$$Z_{d,t}=\alpha+\beta agg_{d,t}+\gamma agg_{d,t}^2+\phi X_{d,t}+\varepsilon_{d,t} \tag{4-8}$$

式中，$Z_{d,t}$ 表示创意产业空间聚类的影响因素路径，系数 γ 用来衡量其影响大小；$agg_{d,t}$ 为上海市 d 个创意产业区第 t 年的空间集聚度；$X_{d,t}$ 为驱动系统指标变量。本书列举了扎根后驱动系统的传导途径：E1 结构主导、E2 战略主导、E3 营运主导的内部驱动系统和 E4 市场主导、E5 政府主导、E6 科技主导的外部驱动系统的影响，得出组织驱动指标对影响因素指标的关系，如表 4-15 所示。

表 4-15　剔除部分影响因素后驱动系统指标传导路径验证

$X_{d,t}$ 指标	(1)	(2)	(3)	(4)	(5)	(6)	(7)
	Education A1	Invest A2	Company A3	Rent A4	Consumption A5	Value A6	Traffic A7
Cons	0.7243*** (2.69)	8.8104*** (3.75)	7.4934*** (2.86)	2.3564*** (2.16)	1.3472*** (3.41)	6.0600*** (4.12)	3.2941** (3.46)
Structure E1	0.7176*** (3.62)	0.7674*** (2.70)	0.4803*** (2.43)	0.3948*** (2.29)	0.2848*** (2.38)	0.3032*** (2.33)	0.4089*** (2.66)
Strategy E2	0.3428*** (2.31)	0.2805** (2.27)	-0.2959*** (-4.28)	-0.9548*** (-3.28)	0.4811*** (3.67)	0.5159*** (2.59)	0.5232*** (2.89)
Operation E3	0.0031 (1.08)	0.0309*** (3.04)	0.0506*** (2.07)	0.9789*** (5.08)	0.0216*** (3.09)	0.0123*** (3.01)	0.0733*** (2.19)
Market E4	0.2888*** (3.32)	0.3045*** (3.35)	0.4896*** (2.55)	0.6302*** (2.60)	0.4635*** (2.78)	0.3299*** (2.46)	0.3282 (0.67)
Government E5	0.0765*** (3.06)	0.0081*** (2.01)	0.9058*** (2.78)	0.3141*** (3.99)	0.4060*** (2.52)	-0.4507 (-0.48)	-0.4562*** (-2.72)
Technology E6	0.8471*** (2.48)	0.9467*** (2.57)	0.2123*** (2.13)	-0.8036*** (-3.73)	0.5873*** (3.52)	-0.4130*** (-3.30)	-0.6351*** (-3.68)

$X_{d,t}$ 指标	(1)	(2)	(3)	(4)	(5)	(6)	(7)
	Education A1	Invest A2	Company A3	Rent A4	Consumption A5	Value A6	Traffic A7
Control Variables	控制	控制	控制	控制	控制	控制	控制
R^2	0.4594	0.5190	0.4957	0.9621	0.7713	0.6628	0.8465
F 值	26.28*** (27.32)	34.43*** (35.21)	19.84*** (19.29)	31.46*** (33.75)	29.12*** (27.43)	26.66*** (28.87)	35.84*** (37.31)
p (F 值)	0.0000	0.0000	0.0000	0.0000	0.0000	0.0000	0.0000

注：*、**、*** 分别表示显著性水平为 10%、5% 和 1%；agg 和 agg2 分别表示城市创意产业空间集聚度的一次项和二次项；限于篇幅，只报告每一种路径验证的回归结果，列（1）~列（7）中回归的被解释变量分别为影响因素的各项指标权值率；F 值一栏括号外为以集聚一次项为被解释变量回归，括号内为以集聚二次项为被解释变量回归。

二、实证结果的回归分析

从组织驱动对教育因素的影响来看，结构驱动、战略驱动、市场驱动、政府驱动及技术驱动在 5% 的显著性水平上显著相关。由表 4-15 可知，在内部驱动层面，结构驱动增长 1% 带来教育增长 0.72%；战略驱动增长 1% 带来教育增长 0.34%。由此可见：结构>战略，因为教育资源是内敛型资源，与战略资源的拟合度并不高。在外部驱动层面，市场驱动增长 1% 带来教育增长 0.29%；政府驱动增长 1% 带来教育增长 0.08%；技术驱动增长 1% 带来教育增长 0.85%，根据计量可知：技术>市场>政府。即技术性对于教育因素的影响显著，因为符合技术研发，也容易形成知识性溢出。

从组织驱动对投资因素的影响看，结构驱动、战略驱动、营运驱动、市场驱动、政府驱动及技术驱动在 5% 的显著性水平上显著。由此可知，在内部驱动层面，结构驱动增长 1% 带来投资增长 0.72%；战略驱动增长 1% 带来投资增长 0.28%；营运驱动增长 1% 带来投资增长 0.03%。由此可见：结构>战略>营运，因为投资要素偏好更多的是创意产业的类型而非战略和营运，故投资要素对结构性驱动要素呈现显著相关。在外部驱动层面，市场驱动增长 1% 带来投资增长 0.30%；政府驱动增长 1% 带来投资增长 0.01%；技术驱动增长 1% 带来投资增长 0.95%。研究可知：技术>市场>政府，因为投资因素与创意技术、创意技巧、创意研发等技术科技创新紧密相关。与市场预估、政府政策的联系相对较弱。对于当今投融资渠道的日益泛化，投资对于政府政策的依附性慢慢减弱。由此可见，应强化创意产业对技术性企业的集聚偏好。丰富科技型产业的文化和科技内涵，以拓宽其创意产业的深度和广度，并加大组织驱动的科技能力、研发能力、创新能力、制造能力是当务之急。

从组织驱动对公司数量因素的影响来看，结构驱动、战略驱动、营运驱动、市场驱动、政府驱动及技术驱动 5% 的显著性水平上显著，符合研究假设。由此可知，在内部驱动层面，结构驱动增长 1% 所带来公司数量增长 0.48%；战略驱动增长 1% 带来公司数量增长 0.30%；营运驱动增长 1% 带来公司数量增长 0.05%，由此可见：结构>战略>营运，证明公司对于创意类型的选择是先决条件。对于创意园的生成期，首要吸引创意企业大量入驻，企业数量的增值从规模上减少了企业自身的产能消耗，在规模节约的同时引发企业绩效价值的溢出，从而提高其区域空间集聚程度。在外部驱动层面，市场驱动增长 1% 带来公司数量增长 0.49%；政府驱动增长 1% 带来公司数量增长 0.91%；技术驱动增长 1% 所带来公司数量增长 0.21%。研究可知：政府>市场>技术，这表明政府的相关利好政策的引导非常重要，政府营造创意产业区的创意氛围，搭建知识溢出协作指标，在扶持资金、财政税收、市场准入、产业氛围等方面对企业进行政策倾斜，使创意企业在获得更高的收益的同时也能享受到产业空间集聚带来的积极环境。而创意企业的高质量成长又会带来区域整体经济的增长及文化创意实力的提升。

从组织驱动对园区租金因素的影响来看：结构驱动、战略驱动、营运驱动、市场驱动、政府驱动及技术驱动在 5% 的显著性水平上显著，符合研究假设。由此可知，在内部驱动层面，结构驱动增长 1% 带来园区租金增长 0.39%；战略驱动增长 1% 带来园区租金减少 0.95%；营运驱动增长 1% 带来园区租金增长 0.98%，由此可见：营运>结构>战略，符合模型假设。说明营运与租金有显著的正向关联。一般来讲，营运能力最好的企业组织，其区位优势良好，同时承担的租金价值也较大。在外部驱动层面，市场驱动增长 1% 带来园区租金增长 0.63%；政府驱动增长 1% 所带来园区租金增长 0.31%；技术驱动增长 1% 带来园区租金减少 0.80%。研究可知：技术>市场>政府，说明租金对于企业组织自身的类型及架构的影响很大，不同类型的企业承担不同程度的租金水平。

从组织驱动对消费额的影响看，结构驱动、战略驱动、营运驱动、市场驱动、政府驱动及技术驱动在 5% 的显著性水平上显著。由此可知，在内部驱动层面，结构驱动增长 1% 带来消费额增长 0.28%；战略驱动增长 1% 带来消费额增长 0.48%；营运驱动增长 1% 带来消费额增长 0.02%。由此可见：战略>结构>营运，说明消费额与企业战略规划、战略调整、战略实施和战略响应是显著相关的，正是企业组织的战略思维引导了消费方式和消费价值的产生。在外部驱动层面，市场驱动增长 1% 带来消费额增长 0.46%；政府驱动增长 1% 带来消费额增长 0.41%；技术驱动增长 1% 带来消费额增长 0.59%。研究可知：技术>市场>政府，表明消费额对技术型组织的强相互作用，其中科技能力、研发能力、创新能力、制造能力对消费额产生至关重要的作用。应聚合创意产业链上下游的资源优势，形成文化集聚+消费辐射效应，将创意产业区打造成为集为文化、休闲、娱乐、消费四位一体的创意产业空间集聚地。

从组织驱动对批发零售产值因素的影响看，结构驱动、战略驱动、营运驱动、市场驱动、政府驱动及技术驱动在 5% 的显著性水平上显著。由此可知，在内部驱动层面：结构驱动增长 1% 带来批发零售产值增长 0.30%；战略驱动增长 1% 带来批发零售产值增长 0.52%；营运驱动增长 1% 带来批发零售产值增长 0.01%。由此可见：战略>结构>营运，说明企业组织战略对批发零售产值的影响显著，组织的战略方向直接决定其产值的大小，另外营运对零售产值的影响可以忽略不计。在外部驱动层面，市场驱动增长 1% 带来批发零售产值增长 0.49%；政府驱动增长 1% 带来批发零售产值减少 0.45%；技术驱动增长 1% 带来批发零售产值减少 0.41%。研究可知：市场>技术>政府，符合模型假设。说明市场需求激发创意企业组织的零售产值的直接相关性，营造开放包容的空间集聚氛围，为创意企业积极搭建互惠共生的创意零售指标，促进其零售产值的增长，以助推创意组织驱动绩效的提升。

从组织驱动对财政支出因素的影响看，结构驱动、战略驱动、营运驱动、市场驱动、政府驱动及技术驱动在 5% 的显著性水平上显著，符合研究假设。由此可知，在内部驱动层面，结构驱动增长 1% 带来财政支出增长 0.41%；战略驱动增长 1% 带来财政支出增长 0.52%；营运驱动增长 1% 带来财政支出增长 0.07%。由此可见：战略>结构>营运，说明战略导向与财政支出显著相关。营运对零售产值的影响可以忽略不计。在外部驱动层面，市场驱动增长 1% 带来财政支出增长 0.33%；政府驱动增长 1% 带来财政支出减少 0.46%；技术驱动增长 1% 带来财政支出减少 0.63%。研究可知：市场>政府>技术，符合模型假设。说明市场外部条件引导下，财政支出会显著增加。相对于技术型企业组织而言，技术越发达，财政支出相应越少，因为企业组织已经不需要通过此途径增加额外的财政支出了。研究可知，技术越发达越不需依赖财政支出，企业凭自身的能力获取价值渠道，进行创意价值释放，从而形成良性的资金回流；而在市场条件下，依赖市场的外部效应越多，越容易形成文创财政支出的放大效应。在这两种情况下，均证明财政支出与外部效应的显著关联。

综上所述，本节基于数据面板模型定量分析了影响上海创意产业空间集聚的组织驱动效应，探究了 7 项影响因素分别与 6 项驱动效应的相互作用机制，证明了影响因素与驱动效应呈现显著相关。驱动效应与影响因素的指标关联性说明。

第五节 本章小结

一、研究结果

本章基于城市创意产业空间集聚多因素理论模型的指标选取，深入分析了创意产业区空间集聚度、驱动系统指标、影响因素指标的相关性。其中，影响因素确与空间集聚呈强相关性特征。14 项影响因素中有 7 项指标与空间集聚均呈直接相关，即投资需求、企业数量、租金水平、财政支撑、教育水平、消费需求、零售产值。这些因素均与空间集聚度紧密联系。其余 7 项指标则不显著，本书选取前 7 项指标作为研究，完善了多因素理论模型。

驱动效应指标分为外部驱动和内部驱动两大类。驱动效应的 6 项精准指标（结构主导、战略主导、营运主导、市场主导、政府主导、科技主导）与影响因素 7 项指标呈现强相关性，内外部驱动系统与影响因素集中在创意产业区对空间集聚进行有效耦合，说明了耦合机制的关联作用。空间指标内部各要素之间依据相互关联程度进行空间的组织演化，依托驱动效应、影响因素等关联形式形成嵌套复合作用机制，如图 4-1 所示。

综上所述，经过测度模型及 TOPSIS 算法得出，城市创意产业区的空间集聚影响因素中有 7 项显著因素，利用这些显著因素与驱动效应建立多元线性回归模型。证明了空间集聚度与影响因素之间呈显著相关，内外部驱动效应又与影响因素之间存在相关性，故驱动效应与空间集聚间接相关。

通过计量模型深入探讨驱动系统与影响因素的关系内因，本书主要结论如下：①城市创意产业空间集聚对驱动系统、影响因素的指标影响呈现非线性特征。在空间集聚程度较小时，其对空间集聚效率的影响因素主要表现出驱动促进效应，当空间集聚程度大于某一值后，其影响主要表现出驱动抑制效应，说明通过合理规划规避企业过度竞争、消费过度以及企业过多导致经济及资源的承载力过载。因此，有必要深化创意产业资源指标与创意组织阶层的匹配度和协同度、创意阶层对创意空间的满意度和适应度，强化内外驱动系统与影响因素指标之间的协同关系。②驱动系统指标对影响因素指标的相关作用表明：城市化率、居住水平、创意零售指标并未对空间集聚起到显著作用，考虑到城市数据可得性及相关性等不足，对区域创意产业空间优势的形成影响有限。应重点关注投资环境、企业数量以及创意价值指标。以上三种指标均可以促进集聚有效性，提升投资空

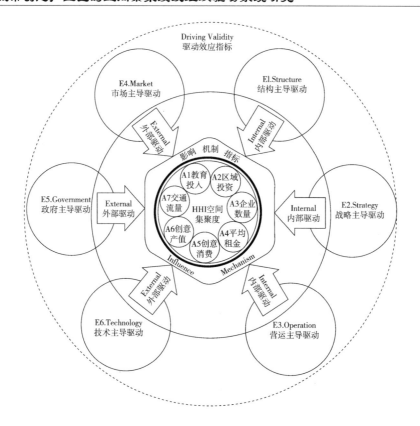

图 4-1 创意产业区空间集聚的多因素理论模型

间基建活力，降低投资信息传递成本，提高企业组织生产效率，促进规模经济和创意价值递增的形成，故呈现显著的正相关性；但集聚过度会导致租金成本、交通流量指标攀升，表现出空间集聚不经济，产生负外部性，从而降低集聚的经济效率。

二、政策建议

本书给出的政策建议为：

（1）持续激发并改善投资价值的空间活力。政府及市场驱动指标激发并强化了空间聚类的投资价值。在切实加强创新技术、整合区域创意组织结构的同时应强化深层次空间建设指标及基建支撑指标。首先从区域创新的空间定位入手，吸纳区域相关的创意产业优势；其次从简单的城市创产点状规划建设转移到精准、高质量的区域发展建设中。但在发展过程中要考虑到当地经济、基础设施以及自然资源的承载力，防止空间集聚程度过大带来的低效及负效应。

（2）重塑并增强创意人才结构的组织机制。教育人才指标与企业数量指标关系到创意产业的空间聚类核心优势。增强人才的储备和引进是促进区域文化产业优势形成的有力保障。应优化营运驱动指标和商业消费的影响指标，提升产业空间内部组织创意效率，活化创意产值的指标活力，扶持创意成果孵化，鼓励高新技术专利的保护与研发；为组织个体提供良好的创新环境、先进的创新机会、便捷的创新途径，提高创意产业的经济附加值，形成空间聚类价值的溢出优势。同时，防止租金过高带来的负效应，形成创意产业空间集聚涟漪效应。

（3）强化并提升战略技术创新的管理综效。战略驱动指标、技术驱动指标均与创意产业空间聚类的科技及资源优势相关。前瞻性的创意视野及技术变革发展可以有效推进空间聚类的战略进程。增强政府驱动系统下科技创新的管理贡献度，加快构建科学适用、结构合理、功能协调的科创体系，进而为依托政府企业的管理协同、强化创意体制的工作互融、明确技术提升的发展方向、理顺科技创新的协调关系等提供指标的引领与指导。提升技术、信息、知识、管理、资本的效率和利益，强化科技同经济对接、创新成果同产业对接、创新项目同生产力对接、增强区域科技进步与经济发展的贡献度。总之，加强现代技术与文化产业融合是提升创意产业空间聚类有效管理的途径之一。整合科技研发型的创意资源有助于形成城市多格局空间聚类的"智汇"效应。

第五章 创意产业区空间集聚度的驱动机制应用研究

本章以创意产业空间集聚指标的相互关系为基础，在多因素理论模型的框架下，对驱动系统指标进行求解后，用 BP-GA 神经网络——DBISCP（Density-Based Interest Spatial Clustering of Path）来实现空间集聚初步可视图。把上海市全域作为创意产业区空间集聚的实验对象，基于驱动效应对影响因素的关系指标，用 BP-GA 算法以较快的寻优能力得到满意解的区域集聚组团，用 DBISCP 算法对动态集聚进行轨迹可视化，进一步提高了算法的搜索效率。

由于城市创意产业空间集聚的驱动系统影响因素的各个指标要素繁多，相互之间关系复杂，因此空间集聚可视的过程也是多项算法求解的过程，其主要分为创意区域搜索、创意区域路径集聚两个阶段。如图 5-1 所示，首先，用驱动指

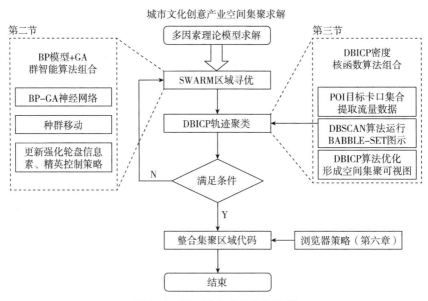

图 5-1 算法联立求解优化流程

标构建 BP 神经网络模型进行系统的区域搜索，用 GA 遗传算法以较快的全局寻优能力搜寻到满意区域。其次，采用空间聚类 DBISCP 算法和空间偏移策略得到空间集聚的线性轨迹图，得到创意产业区域空间集聚可视图，为下一章计算机 JS 置换代码实现动态可视图做准备。

第一节　空间集聚度的多因素理论模型求解应用

在城市区域发展研究层面，现有的空间动态可视聚类技术研究往往是通过一定的智能算法和浏览器编程机制来完成，但城市空间个体的行为偏移轨迹和随机路径实现区域热点集聚，在城市指标选取、算法路径选择、场景视图存在一定的缺失。基于驱动效应的指标和影响因素的指标都已经完善，接下来将在上海求得区域满意解，研究的目的是在保证创意产业空间集聚识别率的情况下，创建快速甄别、反馈集聚、节省资源的算法应用。基于空间集聚以往的计量方法最大的缺陷是指标不科学、集聚不一致、计算量较大、计量方法陈旧简单且达到求解目的没有形成统一的集聚框架，这就改变了创意产业空间集聚意义且不利于影响因素的统筹。相比之下，多因素理论模型的指标具有系统性特征，既能大大降低缺乏论据支撑的因素干扰，又能比较完整地保留有效的集聚信息，故更具特殊意义。基于此，本书在城市创意产业空间集聚模型的基础上，提出一种面向城市创意产业区的动态聚类图像可视化 DBISCP 算法，以达到集聚结果的科学性和合理性。

第二节　基于 BP-GA 神经网络下
遗传算法的空间寻优

基于驱动效应的指标关系层面，在空间集聚度与驱动效应间接相关的基础上构建 BP 神经网络。本节针对空间集聚度与驱动效应的关联系统，用 BP 神经网络做相关实验，对上海全域通过遗传算法优化进行空间集聚的满意区域求解。

遗传算法是一种新的全局优化搜索算法，根据自然界中优胜劣汰的法则，一代代基因的传递会诞生新的物种，而新的物种总能更好地适应环境。因为它直接对结构对象进行操作，不存在求异和函数连续性的限定，鲁棒性强，具有随机性和全局性，适于并行处理。遗传算法主要实现了基于空间集聚理论模型对 BP 网络问题的优化、算法的启发和运行的独立。

一、BP 神经网络建模流程

通过联立算法结合关系函数的方式来搜寻并求解空间集聚。鉴于此，本书采用 BP-GA 的方法，首先利用 BP 的指标关联性进行快速搜索，其次利用 GA 的基因交叉变异和全局收敛性，采用精英策略使其产生较优的空间区域组合，从而实现上海空间集聚的满意区。这一算法充分利用了 BP 神经网络的快速性、稳定性和全局收敛性以及遗传算法的求解高效性、启发式特征。本书对于空间集聚的求解思路是：以 BP-GA 算法为基础，运用二者融合的算法进行实证训练。

（一）流程建立

根据 BP 神经网络的原理，构建了空间集聚神经网络的训练集，基于 BP 神经网络算法的城市创意产业空间集聚的求解应用，主要操作步骤如图 5-2 所示。

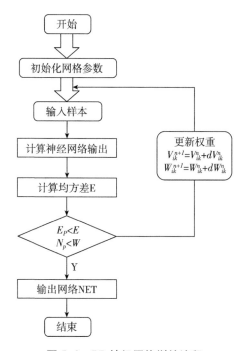

图 5-2　BP 神经网络训练流程

第一步，对网络中的指标进行赋值，导入需要训练的样本数据。

第二步，用函数公式计算中间层、输出层的神经元输出数值。

$$S = \sum_{i=1}^{n} w_{ij}x_i + b_i = W_jX + B \tag{5-1}$$

第三步，计算输出层平均误差大小，公式如下：

$$E_p = \frac{1}{2} \sum_{j=1}^{m} (t_j^p - y_j^p)^2 \tag{5-2}$$

第四步，根据计算误差重新更正权值。

$$\Delta v_{kj} = \sum_{p=1}^{P} \left(-\eta \frac{\partial E}{\partial v_{kj}} \right) \tag{5-3}$$

第五步，重复步骤 2，直到结果满足误差需要。

（二）前馈计算

在 BP 神经网络的训练过程中，首先进行前馈计算，本质是建立一个输入层到输出层的模型，演算过程如下：

公式模拟基本 BP 神经元（节点）所具有的三个基本功能是指驱动系统指标信息的加权、求和与转移。其中，x_1，x_2，…，x_i，…，x_n 分别代表来自神经元 1，2，…，i，…，n 的输入；w_{j1}，w_{j2}，…，w_{ji}，…，w_{jn} 则分别表示神经元 1，2，…，i，…，n 与第 j 个神经元的连接强度，即权值；bj 为阈值；f（·）为传递函数；y_j 为第 j 个神经元的输出。得出的第 j 个神经元的净输入值 S_j 为：

$$S_j = \sum_{i=1}^{n} w_{ji} x_i + b_i = W_j X + B \tag{5-4}$$

式中，X、W 分别是输入层矩阵和权重矩阵。

$$X = [x_1, x_2, x_3, \cdots, x_n]^T$$
$$W = [w_1, w_2, w_3, \cdots, w_n]^T \tag{5-5}$$

净输入值 S_j 通过传递函数（Transfer Function）f（·）后，便得到第 j 个神经元的输出 y_j：

$$y_j = f(s_j) = f(\sum_{i=0}^{n} w_{ji} \cdot x_i) = F(W_j X) \tag{5-6}$$

式中，f（·）是单调上升函数，称为有界函数。其中，神经细胞传递的信号必有一最大值。由此，BP 网络完成了 n 维空间向量对 m 维空间的近似映射。

（三）反向传播

输入 p 个学习样本，用 $[x_1, x_2, x_3, \cdots, x_p]$ 来表示。第 p 个样本输入后得到输出值 x_j^p（$j=1$，2，…，m），然后，利用平方型误差函数作为 BP 评价标准，得到第 p 个样本的误差 E_p：

$$E_p = \frac{1}{2} \sum_{j=1}^{m} (t_j^p - y_j^p)^2 \tag{5-7}$$

式中，t_j^p 为输出值，也是样本中的准确值。将单个样本误差求和，全局误差为：

$$E = \frac{1}{2} \sum_{p=1}^{P} \sum_{j=1}^{m} (t_j^p - y_j^p) = \sum_{p=1}^{P} E_p \qquad (5-8)$$

（四）输出层权值

基于 bp 神经网络反向传播的特点，应采用累计误差 BP 算法调整 w_{jk}，使全局误差 E 变小，即

$$\Delta w_{jk} = -\eta \frac{\partial E}{\partial w_{jk}} = -\eta \frac{\partial}{\partial w_{jk}} \left(\sum_{p=1}^{P} E_p \right) = \sum_{p=1}^{P} \left(-\eta \frac{\partial E_p}{\partial w_{jk}} \right) \qquad (5-9)$$

式中，η 为学习率，是人为定义的一个常数。定义误差信号为：

$$\delta_{yj} = -\frac{\partial E_p}{\partial S_j} = -\frac{\partial E_p}{\partial y_j} \cdot \frac{\partial y_j}{\partial S_j} \qquad (5-10)$$

其中第一项：

$$\frac{\partial E_p}{\partial y_j} = \frac{\partial}{\partial y_j} \left[\frac{1}{2} \sum_{j=1}^{m} (t_j^p - y_j^p)^2 \right] = -\sum_{j=1}^{m} (t_j^p - y_j^p) \qquad (5-11)$$

这一项是样本的误差函数和神经元输出之间的偏分。

第二项：

$$\frac{\partial y_j}{\partial S_j} = f'_2(S_j) \qquad (5-12)$$

该项是神经元函数输出与净输出之间传递函数的偏微分。误差函数可以表示为：

$$\delta_{yj} = \sum_{j=1}^{m} (t_j^p - y_j^p) f'_2(S_j) \qquad (5-13)$$

由链式法则进一步得出：

$$\frac{\partial E_p}{\partial w_{jk}} = \frac{\partial E_p}{\partial S_j} \cdot \frac{\partial S_j}{\partial w_{jk}} = \delta_{yj} z_k = -\sum_{j=1}^{m} (t_j^p - y_j^p) f'_2(S_j) z_k \qquad (5-14)$$

于是得出了神经元的总误差与权重的关系，得出输出层各神经元的权值为：

$$\Delta w_{jk} = \sum_{p=1}^{P} \sum_{j=1}^{m} \eta (t_j^p - y_j^p) f'_2(S_j) z_k \qquad (5-15)$$

由此，建立起了输入输出与权重的关系。

（五）隐含层权值

$$\Delta v_{kj} = -\eta \frac{\partial E}{\partial v_{kj}} = -\eta \frac{\partial}{\partial v_{kj}} \left(\sum_{p=1}^{P} E_p \right) = \sum_{p=1}^{P} \left(-\eta \frac{\partial E}{\partial v_{kj}} \right) \qquad (5-16)$$

定义误差信号为：

$$\delta_{yj} = -\frac{\partial E_p}{\partial S_k} = -\frac{\partial E_p}{\partial z_k} \cdot \frac{\partial z_k}{\partial S_k} \qquad (5-17)$$

其中第一项：

$$\frac{\partial E_p}{\partial z_k} = \frac{\partial}{\partial z_k}\left[\frac{1}{2}\sum_{j=1}^{m}\left(t_j^p - y_j^p\right)^2\right] = -\sum_{j=1}^{m}\left(t_j^p - y_j^p\right)\frac{\partial y_j}{\partial z_k} \qquad (5-18)$$

依链式法则有：

$$\frac{\partial y_j}{\partial z_k} = \frac{\partial y_j}{\partial S_J} \cdot \frac{\partial S_j}{\partial z_k} = f'_2(S_j) w_{jk} \qquad (5-19)$$

第二项：

$$\frac{\partial z_k}{\partial S_k} = f'_1(S_k) \qquad (5-20)$$

隐层传递函数的偏微分。得到：

$$\delta_s = \sum_{j=1}^{m}\left(t_j^p - y_j^p\right)f'_2(S_j) w_{jk} f'_1(S_k) \qquad (5-21)$$

由链定理可得：

$$\frac{\partial E_p}{\partial v_{kj}} = \frac{\partial E_p}{\partial S_k} \cdot \frac{\partial S_k}{\partial v_{kj}} = -\delta_{sk}x_i = -\sum_{j=1}^{m}\left(t_j^p - y_j^p\right)f'_2(S_j) w_{jk} f'_1(S_k) x_i \qquad (5-22)$$

从而得到隐层各神经元的权值调整公式为：

$$\Delta v_{jk} = \sum_{p=1}^{P}\sum_{j=1}^{m}\eta\left(t_j^p - y_j^p\right)f'_2(S_j) z_k$$

$$\Delta v_{kj} = -\eta\frac{\partial E}{\partial v_{kj}} = -\eta\frac{\partial}{\partial v_{kj}}\left(\sum_{p=1}^{P}E_p\right) = \sum_{p=1}^{P}\left(-\eta\frac{\partial E}{\partial v_{kj}}\right) \qquad (5-23)$$

二、BP 神经网络指标构建

（一）空间集聚度指标

根据第四章得出的创意产业空间集聚多因素理论模型，选取区位熵指数 LQ、赫芬达尔指数 HHI 等空间集聚度标靶值，把创意产业园生成期的空间集聚度划分为：就业人数区位熵指标 LQ1：Y1；产值区位熵指标 LQ2：Y2；赫芬达尔指标 HHI：Y3。

（二）空间驱动效应指标

根据空间集聚理论模型，驱动指标划分为外部驱动效应及内部驱动效应两种，本节仍然选取这两个指标评价空间集聚的效果，分别以 Z1～Z6 表示。

其中，内部驱动效应是创意产业园集聚空间组织赖以生存的基础条件和创新要素。随着科技水平的提高，区域驱动要素的内生性需求依赖区域经济的传递性便形成最初的创意需求，通过内驱的延展，企业组织最大可能地获取自身发展所需的大量知识和技术，从而促进绩效不断提高，最终生成创意产业空间集聚。由此可见，内部驱动要素是产生空间集聚演化的间接考证。故本书选用结构主导驱动指标 $Z1$、战略主导驱动指标 $Z2$、营运主导驱动指标 $Z3$ 作为内部驱动效应指标。

外部驱动效应是催化创意产业园空间集聚的外部条件与环境，是中观尺度上对区域型集聚空间演进的组织基础。创意环境开放型经济发展的交互，使创意产业的各要素能够在一定的地域空间中以自由、流动的经济增长方式递进转变，故本书选用市场主导驱动指标 $Z4$、政府主导驱动指标 $Z5$、技术主导驱动指标 $Z6$ 作为外部驱动效应指标，其指标体系如表5-1所示。

表5-1　城市创意产业空间集聚度与驱动效应指标体系

目标层	一级指标	二级指标
耦合系统表达：城市创意产业空间集聚度与驱动效应关联拟合机制	空间集聚度 Y	就业人数区位熵 $LQ_1 Y1$
		产值区位熵 $LQ_2 Y2$
		赫芬达尔指数 $HHI Y3$
	空间驱动效应 Z	结构主导驱动 $Z1$
		战略主导驱动 $Z2$
		营运主导驱动 $Z3$
		市场主导驱动 $Z4$
		政府主导驱动 $Z5$
		技术主导驱动 $Z6$
	调节变量 A（可无）	文化创意产业孵化 $A1$
		文化创意产业进步 $A2$
		文化创意产业升级 $A3$
		文化创意产业成熟 $A4$

（三）BP神经网络模型建立

使用BP神经网络进行空间集聚评估，利用神经网络对信息进行并行处理，实现对空间集聚信息的非线性转换。驱动系统和空间集聚测度的输入与输出，分别代表对象的特征信息与空间集聚的评价目标。由于创意产业空间集聚度的驱动效应较为复杂，涉及的空间集聚度的类型及驱动效应较多，因此如何减少耦合系统关系求解过程中的主观因素，强化客观数据的真实性，尽可能进行多的数据检验，使求解方法更具有规范性，成为准确拟合的关键所在。

BP神经网络模型的结构反映出输入与输出的映射关系，好的训练网络能够模拟空间集聚度来测度指标与驱动系统之间的关系，经过样本的测试达到满意的训练结果。BP 排除评价中的个人主观因素，通过构建两层 BP 神经网络模型来进行。在神经网络模型中，空间集聚度是输入层，确定了 3 个神经元节点，记为 $Y1 \sim Y3$；驱动效应是输出层，确定了 6 个神经元节点，记为 $Z1 \sim Z6$。这样得到的训练结果能较为准确地反映出空间集聚度与驱动效应之间的拟合关联，如图 5-3 所示。

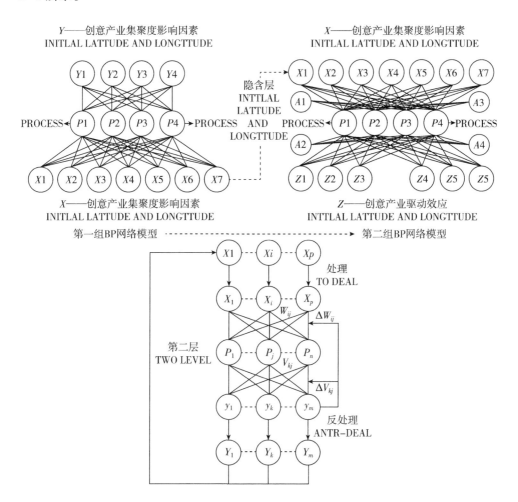

图 5-3 三层的 BP 神经网络联立模型示意

从 BP 网络结构上看，输入层、输入空间集聚测度，经过隐含层直达输出层。经过检测后，可以根据输出数据来修改权值和阈值。神经网络对输入向量映射的正确率提升的前提是，使网络的误差反向的传播不断进行修正，直到达到最佳检测要求为止。

三、BP 神经网络模型训练

根据标准 BP 网络得到的训练误差曲线，如图 5-4 所示，横坐标代表迭代次数，纵坐标代表训练误差，训练的步长已经达到了预先设定的最大步长，误差收敛到十分接近预期的最小误差水平。由此说明，BP 网络模型收敛情况总体是比较理想的。

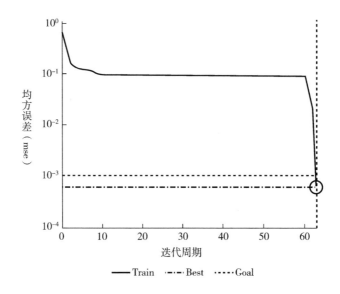

图 5-4　BP 神经网络的训练误差曲线

从图 5-5 中可以看出，BP 算法相关系数 R = 0.957，预测值、期望值之间的相关性较好，训练成功。该网络能够很好地反映驱动对空间测度的相关性。

研究结论基于 BP 神经网络神经元模型，完成了多层正向传播神经网络的计算步骤，建立了正向神经网络传播拟合，为了使权值得到优化，引入了反向传播的机理，进行反馈、调节，当输出满足期望的要求时，停止迭代。在这一过程中，引入了输入层、隐含层和输出层的概念，进而通过学习率、加速因子、权重的参数来进行修正，有着翔实、充分的数学理论基础和计算机实现方法，从而预示着监督式模型在空间聚类群分析中的有效性。

在隐含层，采用传统的标准 BP 神经网络模型，对驱动因素和空间测度进行神经网络训练，通过对训练的结果误差值、模拟情况和拟合情况进行分析比较发现，通过 BP 神经网络训练的驱动和空间集聚的指标之间存在很好的相关性，并找出了相关性的区域解。

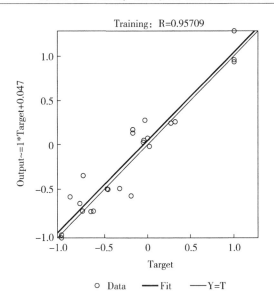

图 5-5　BP 神经网络的训练误差曲线

四、GA 优化神经网络

遗传算法（以下简称 GA）是模拟达尔文学说中"适者生存"的过程而得到的，遗传算法的应用研究已从初期的组合优化求解扩展到了许多更新、更工程化的应用方面。遗传算法是一种新的全局优化搜索算法，其算法的特点在于寻优过程具有随机性、鲁棒性和全局性。它对指标对象进行直接操作，且没有求异和函数连续性的限定。同时，遗传算法与许多其他算法进行组合优化，提高了遗传算法的搜索能力。遗传算法具有寻找到全局近似优解集满意解的特点，是具有低阶、短距、高平均适应度的模式类型。基于遗传算子的促进作用，最终生成全局满意解。通过 GA，把区域集聚寻优问题转变成遗传算法进化过程。由于遗传算法不需要进行求导数，并且能克服结构优化问题的局限，因此，遗传算法更适合各种结构的优化问题。

（一）建立优化流程

选用精英策略和轮盘赌进行 GA 训练，在此基础上，运用 MATLAB 进行编程，整理空间集聚度和创新驱动之间的数据，以矩阵的形式输入 MATLAB 的脚本中，保存为 JS 文件，以方便以后调用。流程的建立如图 5-6 所示。

第一步，输入遗传算法和 BP 神经指标需要的参数，进化迭代次数、种群规模、交叉变异概率、数据取值范围、网格训练精度、网格训练次数、隐含层的个数。

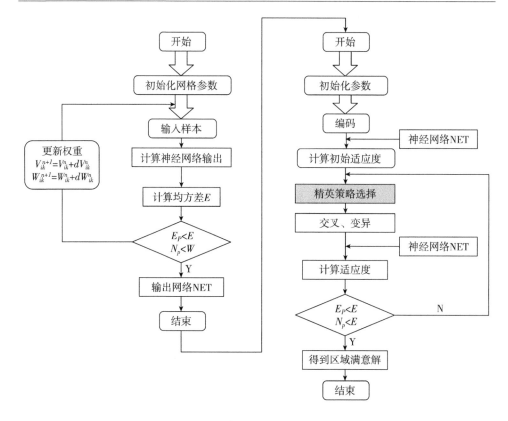

图 5-6 BP 神经建模与 GA 优化联立

第二步，对网格的初始值进行编码，数据的取值范围编码的依据，先选取 [-1，1]，其他的范围也十分类似，对于一个初始种群来说，总归需要编码的权值＝输入层的个数＋中间层的个数＋中间层的个数＋输出层的个数＋中间层＋输出层，即输入层到中间层的权值加上中间层到输出层的权值，再加上中间层好输出层的偏置，这也是总的需要优化的个数。

第三步，代入 BP 神经指标计算误差，与之前的 BP 指标基本一致，在最优时会得到均方和误差的数值，将均方和初始设定的理想误差进行比较，判断是否需要进一步运算；如果是，代入遗传算法进行优化。如果不是，得到训练结果，训练网格形成。

第四步，在不满足误差条件的情况下，代入遗传算法迭代过程，首先计算适应度函数，由于遴选的适应度是求最大值的适应度函数，而误差函数均方和应该是取最小值，且误差函数一直是正值，所以可以取均方和的倒数来做误差函数。

第五步，根据之前遗传算法的原理，采用最优个体的法则和轮盘赌的方法来确定算法的标准，用单调交叉来进行交叉的操作，用高斯变异来表示特征，计算个体的评价函数，按照精英策略进行建模：

$$G_{i+1} = \max\{|f(G_i)|, \ others\} \tag{5-24}$$

式中，个体 G_i 和 G_{i+1} 交叉操作的概率是 p_c，产生的新个体是 G'_i 和 G'_{i+1}，i 是染色体数，k 是输出层节点数，p 是学习样本数，T_k 是标准输出。

第六步，经过一轮的遗传算法操作之后，得到一个新的种群，把这个种群代入 BP 神经指标中，进行新一轮的训练，直到达到误差精度要求或者迭代次数为止。

（二）建立初始状态

在遗传算法的模型中，进化的代数是指算法需要多少迭代终止，代数太多，运行的时间过长，代数太少，误差往往不能够收敛。一般对于遗传算法的代数的选择是基于经验来判断的，初始种群是进一步计算的必要基础。在二进制编码的要求下，一般为了满足计算机的并行性要求，种群的个体数设置为以 2 为底的幂指数的个数。

遗传算法在计算的过程中不引入外部信息，只是通过目标函数作为适应度函数，并作为依据进行计算。遗传算法的目标函数可以为任何形式的函数，不要求连续可微。采用的目标函数是用来衡量空间位置对应的指标的大小，即空间位置的富集和指标的优劣。

$$f(G_i) = w \times g(g_{xi}, \ g_{yi}) \tag{5-25}$$

式中，w 是每一个指标所占的权重，$\sum w_i = 1$，g 是空间坐标与对应的指标之间的映射关系，其参数选择如表 5-2 所示。

表 5-2　城市创意产业空间集聚度 GA 参数选择

种群个体数目	100
染色体节点数	2
迭代次数	2000
交叉概率	0.2
变异概率	0.2
染色体区间	上海地区

（三）GA 函数表达

遗传算法具有很好的全局搜索能力。遗传算法具有参数编码、初始群体、适应度函数、遗传操作、控制参数五个关键要素。每个要素存在各种相应的设计策略和方法。因此，本节对遗传算法的性能进行相应评估。

在线性能评估。$X_e(s)$ 为环境 e 下策略 s 的在线性能，$f_e(t)$ 为时刻 t 或第 t 代中相应于环境 e 的目标函数或平均适应度函数，则 $X_e(s)$ 可以表示为：

$$X_e(s) = \frac{1}{T}\sum_{t=1}^{T}f_e(t) \tag{5-26}$$

式中，在线性能可以用从第一代到当前的优化进程平均值来表示。

离线性能评估。$X_e^*(s)$ 为环境 e 下策略 s 的离线性能，则有：

$$X_e^*(s) = \frac{1}{T}\sum_{t=1}^{T}f_e^*(t) \tag{5-27}$$

式中，$f_e^*(t) = best\ \{f_e(1),\ f_e(2),\ \cdots,\ f_e(t)\}$ 离线性能是特定时刻或特定代的最佳性能的累积平均。具体地说，在进化过程中，每进化一代就统计目前为止的各代中的最佳适应或最佳平均适应，并计算对进化代数的平均值。

（四）GA 选取

在 GA 中，有三个重要的模拟物种进化的过程，分别是选择、交叉、变异。这三种基本操作方式，直接决定了最优化的结果。通过与某一模式所匹配的样本数的增减依赖于模式的平均适值来选择算法类型，与群体平均适值之比，平均适值高于群体平均适值的将呈指数级增长；平均适值低于群体平均适值的将呈指数级减少。

设在第 t 代种群 $A(t)$ 中模式所能匹配的样本数为 m，记为 $m(H,\ t)$。$A(t)$ 表示第 t 代中串的群体，以 $A_j(t)$（$j=1,\ 2,\ \cdots,\ n$）表示第 t 代中第 j 个个体串。在选择中，一个位串 A_j 以概率 $P_j = f_j/\sum f_i$ 被选中并进行复制，其中 f_j 是个体 $A_j(t)$ 的适应度。假设一代中群体大小为 n，且个体两两互不相同，则模式 H 在第 $t+1$ 代中的样本数为：

$$m(H,\ t+1) = m(H,\ t)n\frac{f(H)}{\sum f_i} \tag{5-28}$$

式中，$f(H)$ 是在 t 时刻对应于模式的位串的平均适值。令群体平均适值为 $\bar{f} = \sum f_i/n$，则有：

$$m(H,\ t+1) = m(H,\ t)\frac{f(H)}{\bar{f}} \tag{5-29}$$

现在，假定模式 H 的平均适值高于群体平均适值，且设高出部分为 $c\bar{f}$，c 为常数，则有：

$$m(H,\ t+1) = m(H,\ t)\frac{\bar{f}+c\bar{f}}{\bar{f}} = (1+c)m(H,\ t) \tag{5-30}$$

遗传算法通过选择实现群体个体的优胜劣汰，选择就是按某种方法从上一代群体选取一些个体复制到下一代群体。

（五）GA 精英策略

在遗传算法中，要保证每一代中，适应度高的个体能被不断地传递到子代中。遗传基因并不一定真实地反映待求解问题的本质，因此各个基因之间未必就相互独立，如果只是简单地进行杂交，很可能把破坏较好地组合，无法达到累积较好基因的目的，反而把原本很好的基因给破坏了。本书选用精英保留策略，最大限度避免最优个体会因为杂交而破坏。精英策略是将最优个体直接复制到子代中，该方法保证了个体不会被其他操作所破坏，在此基础上的最优化过程能够保证遗传算法的收敛性和稳定性。

（六）GA 交叉算法

交叉算法并不能产生新的个体，也不能对搜索空间中新的区域进行搜索，下面讨论模式在交叉算子作用下所发生的变化，只考虑单点交叉的情况。而交叉本身也是以一定的概率 P_c 发生的，所以模式 H 的生存概率为：

$$P_s = 1 - P_c P_d = 1 - P_c \delta(H_2)/(m-1) \tag{5-31}$$

交叉是遗传算法中扩大搜索范围的最重要的步骤。

（七）GA 变异算子

假定串的某一位置发生改变的概率为 P_m，则该位置不变的概率为 $1-P_m$，而模式 H 在变异算子作用下若要不受破坏，则其中所有的确定位置（"0"或"1"的位）必须保持不变。因此模式 H 保持不变的概率为 $(1-P_m)^{o(H)}$，其中 $o(H)$ 为模式 H 的阶数。当 $P_m \ll 1$ 时，模式 H 在变异算子作用下的生存概率为：

$$P_s = (1-P_m)^{o(H)} \approx 1 - o(H)P_m \tag{5-32}$$

综上所述，模式 H 在遗传算子选择、交叉和变异的共同作用下，其子代的样本数为：

$$m(H, t+1) \geq m(H, t)\frac{f(H)}{\bar{f}}\left[1-P_c\frac{\delta(H)}{l-1}\right]\left[1-o(H)P_m\right] \tag{5-33}$$

式中，忽略了极小项 $P_c \cdot \delta(H)/(l-1) + o(H) \cdot P_m$。本节就可以给出：在遗传算子选择、交叉和变异的作用下，具有阶数低、长度短、指数级增长的特征。在实际应用中，通过遗传算法全局搜索的，来优化神经指标的权值和结构，能达到比较理想的效果并且能有效提高神经指标的性能。

五、GA 空间寻优求解

遗传算法在空间寻优的过程消耗时间较长，绘制相应的适应度函数如图 5-7

所示。

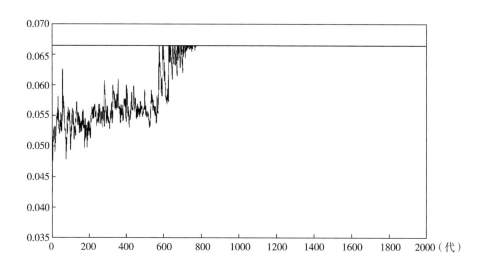

图5-7　适应度函数随遗传代数的变化图示

从图5-7可以看出，适应度函数在800代左右的时候就已经达到了较好的程度。适应度函数变化的趋势抖动剧烈，在空间区域内，种群之间的适应度的值差距比较大，说明空间位置与上海区域位置关系比较复杂。很早种群中就已经出现了适应度很好的染色体，说明初始参数选取地比较合适，如表5-3所示。

表5-3　城市创意产业空间集聚度不同进化代数的聚集情况

进化代数	影响因素						评价指标
	驱动1	驱动2	驱动3	驱动4	驱动5	驱动5	聚集情况
100	4807.49	5140.312	675202.2	40056966	130.919	6114407	0.100825
200	6292.73	5669.201	835458.2	51366155	164.377	6309332	0.001602
300	35678.8	1434.725	3482054	239142674	555.876	41384379	0.001259
400	17757.5	−845.738	1718179	115285918	240.799	28115575	0.000857
500	21437.8	213.859	2078819	141582758	310.708	29790554	0.000717
600	38917.7	18014.18	4323867	291592817	846.417	5490358	0.000693
700	31.0767	678.4592	41195.75	292406.5	1.25503	489775	0.00057
800	5891.47	5459.89	790745.9	48362156	155.328	6166308	0.000539
900	2345.69	2495.089	365912.4	21973754	71.7207	3053251	0.000536
1000	36327	1150.227	3536212	243124528	559.32	43387411	0.000497

续表

进化代数	影响因素						评价指标
	驱动1	驱动2	驱动3	驱动4	驱动5	驱动5	聚集情况
1100	7781.98	370.159	758952.8	51029951	106.249	12479855	0.000466
1200	6035.54	614.449	590983.9	38721286	73.1071	11650259	0.000461
1300	48319	22694.52	5308706	356251257	1043.62	7951211	0.000255
1400	8471.74	431.082	825042.2	55402185	114.823	13706750	0.000238
1500	16755	1140.83	1621662	108489104	217.724	28479023	0.00023
1600	3691.71	3542.954	527925.5	32178132	103.777	4115512	0.000193
1700	1761.19	2183.546	296827.2	17362031	57.7785	2826583	0.000114
1800	7259.05	5836.654	937133.1	58774469	185.271	6050317	0.000112
1900	15174.6	8291.195	1795713	118147693	352.412	4761650	9.35E-05
2000	7295.49	5405.879	934914.8	59337708	184.872	5210036	7.6E-05

　　从表5-3中可以看出，随着进化代数的增加，上海各区域聚集度逐渐趋于良好，在500代之后，就已经达到了一个比较理想的情况，随后随着代数的增加，聚集度趋于稳定。驱动因素不依赖代数的变化而变化，说明各个驱动因素之间不存在明显的线性相关关系，能够很好地表征区域的变化，进一步说明用BP神经网络结合遗传算法的聚类是可以得出较好的满意解，如图5-8所示。

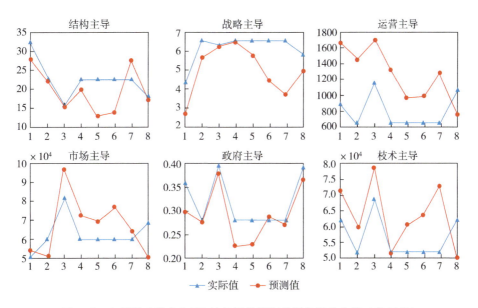

图5-8　六项驱动效应在BP神经网络模型的训练误差曲线（修正前）

在图 5-8 中，经过第一次训练，6 项驱动效应对上海全域 9 个行政地区（普陀区、黄埔区、徐汇区、静安区、浦东区、虹口区、长宁区、杨浦区、闵行区）的影响差异较大，驱动因素对 9 个区域的样本拟合度不高。

在图 5-9 中，经过数据及差值的修正后，六项驱动效应对于上海全域 9 个行政地区（普陀区、黄埔区、徐汇区、静安区、浦东区、虹口区、长宁区、杨浦区、闵行区）的影响差异在正常范围之内。例如，对于图中的徐家汇区（第三），结构主导驱动影响较小，但其他驱动对空间集聚的作用比较明显，表明需强化创意主导的内外部结构；虹口区（第五），营运驱动作用较弱，表明虹口的创意营运的链接作用还要完善；静安区（第四），在政府驱动作用不明显，表明静安的创意产业在政策的支撑力度还要加大。以上结果，这在下一步的决策中，选择作用明显的驱动进行迭代强化，能够有效地提升训练措施实行的效果。

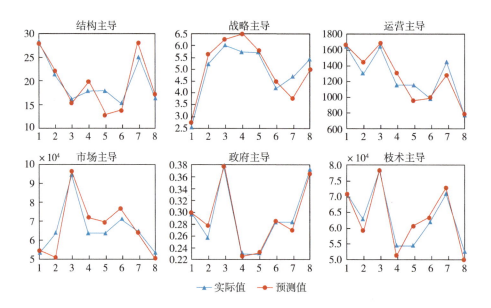

图 5-9 6 项驱动效应在 BP 神经网络模型的训练误差曲线（修正后）

图 5-10 是驱动效应在三大空间集聚度（赫芬达尔指数、就业人数区位熵、产值区位熵）中的 9 个地区的对比。在图中单个样本的分析中，第 4 个、第 8 个样本的拟合有偏差，意味着创意产业空间规模的离散度在静安区有个别的参数训练结果有微小误差，根据《2016 年上海静安区国民经济和社会发展统计公报》显示，此区域正在进行"撤二建一"的重大空间优化布局调整，样本训练与数

据出现偏差暗示在空间演进优化的前期，优势区域的创意资源会向资源次优区释放，在良性动态平衡的同时会对原本优势区域产生不良冲击。虹口区的创意产业空间集聚总体还是比较不错的，个别样本如第二个和第三个存在一定偏差，训练证实企业的就业人数和创意产值对虹口区创意产业空间发展影响过大，2017 年房租环比上涨 3.63%，原本虹口区的企业数量并不多，虽然后来虹口区对企业提出扶持创业政策，但就业熵值对企业外流、创产纾解仍呈现密切关联，应重点关注。其余的个别样本误差拟合效果略有不同，但都是完全可以接受的，存在的误差不影响此评价结构的进一步推广和应用。综合以上得出研究结论：浦东区、普陀区、徐汇区三个地区是满意解。

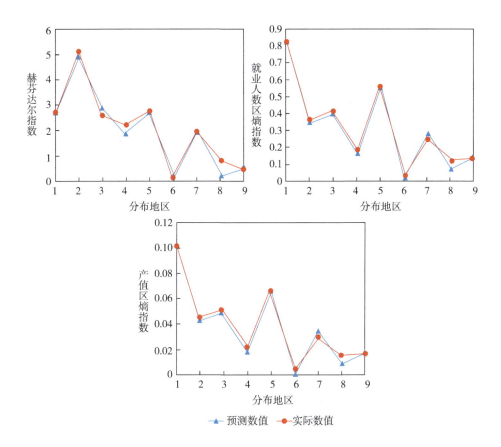

图 5-10　三大空间聚集度在 BP 神经网络的训练误差曲线

第三节　基于寻优区域内DBISCP
密度算法的空间聚类

本节通过指标的训练，运用BP-GA神经网络进行优化求解后得出上海的浦东区、普陀区、徐汇区三个地区是满意解。本节研究目标是通过改进的DBSCAN实现交通流量的聚类分析，进一步检验城市空间聚集度的聚类变化趋势，可以体现出城市人群、交通、企业集聚的线性轨迹。创建目标区域内进行个体的空间动态聚类DBISCP算法（Density-Based Interest Spatial Clustering of Path，DBISCP）：首先基于空间聚类DBSCAN改进算法进行创意产业空间区域核密度类集聚，其次在空间偏移策略的基础上得到区域间的线性轨迹图。

创建的DBISCP算法是一种综合评估创意产业空间聚类的方法，其一，对空间聚类的密度算法进行修正；其二，对空间轨迹算法进行补充，最后综合两种算法对空间集聚进行整体优化。在DBSCAN算法的基础上重点在于描述的集聚强度及功能性质，来实现满意区域内空间动态聚类的训练目标。DBISCP算法具体来讲，首先是以满意解内区域POI卡口数据作为基础，以距离卡口及特征特征向量的相似度满足一定阈值的集聚为同一簇选取集聚区域。其次除了系统地显示空间集聚的地理视图，以显示区域属性的特征以外，运用其他的影响因素的指标"按空间轨迹站点"法进行训练，得到了集聚区域间的动态线性关系，并为下一章进行计算机动态界面综合统筹做准备。

由于DBISCP算法很好地描述了空间影响因素与创意产业的关系，故先期把影响因素的指标通过流量数据与静态数据并行计算，通过上海普陀区、浦东区、徐汇区域内的影响因素的熵值计算后的颜色对应空间集聚度的程度。关于区域内空间动态聚类算法DBISCP流程如图5-11所示。

一、空间集聚数据选取及属性

（一）空间集聚模式的量化

随着传感技术的广泛应用，POI数据存储技术的不断发展，海量的城市交通数据能够得到准确的采集和记录，这为挖掘和分析人群运动规律、挖掘及评估创意产业集聚带来了新的机遇。因此，有效的动态集聚模式可视量化系统对于分析城市集聚度来说是非常重要的。当前对于空间动态集聚模式的分析和可视化分析仍处于薄弱阶段。本节提出了一种基于空间区域功能划分的视觉分析概念，以增

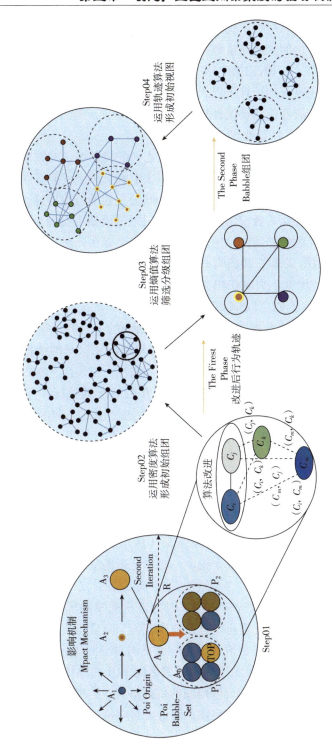

图 5—11 基于连续域 DBICP 空间集聚流程示意

强动态集聚背后的信息挖掘，探索集聚区域间的轨迹运动模式，亟须进行较精确的求解。本系统使用的交通流量数据是城市车辆，并将 POI 类的个数作为卡片的特征向量。还提出了一种改进的 DBSCAN 算法，用于城市集聚区域的聚类和分割。此外，本书还系统地统计了以人为载体的空间偏移策略，凭借区域集聚的地理信息，显示区域属性的运动线性轨迹图。

（二）动态流量数据预处理

基于理论模型中影响因素 7 大指标要素之一的交通流量的城市车辆数据作为算法使用的数据，进行提取及处理。影响因素中的交通流量能够在一定程度上反映城市的创意活跃度和产业的集中度。用 POI 的交通卡口数据进行预处理，需要把人群的移动模式转化为数据信息系统。利用理论模型中交通流量指标，将 POI 类的个数作为卡片的特征向量，用于满意区内的聚类和分割，如图 5-12 所示。

图 5-13 的数据来源于 2018 年 1 月上海市的浦东、普陀、徐汇三区的卡口数据，1 天的卡口数据大小为 400MB 左右。数据统计表概括了卡口数据的属性和说明，包括 14 个维度，如"location"代表了每个卡口的坐标位置、经纬度及方向车辆等。由于私家车的数据与空间区域功能划分的人群移动模式关联性强，因此，首先根据"vehicle-Type"（车辆类型）筛选出私家车的数据，剔除其他车型数据；其次根据"plateNumber"（车牌号）属性，整理出上海市私家车和出租车的相关数据，即过滤出以"沪 A-沪 F"开头的车辆数据，并剔除"警"和"学"结尾的车辆数据，以便分析上海市区域创意产业的人群移动和空间聚类模式。关于数据去重，则针对车辆上传 GPS 数据时很容易生成的重复数据进行整合并脱敏处理。

（三）空间集聚定位及属性

对空间区域进行功能性划分。对于空间区域划分，整理出三个区域内卡口附近 3 千米范围内 POI 数据。此 POI 数据来自百度地图服务器，地图信息将 POI 数据分为 20 个大类，但本节只挑选了如表 5-4 所示和区域功能划分相关的 8 个类别。分别构成的卡口特征向量 9 个维度，对应交通流量的组合数据，对卡口特征向量进行标准化。

功能属性的区域视图首选雷达图，因为雷达视图的优点无论是从整体的角度，还是从任意射线方向，都可以方便地比较各个向量在整体或在维度上值的大小。前提是同一个属性的参数值。另外，该视图对空间集聚的效果反映很直观。如图 5-14 所示，雷达视图展示了满意区域区间 POI 的整体聚类信息，但无法展示区域内 POI 详细信息。利用百度地图的信息格式，实现了地理信息的可视化图底。值得注意的是地理信息的完整性，因为要对应每一个关键点的卡口数据，所

基于函数程序结构DBICP算法	程序函数名称	完成功能
	import	引入对应的模块，调用模块中的方法实现对应的功能
	列表 [ ]	存储数据
	for循环函数	循环遍历数据，将数据依次取出并赋值
	len()函数	求某一个列表的长度
	split()	根据指定的规则分割函数
	math的系列内置函数	根据筛选规则，在指定字符串或成列表后追加指定文本
	if-else	如random()随机函数，pom()求幂函数
	字典{}	判断语句，进行逻辑判断和处理
	pop()函数	作为可变容器存储指定的数据、文本内容

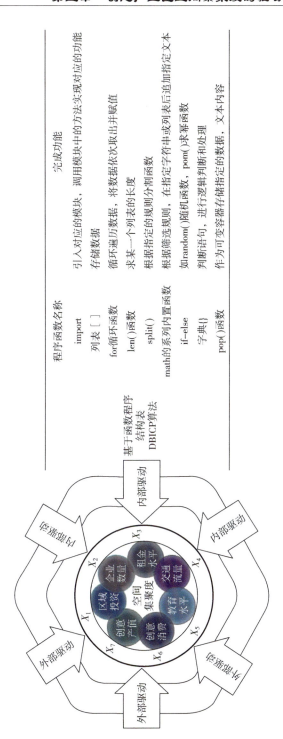

图 5-12　DBICP算法影响因素指标及函数结构

交通流星					
卡口数据流量 3 千米					
kkType 卡口类型	Location 坐标位置（选取骨干路网）		Longitude and Latitude 经纬度	Direction 方向车辆每小时/出行高峰 4 小时合计	
交通十字卡口	1	KKID01 外环高速与沪嘉高速交叉口	121. 365503，31. 29328	由西向东 470 由东向西 320 由南向北 460 由北向南 390	1640×4=6560
	2	KKID02 真南路与古浪路交叉口	121. 371913，31. 29085	由西向东 280 由东向西 210 由南向北 140 由北向南 290	920×4=3680
	3	KKID03 真北路与真南路交叉口	121. 399586，31. 274837	由西向东 390 由东向西 520 由南向北 590 由北向南 440	1940×4=7760
	4	KKID04 桃浦路与曹杨路交叉口	121. 410389，31. 267484	由西向东 420 由东向西 270 由南向北 350 由北向南 610	1650×4=6600
	5	KKID05 桃浦路与真北路交叉口	121. 399112，31. 265331	由西向东 440 由东向西 290 由南向北 380 由北向南 640	1750×4=7000
	6	KKID06 武宁路与真北路交叉口	121. 398521，31. 251557	由西向东 530 由东向西 490 由南向北 510 由北向南 620	2150×4=8600
	7	KKID07 武宁路与梅岭北路交叉口	121. 405947，31. 247397	由西向东 380 由东向西 410 由南向北 600 由北向南 480	1870×4=7480
	8	KKID08 武宁路与曹杨路交叉口	121. 415257，31. 251764	由西向东 320 由东向西 400 由南向北 590 由北向南 510	1820×4=7280
	9	KKID09 武宁路与东新路交叉口	121. 425717，31. 247935	由西向东 350 由东向西 500 由南向北 470 由北向南 440	1760×4=7040
	10	KKID10 宁夏路与金沙径路交叉口	121. 419303，31. 237159	由西向东 290 由东向西 420 由南向北 510 由北向南 420	1640×4=6560
	11	KKID11 泸定路与金沙径路交叉口	121. 261993，31. 393443	由西向东 410 由东向西 490 由南向北 500 由北向南 400	1800×4=7200
	12	KKID12 泸定路与云岭东路交叉口	121. 393418，31. 228634	由西向东 440 由东向西 380 由南向北 400 由北向南 390	1610×4=6440
	13	KKID13 镇坪路与光复西路交叉口	121. 438908，31. 251742	由西向东 420 由东向西 350 由南向北 550 由北向南 370	1690×4=6760
	14	KKID14 沪太路与志丹路交叉口	121. 438177，31. 278717	由西向东 470 由东向西 330 由南向北 580 由北向南 410	1790×4=7160
	15	KKID15 武宁路与中宁路交叉口	121. 419604，31. 25129	由西向东 320 由东向西 310 由南向北 480 由北向南 440	1550×4=6200

图 5-13　交通流量的数据（节选）

表 5-4 交通流量卡口类型的属性划分

序号	属性	说明
1	KKID	卡口 ID
2	DIRECTION、FXBH	方向编号
3	VEHICLE TYPE	车辆类型
4	LICENSE PLATE NUMBER	车牌号
5	PEAK TRAVEL HOURS	出行峰值/小时
6	KK TYPE	卡口类型
7	LNG	经度
8	LAT	纬度

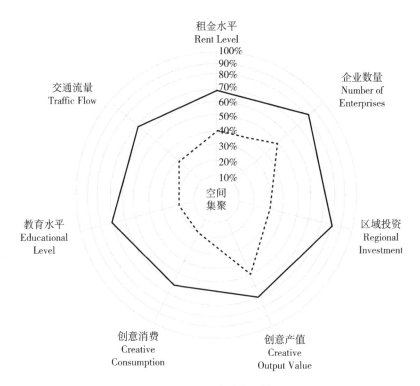

图 5-14 区域功能属性

以要尽量地采用详细坐标信息的地理图，为了更好地实现空间集聚的区域表达，需要选取合适的卡口定位点，需要提取道路拓扑结构，以重要分级道路交叉口和转弯点为节点选取对象。第一步，首选骨干交通网络交汇点，厘清骨干道路的地理方向和基本信息。第二步，适当选取二级道路和三级道路及重要支路对骨干道路的交叉地理点位。第三步，添加有重要地理坐标的建筑物和构筑物和基建标志，并检验卡口坐标是否与这些重要的地理节点重合或相邻，按照道路实际情况连接，将每段道路生成点集合并存储，如图 5-15 所示。

图 5-15　BUBBLE-SET 地理信息初始化

二、DBSACN 算法规则及标记

（一）指标卡口定位聚类算法

POI（Interest creative POInt，POI）是为了实现对城市创意产业区创意热点动态预测的算法。本节基于创意区域型热点研究 DBISCP（District Business Interest Creative Point）的构思概述为：首先建立映射关系，选取产业空间集聚影响因素指标中的交通流量指标构建高效的 DBSCAN 算法，在此基础上根据城市区域坐标点建立算法程序，根据改进的 DBSCAN 找到具体的集聚区域。

（二）DBSCAN 聚类算法初始化

DBSCAN 是基于区域邻域来描述样本集聚的紧密程度，其显著优点是聚类速度快且能够有效地处理噪声点和发现任意形状的空间聚类。参数（ε，MinPts）用来描述邻域的样本分布紧密程度。其中，ε 是某一样本的邻域距离阈值，MinPts 是某一样本的距离为 ε 的邻域中样本个数的阈值。

设样本集是 $\boldsymbol{D} = \{x_1，x_2，\cdots，x_m\}$，其中 x_m 是采集的样本，此处是卡口数据。则 DBSCAN 的密度定义如下：

（1）ε-邻域：取 $x_j \in \boldsymbol{D}$，以 x_j 为中心，以 ε 为半径的一个范围。在 $\boldsymbol{D}$ 中所有到 x_j 的距离小于或等于 ε 的样本点的集合，即 $N_\varepsilon(x_j) = \{x_i \in \boldsymbol{D} \mid \text{distance}(x_i，x_j) \leqslant \varepsilon\}$，子样本集的样本点个数为 $\mid N_\varepsilon(x_j) \mid$。

（2）核心对象：对任意 $x_j \in \boldsymbol{D}$，若 x_j 的 ε-邻域对应的 $N_\varepsilon(x_j)$ 不少于 MinPts 个样本，即若 $\mid N_\varepsilon(x_j) \mid \geqslant \text{MinPts}$，则 x_j 是核心对象。

（3）密度直达：如果 $x_j \in \boldsymbol{D}$ 是核心对象，那么对于任意 $x_i \in N_\varepsilon(x_j)$，有 x_i

可由 x_j 密度直达。反之则不一定成立（x_i 也是核心对象除外）。

（4）密度可达：存在样本序列 p_1，p_2，$\cdots$，p_t，若存在 x_i，$x_j \in D$ 且 $p_1 = x_i$，$p_t = x_j$，使 p_{t+1} 由 p_t 密度直达，则可构成 x_j 由 x_i 密度可达。由此可见，密度可达具有传递性。又由于能够让除自身外的样本密度直达自身的样本只能是核心对象，因此 p_1，p_2，$\cdots$，p_{t-1} 均为核心对象。同时也可看出，由于密度直达的不对称性，密度可达也是不对称的。

（5）密度相连：取 x_i，$x_j \in D$，若在 x_i 与 x_j 之间存在 $x_k \in D$，同时满足 x_i 由 x_k 密度可达和 x_j 由 x_k 密度可达这两条件，则称 x_i 和 x_j 密度相连。

DBSCAN 动态聚类算法可视化（Origin Destination，OD）主要有流动图、OD 矩阵图、矩阵和 OD 映射结合图。OD 矩阵图是指将从起点到终点的流量大小由颜色深浅表所表示的可视化视图，其优点在于用户可直观观察各区域间的流量大小，缺点是表示不同位置的数量有限、数据在空间上缺乏相关性。流动图是用位置之间的连线来表示人群移动的趋势，流量的大小则以线条的宽度等比例表示，仅显示一定阈值以上的流量情况，或者只显示选定区域之间的移动情况；矩阵和 OD 映射结合法是将 OD 图布置成矩阵形式，标识最小数据在空间位置上的扭曲程度。每个位置由一个矩阵表示，该矩阵又由一些相同结构的小矩阵组成，用于标识 OD 数据的线性移动方向。该方法的优点在于显示无遮挡，但海量的矩阵数目会给用户查看造成困扰，同时也不适合表示大量不同位置的移动信息。本节将使用矩阵与 OD 映射结合法，完成 POI 卡口关键点位的集聚数据，再使用 OD 映射法对密度聚类进行映射，如图 5-16、图 5-17、图 5-18 所示。

图 5-16 普陀区 DBSCAN 算法空间集聚初始定位

在定位方面，利用关键卡口进行集聚初始定位，虽然进行了数据的简化操作，但区域与区域间的集聚组团仍呈现出明显的离散性，集聚的程度表达不清楚，难以挖掘空间集聚模式背后的意图、语义信息及对可视性。从集聚的节点可以初步判定是有效的集聚区，但这种空间集聚仅能看出区域分布图，移动模式在这些区域的轨迹关系还要进一步的表达。图5-18显示，原始节点布局卡口对每一个集合关系都生成一个连续光滑的集聚组团，对空间区域进行功能划分，将周围环境相似的卡口聚为一类。然后，使用BubbleSet对聚类的最终结果进行可视化展示，如图5-18所示，小方格表示卡口，1个气泡代表1个簇，将属于同1个簇类的所有卡口用1个气泡包围，表示创意产业的空间集聚的密度集合。

图5-17 徐汇区DBSCAN算法空间集聚初始定位

图5-18 浦东区DBSCAN算法空间集聚初始定位

三、DBSCAN算法改进及优化

（一）DBSCAN算法改进

传统的DBSCAN算法的聚类过程可以由其中的任何核心对象确定，任一满足核心对象条件的数据对象 p，数据库 D 中所有从 p 密度可达的数据对象 o 所组成的集合构成了一个完整的聚类 C，且 $p \in C$。遍历完所有聚类 C 后，寻找新的 $p \notin C$ 进行聚类，形成新的聚类集合，直到遍历完所有点。

此算法仅仅将空间点密度进行聚类分类，为使具有相似周边环境的卡口聚为一类，不会使邻近区域的以功能相似性划分空间也进行集聚，故本节改进了 DB-SCAN 算法，不仅将距离卡口 p 较近距离（此距离用 a 表示）的点与 p 聚为一类，还将距离卡口 p 范围在 $[a, b]$ 的，且和卡口 p 的特征向量的相似度满足一定阈值的聚为同一簇。本书中相似度使用的是欧氏距离，用变量 s 表示。

改进的 DBSCAN 框架由四个不同的阶段组成：数据分区、映射、缩减、合并标记。首先，按照最小化的边界点进行分区，划分输入数据；其次，使用密度进行分割，独立地聚集所获得的分区，以获得不同密度的聚类；再次，合并存在于不同分区中的簇以获得全局簇；最后，重新标记数据点。

（1）分区阶段。改进的 DBSCAN 使用 PRBP 分区将数据划分为若干个小分区，这些分区可以由集群中的单个节点轻松处理。对数据进行分区，使两个相邻的分区共享公共区域，该区域称为分割区域。位于分割区域中的点称为边界点，其有助于识别存在于两个相邻分区中的连接簇。PRBP 主要关注最小化边界点。它的工作原理是将每个维度划分为相等宽度的切片，然后计算每个切片中的数据分布。此外，选择具有最小点的切片以将数据划分为几个大的集聚分区。通过递归地拆分数据空间，直到分区大小适合节点的内存。使用 PRBP 作为 DBSCAN 的数据分区算法，其直觉是减少边界点数量以减少合并时间以及映射时间，从而提高 DBSCAN 的执行效率。

（2）映射阶段。在映射阶段，每一个映射器都要读取到完整的分区数据。此外，根据分区中存在的数据点的统计特征，找到不同的密度聚类，进行密度划分，相似密度的点归于同一个密度集合。基于 K 阶距离，数据被划分成了不同的密度集合，K 值的选择范围一般在 3~10 之间。对于每一个在 K 阶集合内的点 p_i 和 p_j，通过下式来计算相应的密度：

$$\mathrm{DenVar}(p_i, p_j) = \frac{\left| k\mathrm{dist}(p_j, k) - k\mathrm{dist}(p_i, k) \right|}{k\mathrm{dist}(p_i, k)} \tag{5-34}$$

式中，dist (p_j, k) 是 p_j 点到 p_j 点的第 K 阶最近邻域的距离。在 DenVar 的集合中的值大于阈值的 τ 时，将点分离出来，并将与这些分离出的点放入单独的集合中。阈值的值 τ 使用如下的计算公式：

$$\tau = E(\mathrm{DenVarlist}) + \omega \times SD(\mathrm{DenVarlist}) \tag{5-35}$$

式中，E 是数学期望，ω 是调和系数，SD 是标准偏差。ω 的选值范围是 $(0, 3)$，DenVarlist 是集合的密度序列。

$$\varepsilon_i = \max k\mathrm{dist}(DLS_i) \times \sqrt{\frac{\mathrm{median}\, k\mathrm{dist}(DLS_i)}{\mathrm{mean}\, k\mathrm{dist}(DLS_i)}} \qquad (5-36)$$

式中，$\max k$dist、$\mathrm{median}\, k$dist 和 $\mathrm{mean}\, k$dist 分别是样本距离序列中的最大值、中位数和平均数。DBSCAN 后得到的聚类结果分为两个区域：边界区域和局部区域。边界区域的聚类结果用于合并相邻分区中存在的相似密度聚类，且以数对的形式传递给下一步。

（3）缩减阶段。缩减阶段是从相邻分区中查找聚类对，在下一阶段进行合并缩减。从映射阶段收集边界点，并从不同分区收集具有相同点索引的所有点。具有相同点索引的点在同一减速模式下执行。基于边界点值，缩减阶段决定是否可以合并共享边界点的两个聚类。但是，最终合并将在合并阶段进行。

（4）合并阶段。合并阶段是合并由缩减阶段合并的集合，以识别跨越多个分区的集群。数据由缩减阶段写入。输出组合并之后的集合，每一个集合表示合并的集群列表。合并阶段需要进一步标识可以合并的边界点，通过不断的迭代合并，生成最终的合并集合，如图 5-19 所示。

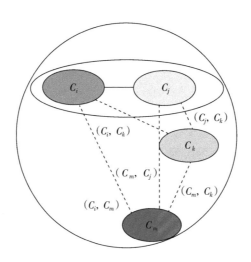

图 5-19　DBISCP 算法空间聚类合并策略

根据图示，只有当列表中的所有簇都达到饱和状态时，才能将簇组合成簇列表，即它的密度与列表中的所有聚类相似。如果没有这种情况，可能会导致群集中密度的大幅度变化，从而降低群集的质量。因此，可以得出结论，合并阶段避免了在合并簇时密度的大变化，并且可以在密度方面提供紧密的簇。

（二）改进后的 DBISCP 算法流程

输入条件是普陀区等三个目标区的卡口点集合 D、区域半径 a、区域半径 b（$a<b$）、给定点在 a 邻域内成为核心对象的最小邻域点数 n、相似度阈值 s。

输出条件是区域内目标类簇集合。

步骤1：选取重要的卡口坐标点进行数据整合，并判断输入点是否为核心对象。

步骤2：找出核心对象在 a 邻域 ε 中，或者在范 $[a, b]$ 中且和核心对象之间的欧式距离相似度小于等于阈值 s 的所有直接密度可达点。直到所有输入点都判断完毕。

步骤3：针对所有核心对象的邻域 ε 内直接密度可达点，找到最大密度相连对象集合，进行密度可达对象的合并。直到所有核心对象的 ε 领域都遍历完毕。

步骤4：将所有噪声点作为簇加入结果中，形成最初的空间集聚可视化。

本节取 $a=0.5$ 千米，$b=1$ 千米，$n=1$，$s=0.2$。这种改进方法，不仅将距离较近的卡口数据聚类在一起，而且将距离较远但周围环境相似的卡口也聚在一起，以提高聚类的效果。如图 5-20、图 5-21、图 5-22 所示，1 个气泡（Bubble）表示 1 个簇，正方形表示卡口位置。图（a）为同样参数下没有改进的 DBSCAN 算法得出的聚类可视效果图，图（b）为改进后的 DBISCP 算法得出的聚类可视效果图。

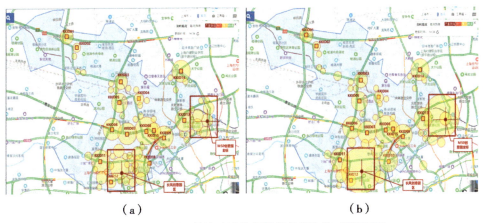

（a） （b）

图 5-20 DBISCP 算法改进前后聚类效果比较（普陀区）

（三）区域熵值的卡口可视化

根据各卡口的车流量数据计算卡口的区域熵，通过区域熵的值级来表征卡口所在区域的交通车辆情况。在集合 $a_j = \{p_{j1}, p_{j2}, p_{j3}, p_{j4}\}$ 中，p_{j1}, p_{j2}, p_{j3},

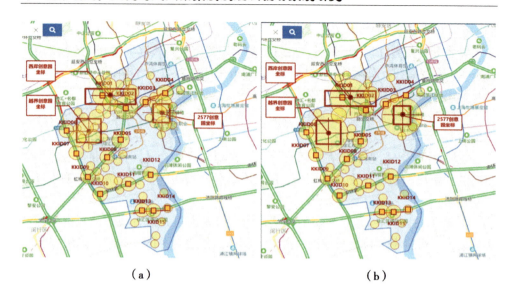

（a） （b）

图 5-21 DBISCP 算法改进前后聚类效果比较（徐汇区）

（a） （b）

图 5-22 DBISCP 算法改进前后聚类效果比较（浦东区）

p_{j4} 分别代表卡口四个不同方向的车流量，j 是代表第 j 个卡口。对于任意集群 C，$C = \{a_1, a_2, \cdots, a_m\}$ 中包含的元素 m 表示集群内卡口数目。对于区域的熵值，计算公式如下：

$$S = -\sum_{j=1}^{n} p_j \log p_j \qquad (5-37)$$

其中：

$$p_j = \frac{a_j}{a_1 + a_2 + \cdots + a_m}$$

$$a_j = \frac{1}{4} \sum_{i=1}^{4} x_{i_j} \qquad (5-38)$$

熵值是信息多样性的一种描述，区域熵值越高，说明此区域城市创意产业空间集聚越丰富。本节将熵值高的区域，映射为橘红色；反之，映射为淡紫色。区域内周围熵值偏低，说明周边创意产业集聚偏少，而市中心则创意产业集聚较为完善。如图 5-23、图 5-24 所示。

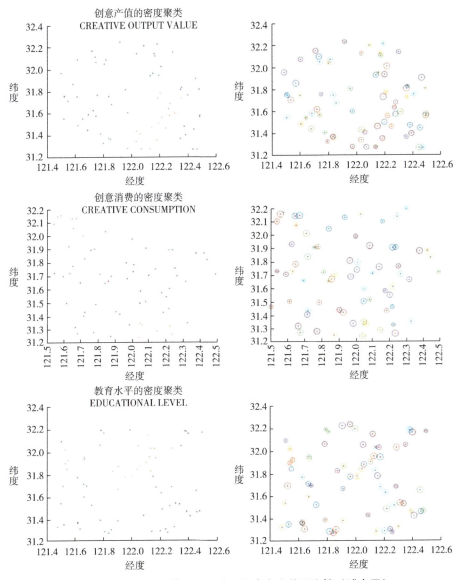

图 5-23 DBISCP 算法改进前后聚类密度效果比较（浦东区）

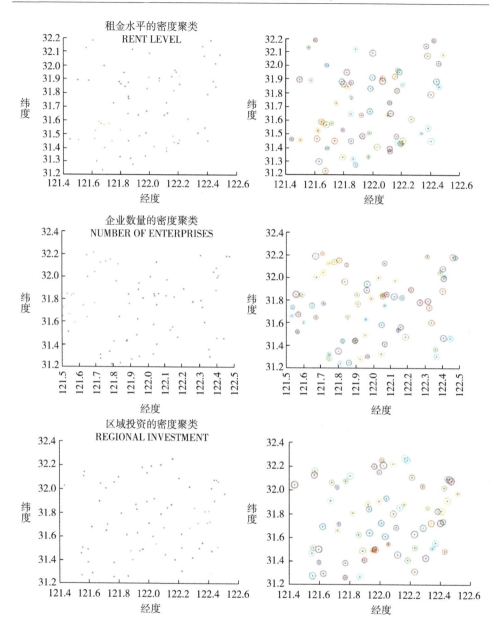

图 5-23　DBISCP 算法改进前后聚类密度效果比较（浦东区）（续）

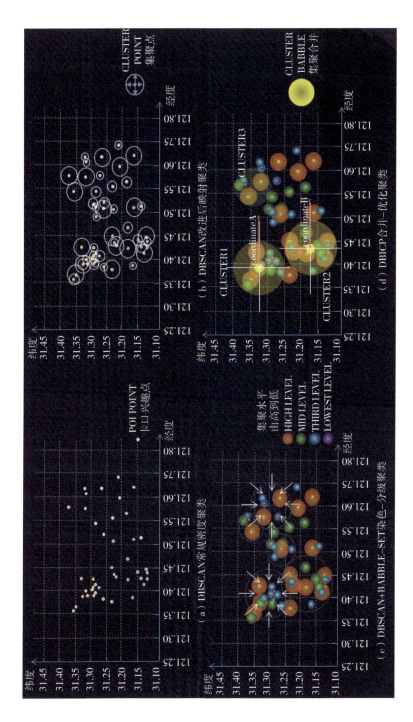

图 5-24 导入 BABBLE-SET 区域图中的聚类密度效果（浦东区）

DBISCP 算法的显著优点是聚类速度快且能够有效处理噪声点和发现任意形状的空间聚类。算法直接对整个数据库进行操作，且进行聚类时使用了一个全局性的表征密度的参数。图中红色部分为两者聚类结果不一样的地方，可以看到，改进后 DBISCP 算法可将距离较远，但相似度较高的卡口聚在一类，从蓝色暗色的低密度集聚区逐渐变成红色亮色的高密度集聚区域。结果显示出用 BABBLE-SET 进行空间集聚优化可视性佳，强化了较高程度的空间集聚，弱化删减了低密度空间集聚。

　　通过图 5-24 表明，用 BUBBLESET 来进行集聚初步可视化是有效的，可以反映出区域集聚间的多元关系的变化，而且表明相同类型的 BUBBLE 可以相互结合并清晰地表达出来。首先，对距离较远但周围环境及类型相似的卡口进行集聚归纳，对相似道路卡口提取特征向量后，通过 DBSCAN 改进算法再对其进行二次聚类；其次，将 BubbleSet 可视分析法表达同一聚簇的卡口集聚，并基于区域功能相似性对集聚区域进行雷达图示分类；最后，根据空间偏移策略对 OD 数据进行集聚区域的线性轨迹可视化，以展示三大满意集聚区域之间的个体移动相关性，有利于继续挖掘创意产业区域空间集聚动态语义信息，以提炼集聚类型。如图 5-25、图 5-26、图 5-27 所示。

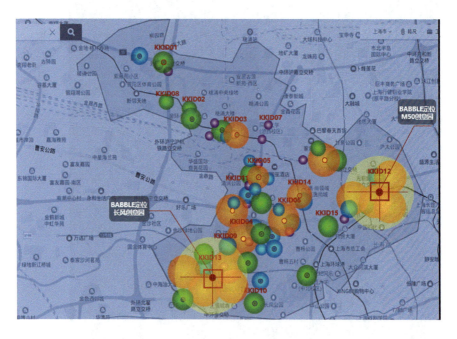

图 5-25　DBISCP 算法 BABBLE-SET 阈值颜色映射（普陀区）

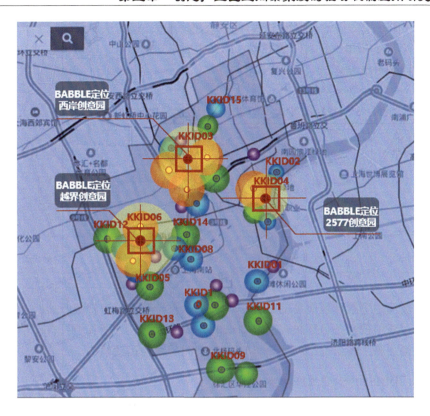

图 5-26　DBISCP 算法 BABBLE-SET 阈值颜色映射（徐汇区）

图 5-27　DBISCP 算法 BABBLE-SET 阈值颜色映射（浦东新区）

BUBBLE 视图展示了区域 POI 类别的整体信息，但无法展示区域 POI 详细信息。因此，在 BUBBLE 视图的下方，用列表展示当前被选中区域的关键 POI 详细信息，如表 5-5 所示。

表 5-5　POI BUBBE-SET 空间集聚初步地理信息汇集（普陀区）

kkType 卡口类型	POIS Rank Location 地理区域	Longitude and Latitude 经纬度	Number of search entries 搜索条目数量
卡口 12	M50 创意园集聚区域	121.393418，31.228634	667890
卡口 13	长风创意园集聚区域	121.438908，31.251742	4328761
卡口 3	上海金沙 3131 创意园	121.398521，31.251557	3897201
卡口 6	上海艺法创意园	121.415257，31.251764	3654980

将被选中集聚区域所有的 POI 名称作为参数传至百度搜索服务器，选取在百度搜索引擎中搜索条目数最多的前 2 个 POI 作为集聚区，使其更具有科学性及说服力。接下来，将研究空间集聚 BABBLE 之间的线性运动轨迹。

四、DBISCP 空间集聚轨迹迭加

（一）轨迹移动的建模思路

针对子空间连续域中集聚区域间的线性轨迹进行量化。轨迹算法借鉴蚁群算法（GA-ACO）的经验，根据城市创意产业空间集聚 7 项影响因子，以实现子个体聚类优化的目的。轨迹算法不容易陷入局部最优值，可以实现多点同时搜索等功能，最终在聚类群启发基础上实现路径的轨迹量化。

首先对 DBISCP 轨迹算法进行环境建模，具体算法演示如图 5-28 所示，设个体集聚的创意产业空间为连续域空间，记为 R_1、R_2，在上海范围内定义多个 R 区域，采用序号栅格标识法，按栅格法划分 RS。创意产业空间集聚环境中的障碍物即为建筑，路线即为城市主干道，以上参数均可用 GIS 进行准确定位。设从外部数据平台取出的每一条数据记为 A，个体在区域道路站点行走，A 点根据影响指标智能决定单次路径。根据迭代效应决定是否产生下一次的迁移，如果在 A 点有相互重叠的 R 区域，就要比较相交 R 域内 P 值的大小，再决定偏移—集聚方向，迁移的最终效果将是呈现一个 POI 集聚，会产生下一个坐标点的经纬度数值，每经过一次或者多次迭代都会产生一个新的数值 An。当连续域、数据足够多时，就会呈现出 POI 轨迹效果。

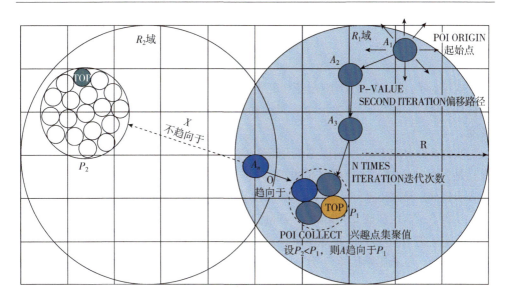

图 5-28 基于连续域 BABBLE-SET 区域间动态轨迹算法示意

DBISCP 聚类算法的思想运行机制在于，每一次迭代中经过指标计算，按空间偏移步骤将每次迭代中得到的偏移值作为该算法的初始值，保证该算法在一个较好的解空间内迭代，并将寻优过程中得到的较优解替代算法中的较差解，强化了较优解的影响因素，增强了 POI 聚类算法中的正反馈机制。这种集簇方法简单实用，能够满足环境模型，且与真实情况相符。从而使个体在路径规划时畅通无阻。令 $S = \{1, 2, 3, \cdots, N\}$ 为栅格序号集。根据上述对应关系，可知 $g(0, 0)$ 的序号为 1，$g(1, 0)$ 序号为 2，直至 $g(X, Y)$ 的序号为 n。规划起始位置、目标位置均为真实经纬度。

（二）DBISCP 轨迹移动的空间聚类

步骤 1：进行参数初始化。个体集聚的环境信息用矩阵表示，0 表示可通过栅格地图，1 表示障碍物占用栅格地图。初始化可选路径节点 $D = \{0, 1, \cdots, n-1\}$，设置个体数量 m、信息启发因子 α、期望启发因子 β、影响因素挥发系数 p，迭代次数 Nc。禁忌表 Bk（个体 k 当前所走过的栅格地图点）初始化为 0，其中 $k = 1, 2, \cdots, m$。个体初始点 POI 和目标点 E 的经纬度。

步骤 2：POI 个体根据运动状态从站点 A1 转移到相邻站点 A2 的转移概率为：

$$p_{ij}^{k}(t) = \begin{cases} \dfrac{\tau_{ij}^{\alpha}(t)\eta_{ij}^{\beta}(t)}{\sum_{s \in C} \tau_{is}^{\alpha}(t)\eta_{ij}^{\beta}(t)} & (j \in C) \\ 0 & (j \notin C) \end{cases} \tag{5-39}$$

其中，$\eta_{ij}^{\beta}(t) = \dfrac{1}{d_{ij}}$

$$C = D - B_k \tag{5-40}$$

式中，d_{ij} 表示个体 A1 所在经纬度距下一个坐标点 A2 距离，η_{ij} 表示个体从 i 转移到 j 的启发程度，τ_{ij} 表示个体从 i 转移到 j 的影响因素（7 项排列），路径强度。

步骤 3：对应 POI 影响因素的取值，并计算邻居 POI 的影响因子加权值 P，查验是否存在影响力比当前 P 值大的邻居。

步骤 4：修改 B_k。个体 k 每转移一次，将节点 j 加入禁忌表 B_k。

步骤 5：迭代步骤 2~步骤 3，判断是否集聚，直至所有未达到集聚的个体达到终止点，并计算达到终止点的个体的路径长度并保存。

步骤 6：更新影响因素 τ_{ij} 为：

$$\tau_{ij} = \rho\tau_{ij}(t) + \Delta\tau_{ij}(t,\ t+1) \tag{5-41}$$

其中：

$$\Delta\tau_{ij}(t,\ t+1) = \sum_{k=1}^{m} \Delta\tau_{ij}^{k}(t,\ t+1) \tag{5-42}$$

$$\Delta\tau_{ij}^{k}(t) = \begin{cases} Q/L_K \\ 0 \end{cases}$$

其中，Q/L_K 表示个体 K 经过的路径 i、j，0 表示个体 K 不经过的路径。Q_{1-7} 为影响因素，它在一定程度上影响 POI 算法的收敛速度，L_K 为个体 K 在本次迭代过程中所走的集聚路径总长度。

参考（徐晨晨、廖小罕、岳焕印等，2019）优化算法中的估价函数，将当前节点与终止节点联系引入启发函数，能有效解决区域半径最优问题。启发函数计算如下：

$$\eta_{ij}(t) = \begin{cases} \dfrac{1}{d_{ij}} \\ (1 - C \times \overline{d_{oj}}) \times \overline{d_{oJ}} + C \times \overline{d_{oJ}} \times \overline{d_{JE}} \end{cases} \qquad \rho < d_{0i} < d_{0i}$$

$$\overline{d_{oJ}} = \dfrac{d_{oj}}{\displaystyle\sum_{j \in Accumulation\ point_k}(d_{oj} + d_{jE})}$$

$$\overline{d_{JE}} = \dfrac{d_{jE}}{\displaystyle\sum_{j \in Accumulation\ point_k}(d_{oj} + d_{jE})} \tag{5-43}$$

式中，d_{oj} 表示当前节点 i 和下一节点 j 间距离；$\overline{d_{oJ}}$ 和 $\overline{d_{JE}}$ 表示下一节点 An

离起点和终点的距离；d_{Oj} 表示起始节点 A1 和下一节点间距离；d_{OE} 表示起点和终点间距离；C 和 ρ 表示常数；$C \times \overline{d_{oJ}}$ 表示下一节点与终点间距离的权重；ρ 表示开始引入方向信息的路径长度阈值，为了避免过早陷入局部最优，二者均在实际应用时确定数值；Accumulation POInt$_k$ 表示个体到创意产业的空间集聚点。

此外，为了避免 POI 算法存在的过早收敛问题，采用随机轮盘赌法进行修正。随机轮盘赌是权衡轮盘赌和贪婪算法改良后的最佳选择。当随机数 rand = 0 时，该算法等效于传统轮盘赌算法，能够避免局部最优值陷阱；而当 rand = max (Pi) 时，则该算法相当于贪婪算法，具有较快的收敛速度。

$$P_i = \begin{cases} P_i & P_i \gg rand \\ 0 & P_i < rand \end{cases} \tag{5-44}$$

步骤 7：选择本次迭代计算中的最优路径并保存，运算结束并输出结果。否则重复步骤，如图 5-29 所示。

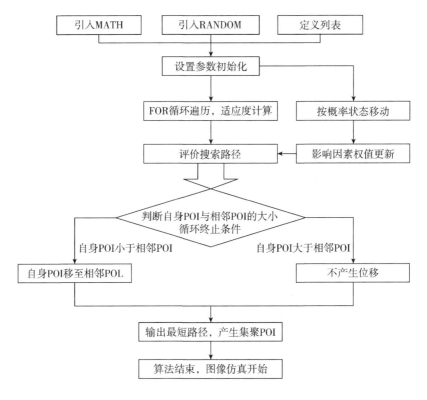

图 5-29　POI 聚类算法路径选择流程

五、DBISCP 空间集聚初步可视

（一）DBISCP 的动态聚类效果检验

数据来源根据区域内交通流量卡口的 POI 点进行全域路径规划，重点观察 BABBLE 区域之间的集聚轨迹变化。研究 α、β、ρ、m、Q 等参数的最佳配置对 DBISCP 算法在动态图像中的线路非常关键。然而，参数的设置主要依赖于统计数据和经验值，且基于 Matlab 软件操作。首先进行相关数据采集，一是数据的坐标选取，二是数据的指标取值。关于数据的坐标选取，在普陀区、徐汇区、浦东新区的 BABBLE 范围内摄像头的随机视频流数据中提取 10000 条经纬度坐标作为选取 POI 基准点。个体数目越多，路径的全局搜索能力和算法的稳定性越好。取 0.5kma、1kmb、1n、0.2s。将距离较近的卡口数据聚类在一起，而且将 BABBLA 距离较远但周围环境相似的卡口也聚在一起，以提高图像动态聚类的算法效果。设置环境信息的起始点经纬位置序号，设置启发因子 α＝1，期望启发因子 β＝5，区域 ρ＝0.8，迭代次数 Nc＝30，Q 则来自上海创意产业区空间集聚的影响因子的数据采集，选用多目标决策法。其次对采集后的数据进行归一化处理，消除量纲对其的影响。得到影响因素的权值，在上海市三区域设置不同的环境模型，图 5-30 为 POI 算法路径实现：基于算法的移动个体产生的空间集聚在整体上呈收

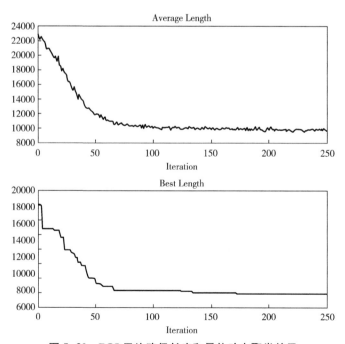

图 5-30　POI 平均路径长度和最佳动态聚类效果

敛状态，搜索之初在环境域内出现了一定的波动，这是因为个体开始的试探路径所致。在搜索中后期，随机搜索的数量减少，最优路径趋于平缓。由于影响因素浓度的正反馈机制，使所搜索的路径分别在第 250 次迭代时收敛到最佳路径。

用 DBISCP 的算法对上海市普陀区、浦东区、徐汇区在满意解的空间内进行相关检测，得到如下结果，如图 5-31 所示。

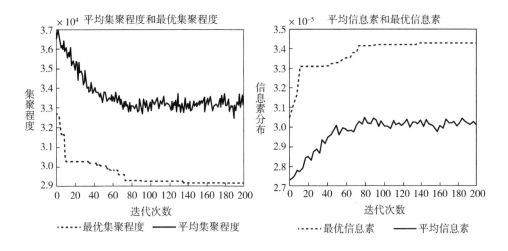

图 5-31　平均集聚度和最优集聚度；平均信息素和最优信息素的拟合度

图 5-31 表明：随着迭代次数的增加信息素的变化情况，前 50 步的迭代中，平均信息素已经达到一个相对稳定的状态，平均信息素不随着迭代次数的增加而存在明显的增加。平均聚集度的趋势与信息素的变化基本一致，此时种群基本达到了稳定状态。最优信息素与平均信息素不同，存在跳跃性的增长过程，最优路径上的信息素在 80 步的时候就已经达到最大水平，说明上海市普陀区、浦东区、徐汇区在满意解的空间内已经达到了一个很好的动态集聚状态。

为了对比分析算法改进前后的性能，本书另设 4 种算法模式，以检验 DBISCP 算法本身的改良效果，设参数取值如下：个体数目根据区域坐标系不变的情况下个体增加 0.3 倍时模拟创意产业区的人数累计发展情况来定，影响因素挥发系数为 0.1，信息素增强系数为 100，信息素控制强度系数为 2，启发式因子控制强度系数为 5，此算法的精度结果如表 5-6 所示。

由 5 组算法对比的实验结果可以看出，该算法得到的平均相关性、信息量以及总体分类精度，优于蚁群算法和遗传算法得到的空间寻优性能，特别是在路径方面，本书算法的收敛速度快于蚁群算法。随着个体类别数的增加，本书算法的

表5-6 基于几种算法的比较结果与评估

空间集聚选择算法	迭代次数	信息量 OIF	平均相关性	总体分类精度（%）	运行时间（min）
本书 DBISCP 算法	20	1.7323	0.5673	94.00	11
蚁群算法	30	1.3892	0.6542	92.82	14
遗传算法	100	1.0034	0.6321	89.73	8
粒子群算法	100	2.2843	0.6045	93.05	10
模拟退火法	100	1.8749	0.7352	92.11	7

时间效率优越性更加明显，这是由于 DBISCP 算法中轨迹算法的迭代次数少。更主要的是，由于算法中结合了上海实际区域空间的划分和影响因素的实证数据，缩小了个体每次搜索的半径，因此提高了寻优的速度。与粒子群算法相比，DBISCP 算法输出的最优解分类精度和相关性优于粒子群算法输出的最优解。与模拟退火算法相比，虽然时间效率稍差，但精解效率仍优于模拟退火算法。

（二）基于 DBISCP 动态可视分析

在原有 BABBKE-SET 的图中增添线性运动轨迹，以研究线性轨迹对以上集聚区域的影响及作用，形成初步的地理属性视图化效果。通过整理出在此时间段所有个体 POI 的起始位置（OD），即个体 POI 所在经过的起始卡口连线。OD 数据的初步可视化可分为需要、无须凸显起始点地理属性两类。在对需要凸显的线性运动轨迹可视化，将再次结合地图中地理位置的编码图，在本节形成的 BAB-BLE 区域上，通过上节 DBISCP 算法直接标记起始点的初始位置，同时在起始点到终点之间画一条有向边，边的粗细表示轨迹编码从起点到终点的数值，使用线性轨迹图可以展示多个 BABBLE 节点之间的关系，并从该图可直观地看到某一POI 节点与其他节点之间的权重关联。基于 DBISCP 对 OD 数据进行初步可视化，其可视的内容就是从 POI 点到其他点的流量流入流出表现图。

卡口聚类结果由本节中的 BubbleSet 进行图底结合，然后将每个气泡的几何中心作为 OD 点所在位置。通过整理个体轨迹偏移数据，连接几何中心以绘制其在区域间的流入和流出运动状态。这种方式可使用户从连续域概览个体移动的模式，对于气泡的几何中心，集聚随着颜色的变化而加强。橘红色圆环表示此区域轨迹量流入大于流出，紫色圆环表示车流量流入小于流出。DBISCP 算法下几何中心的连线表示区域间动线交叠来往，运动轨迹线宽度表示流量强度。图5-32、图5-33、图5-34 可以将高亮显示与此区域相关的流入和流出清晰地表达出来。其中轨迹线表示为流入及流出的线性变化。根据流入流出的线性关系，可以进一步探索空间集聚区域间的动态关联，但 BABBLE-SET 图示仅反映初步可视关联。

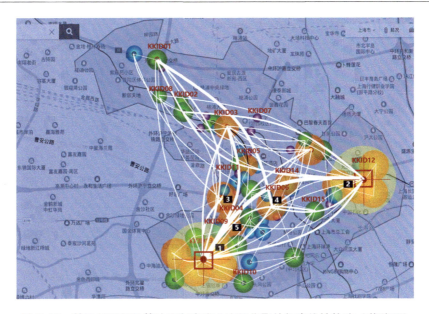

图 5-32　基于 DBISCP 算法下创意产业空间集聚的初步线性轨迹（普陀区）

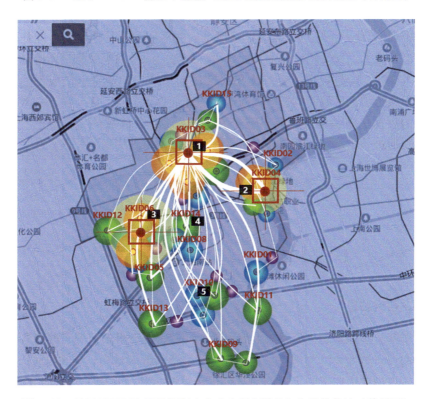

图 5-33　基于 DBISCP 算法下创意产业空间集聚的初步线性轨迹（徐汇区）

图 5-34　基于 DBISCP 算法下创意产业空间集聚的初步线性轨迹（浦东区）

另外，在地理信息图中会显示理论模型中七个影响因素的功能属性和权值的变化，同时在列表中显示此区域关键 POI 的详细信息。

DBISCP 算法系统还可以通过地理信息的时序图，对其他不同时间演化进行个体轨迹集聚的可视分析。例如，此图可展现各时间段内空间集聚轨迹动量大小的特征及变化。但是以上只反映出集聚区域间单纯交通流量卡口数据的运动轨迹，对于城市满意区域间的影响因素综合的详细集聚关联，还要在下一章展开更为复杂的可视化动态集聚研究。研究的结果，将对各区域的集聚特征、集聚类型、集聚演进、集聚状态进行详细可视分析，最终提出集聚的控制、疏导及发展策略。

第四节　本章小结

一、研究结果

本章基于多因素理论模型对上海市创意产业区进行求解研究，经过各类群智能算法和动态聚类算法的阐释，在 GA-BP 的满意解区域内，在 DBISCP 算法的基础上探讨创意产业空间集聚的初步可视化策略。利用管理工程学启发式思维，深入研究了 BP 神经网络模型与密度聚类算法之间的关联策略，并完成了全域空间集聚的可视化。具体分为两大步：首先，对上海进行全域寻优。基于复杂系统连接参数的优化遗传算法集结算子，对多因素理论模型中的驱动效应指标和影响因素指标进行训练，建立起了 BP-GA 的算法流程，得到了满意区域的解集（普陀区、徐汇区和浦东新区）。其次，对满意区内形成空间集聚的状态进行初步可视化。在该区选取关键交通线路卡口 POI 坐标点，按密度聚类规则，提出了扩展后的 DBISCP 算法。按照地理功能相似性实现 BABBLE-SET 区域集聚。再根据个体偏移迭代实现 BABBLE 之间的动态轨迹路径，通过 DBISCP 算法实现了在满意区域内的集聚初步可视。

二、研究结论

利用 BP-GA 具有较强的随机性、全局性等优点，在解空间范围内搜索满意解区域，并防止 GA 算法陷入局部极小值。这种求解方式实际上是一种基于空间复杂系统连接参数的优化问题。基于精英策略排除了随机因素的干扰，进而找到比较理想的训练区间和权值分布，也就找到了上海创意产业空间集聚的满意集聚区。本文得到了普陀区、徐汇区、浦东新区三个满意解，而虹口区、静安区则因为政策的不同导致创意产业的集聚程度较低。

找到普陀区、浦东区、徐汇区这三个满意区域后，进一步寻求空间集聚，基于 DBISCP 密度聚法对上海普陀区、浦东区、徐汇区进行密度类聚，然后在 BABBLE 视图上进行轨迹动线研究。创建的 DBISCP 算法经检测表明，普陀区、浦东区、徐汇区在满意解的空间内已经达到了一个很好的动态集聚状态。由于该算法能充分地汲取 BP-GA 算法的优点、克服各自的缺陷，故是一种逻辑明确清晰、流程简单、编程流畅、计算简耗、收敛较好的模拟图像实现方法，可以为城市管理提供决策依据。

第六章 创意产业区空间集聚度的驱动机制图像研究

本章以 DBISCP 空间集聚算法为基础，生成计算机的动态聚类图像输出。首先，运用计算机编码对 DBISCP 算法代码进行后台交互，实现从 Matlab 代码到 JavaScript 的代码转换，在 CANVAS 容器中实现 3D 动态模拟。其次，用 ARC GIS 进行图底垫层叠合。最后，利用 E-CHARTS 进行可视化图像展现。这体现了 E-CHARTS 大数据可视化对模型进一步强化其应用程度。在编程的基础上，对空间集聚度进行动态可视化，利用 ARCGIS 对其模型算法进行大数据地理信息输出，并以 E-CHARTS 为主体，实现城市创意产业空间集聚度的动态和演进交互的数据可视化分析组件，通过 JavaScript 编程实现了后台与前台的结合，如图 6-1 所示。

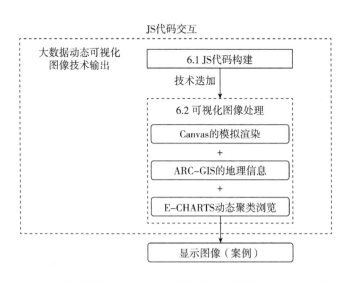

图 6-1 基于 DBISCP 的创意产业区域空间聚焦可视化操作流程

第一节　基于 DBISCP 的源 JS 代码交互实现

基于创意产业空间集聚度下 JavaScript 编程的 POI 算法作为将下一步的集聚效应可视化的基础，进一步使用 JavaScript 语言脚本，对随机数据使用该算法进一步筛选。JavaScrip 是执行空间动态集聚状态、图层区域分析、城市图底研究、地理数据挖掘、程序代码转换、数据处理管理和地图自动化创建的基础。在 MATLAB 源码基础之上，转译成对应的 JS（JavaScript）代码。将 JS 实现 POI 聚类算法的数据筛选，采用 DBISCP 算法与 JS 相融合的思想，将 POI 算法每次迭代中得到的偏移值作为空间轨迹算法的初始值，保证该算法在一个较好的解空间内迭代，并将遗传寻优过程中得到的较优解替代 POI 算法中的较差解，这强化了较优解的信息量，增强了空间轨迹算法中的正反馈机制，最后阐述该语言的编程原理和语言表达，实现 POI 聚类算法动态视觉效果。

一、JS 的环境建模

城市创意产业区的影响因素与空间集聚度是直接相关的，故将影响因素作为空间集聚的权重因子进行测量并计算，如表 6-1 所示。

表 6-1　创意产业区空间偏移—集聚度 JAVASCRIPT 模型 DBISCP 架构

类别	主要属性	算法说明	应用方法
静态属性 Static Attributes	空间集聚概率	该概率表明企业按古诺模型调整区位的可能性	get Random Change Probability（）set Random
	组织驱动成功的概率	企业组织创新成功的可能性大小	get Random Probability（）set Random Probability（）
动态属性 影响因素 Dynamic Properties	投资需求 X_1	当前投资环境的总需求量，随企业组织创新行为而改变	getDemand（）
	企业数量 X_2	该模型中考虑的各创意产业区内企业的迁徙数目	GetFirm1List（）；GetFirm2List（）GetFirm3List（）；GetFirm4List（）
	租金水平 X_3	租赁办公空间需要的资金	getTechnPOIrice（）
	财政支出 X_4	随着创意园区内企业生产规模的变化而变化	getLastOutput（）

续表

类别	主要属性	算法说明	应用方法
动态属性影响因素 Dynamic Properties	教育水平 X_5	随着创意园区内企业技术教育水平的变化而变化	getAverageT （）
	消费要求 X_6	随着创意园区内消费客群水平的变化而变化	getAverageT （）
	零售产值 X_7	随着创意园区内总体财政支持水平的变化而变化	GetSupportE （）
模型方法（Essential Methods）		创建模型 DBISCP 所需的对象	BuildObjects （）
		模型 DBISCP 中主体行为列表	BuildActions （）
		指定模型 DBISCP 的运行环	ActivateIn （）

二、JS 的代码实现

（1）参数初始化—初始经纬度 POI。

```
import math
import random
POIs = [ ]
with open('result. csv') as f：
    for line in f：
        line = line [ ：len(line) − 1]
        infos = line. split(',')
        POI = {'name'：infos [ 0 ]，
                'x'：int(float(infos [ 1 ]) * 1000000)，
                'y'：int(float(infos [ 2 ]) * 1000000)}
        POIs. append(POI)
        print(len(POIs))
```

（2）随机选取 POI 对应影响因素的取值。

（3）计算邻居 POI 的影响因子加权值 P。

$for\ i\ in\ range(PERSON\_COUNT):$

    $rn = random.random()$

    $rn\_index = int(len(person\_POIs)\ *\ r_n)$

    $select\_POI = person\_POIs[r_{n\_index}]$

    $person = \{'POI': select\_POI, 'current': select\_POI, 'path': [\ ]\}$

    $persons.append(person)$

    $person\_POIs.pop(rn\_index)$

$ROUND = 20$

$for\ i\ in\ range(ROUND):$

    $for\ person\ in\ persons:$

        $current\_POI = person['current']$

        $neighbors = POIs[current\_POI]['neighbors']$

（4）针对影响因素选择合适的路径。

$if\ 'neighbors'\ in\ POIs[current\_POI]\ else\ [\ ]$

        $max\_influence = 0$

        $max\_neighbor = 0$

        $current\_influence = POIs[current\_POI]['influence']$

（5）查验是否存在影响力比当前 P 值大的邻居 P2。

$for\ neighbor\ in\ neighbors:$

        $if\ POIs[neighbor]['influence']\ >\ max\_influence:$

            $max\_influence = POIs[neighbor]['influence']$

            $max\_neighbor = neighbor$

        $if\ max\_influence\ >\ current\_influence:$

            $person['current'] = max\_neighbor$

            $person['path'].append(max\_neighbor)$

（6）判断是否集聚。

for person in persons：

print('{},{}'.*format*(*POIs*[*person*['*POI*']]['*x*'],

POIs[*person*['*POI*']]['*y*']),*end*=',')

last_POI

（7）运算结束并输出最优路径。

[*POIs*[*person*['*POI*']]['*x*'],*POIs*[*person*['*POI*']]['*y*']]

    for POI_index in person['*path*']：

        POI=*POIs*[*POI_index*]

        delta_x=*POI*['*x*']　－*last_POI*[0]

        delta_y=*POI*['*y*']　－*last_POI*[1]

        last_POI=[*POI*['*x*']，*POI*['*y*']]

        print('{},{}'.*format*(*delta_x*，*delta_y*)，*end*=',')

        print('')

综合以上代码步骤，以 POI 算法为基础，借助 JavaScript 语言实现了基于 POI 算法的数据筛选模型，实现 JS 代码与 CANVAS 的系统结合。

第二节　基于 JS 实现 CANVAS 可视化 3D 效果

一、CANVAS 的技术构建

（一）技术流程

three. js 成熟框架源于 JavaScript 语言架构而成。首先，进行场景的创建，场景中依靠灯光，相机进行场景的配置，具体实现将依赖于 AmbientLight、DirectionLight、PerspectiveCamera 抽象类的构造，在此基础之上创建模型 Geometry、BufferGeometry，模型创建之后需要完成材质的铺垫的工作，其实现过程依赖于 MeshBasicMaterial、MeshPhongMaterail、shaderMaterail 和 RawShaderMaterail。最后，通过着色器进行片元着色，实现渲染就可以实现一个 canvas 动态过程，具体流程如图 6-2 所示。

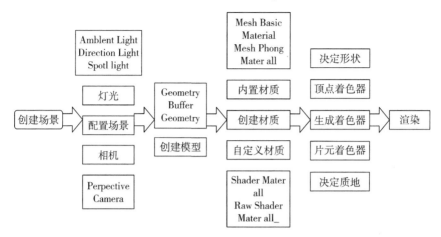

图 6-2 Canvas 实现 3D 效果流程

（二）伪代码论述

1. 初始化变量

2. *if*（_*context. setLineDash* 未定义）｛

执行_*context. setLineDash* = *function*（）｛｝；

｝

3. 设置尺寸参数：

If（*updateStyle* 为真）｛

设置宽高

4. 设置 *clear* 参数：

If（_*clearBox. isEmpty*（）为假）｛

设置相关 *clear* 参数：宽、高；

　if（_*clearAlpha* < 1）｛

　　执行 *clearRect*，清除；

　｝

　If（_*clearAlpha* > 0）｛

　　执行 *fillRect*，

　　根据：杜宾模型结合 *POI* 算法的原则绘制；

二、CANVAS 效果输出及对比

通过 CANVAS 的浏览器程序得出的空间集聚关系，对上海坐标点进行视图训练，得到每个空间位置对应 POI 影响因子数值的大小、向量偏移数值及方位渐次迭加。在 CANVAS 软件中形成了基于计算机语言下的动态效果，其效果为立体空间路径，基于 JS 语言实现的聚类算法提供的数据，每两个一组作为一次的偏移量，数据的获取采用后台交互技术，此操作会显著提高图像的显示速度和呈现效果。本书模拟创意产业空间集聚过程中个体迭代 50、100、300 的不同发展阶段进行搜索结果分析，结果表明，空间集聚趋势良好。动态图像生成也证明了 N 次迭代计算对于 DBISCP 聚类算法的图像构建成立，如图 6-3、图 6-4、图 6-5、图 6-6、图 6-7 所示。

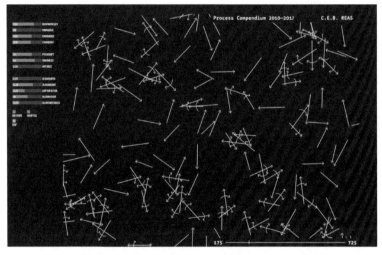

图 6-3　CANVAS 动态模拟一：初始容器——向量偏移

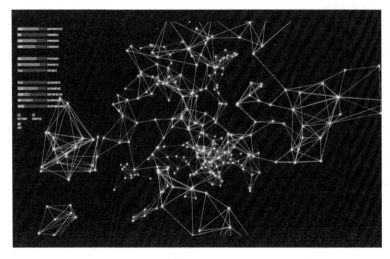

图 6-4　CANVAS 动态模拟二：一次沉淀——构建关系

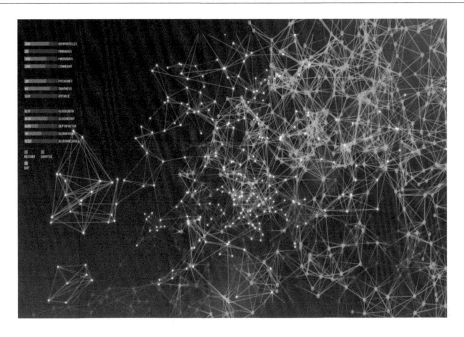

图6-5 CANVAS 动态模拟三：反复叠加——形成指标

图6-6 CANVAS 动态模拟四：立体集聚——动态生成

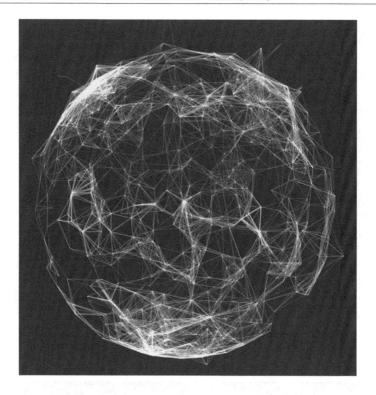

图 6-7　基于 CANVAS 的空间偏移——集聚动态模生成后期处理

　　再把 100 次迭代后的最终搜索集聚结果与经典 ABC 算法做比较，如图 6-8 所示。可以看出，粒子群算法得到的结果不明显，在大的区域内陷入局部最优，产生了集聚路径但并没有产生集聚效果；而改进后的 POI 算法通过影响因素的增强达到快速集聚的效果，路径之间彼此产生了节点关联，集聚效率提升。通过动态的叠加可选出重要的区域节点。避免了路径的单一且唯一性。

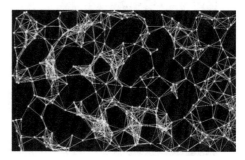

图 6-8　POI 算法与 ABC 粒子群集聚过程 CANVAS 动态对比结果

Canvas 实现动态效果的客观性和真实性都有可靠的保障，但还是仅限于 MATLAB 视图而言。从 MATLAB 到 Canvas 的界面转换过程中，强化了动态视觉 3D 效果，然而却无法真实呈现地图中的实际区位。下一步将结合 ARCGIS 技术，在真实地图上更好地呈现个体动态集聚效果。

第三节　基于 CANVAS 实现 ARCGIS 动态地图

一、ARCGIS 的代码加载

借助于 CANVAS 技术实现数据可视化模型过程中存在一个弊端：城市效果在视图中呈现为 2D 效果，不能充分呈现出城市 3D 的集聚效应，因此在研究和实践的过程中，利用 CANVAS 技术实现 2D 城市效果的同时，将借助于 ARCGIS 技术实现 3D 城市的区位效果。

ARCGIS 产品线为用户提供一个可伸缩的、全面的 GIS 平台（见图 6-9），它部署 GIS 的框架模型主要包括 ARCGIS Desktop、ARCGIS Engine、服务端 GIS、移动 GIS。

图 6-9　ARCGIS 实现区域信息指标

ARCGIS 的作用已在 E-CHARTS 相关指标进行说明，这里不再论述，代码如下（核心伪代码，完整代码详见附录五），通过 link 标签引用 css 样式表，实现特定于 Esri 窗口小部件和组件。

通过 require 标签实现指标的加载功能，esri/views/SceneView 实现在地图加载 3D 地图的效果，实现 3D 地图的加载过程，代码如下：

```
<script>
require([
    "esri/Map",
    "esri/views/SceneView",
    "dojo/domReady!"
],function(Map,SceneView){
    //Code to create the map and view will go here
});
</script>
```

二、ARCGIS 的地理信息创建

创建一个 esri/Map 对象，从 esri/Map 指标加载的 Map 类的引用。基于 Map 对象传递给构造函数来指定地图属性，如"ground"。这里设置地图的属性，加载地理信息作为图底，地图的地面属性都在此处实现，而后创建的 3D 视图，就将以此为依据，设置显示的中心位置，以及放大的级数等。代码如下：

```
· require([
    "esri/Map",
    "esri/views/SceneView",
    "dojo/domReady!"
],function(Map,SceneView){
    var map = new Map({
        basemap:"streets",
        ground:"world-elevation"
    });
});
```

通过地理信息可视化，将数据页面填充并得到了创意产业空间集聚度的 ARCGIS 效果，实现了 3D 城市的建立，同时可以正负 360°旋转城市，使数据与城市的坐标点精确对应。该技术的实现依赖于地图作为整个地理背景，通过 ARCGIS 标签中指定的经纬度和定位加载，ARC-GIS 地理信息加载图像如图 6-10 所示。

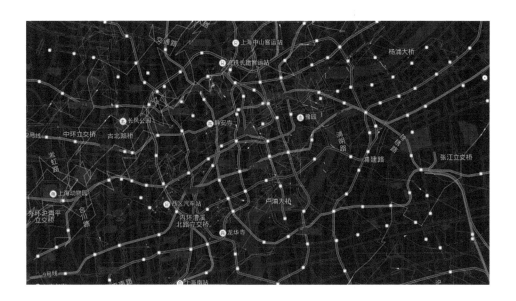

图 6-10 基于 CANVAS 实现 ARCGIS 动态地图的生成（后期处理）

第四节 基于 ARCGIS 实现 E-CHARTS 可视图像

一、E-CHARTS 的技术构建

E-CHARTS 技术在实现上采用代码+数据的形式，JS+HTML 语言的代码部分用于编写页面，同时借助于 CSS 渲染页面，实现美观大方的页面效果。然而在效果的展示上依然存在问题：可视化的效果呈现的最终状态与预期不吻合，或出现模拟效果不逼真的情况，没有体现出很好的区域数据可视化。E-CHARTS 可以借助于 ARCGIS 文件，通过读取不同的现实颜色，实现更好的渲染效果。数据采用 E-CHARTS 的格式进行保存，以便进行页面的前后台交互。最终实现基于 ARC-GIS 地图效果与 E-CHARTS 浏览器的技术融合。

具体的操作流程通过一系列的程序语言进行演算交互，探讨出在城市区域范围内每个人由于空间影响因素的不同作用产生的坐标偏移及集聚行为，这些行为形成城市创意产业区的初步集聚热点，将 CANVAS 演算之后的数据导入 ARCGIS 地图模型中，并结合 E-CHARTS 浏览器得出城市空间集聚度可视化图像，为城市管理提供决策依据，其技术构建如图 6-11、图 6-12 所示。

　　通过定义 HTML 文件、编写文本内容、CSS 美化样式、数据的来源实现的 CANVAS 的效果，间接实现了 JavaScript 编程下 DBISCP 算法模型，形成二维数组的 E-CHARTS 格式，数据的读取采用 CANVAS 技术，通过 URL 获取后台的物理地址，实现前后台的连接，双向连接的传输介质就是 CANVAS 数据，将数据和 E-CHARTS 技术结合起来，呈现出一个效果进行优化处理，具体代码详见附录四。经研究得到效果流程，如图 6-13 所示。

　　E-CHARTS 的技术流程：

　　第一步，定义一个 dom 对象，通过 HTML 的 document 对象，以 ID 获取 container 对象，赋值给 dom，调用 E-CHARTS 的 init（）方法，初始化一个 myChart 对象，最终实现在 body 内设置好图像容器 container。

　　第二步，获取数据，执行函数，此处的数据读取采用了不同于上述的 Ajax 读取方法，而是固定的从工程目录的物理位置获取，优势在于避免了 HTTP 三次握手四次挥手失败带来的数据丢失问题。

```
$ . getJSON('buildings. json', function( buildingsGeoJSON)
```

　　第三步，注册地图，通过上述的 JSON 数据，定义 regions 对象，地图名称通过 feature. properties. name 获取，后续的 value 和 height 通过 feature. properties. height 通过开平方根之后，调用 Math 的 max 方法计算求得。

```
E-CHARTS. registerMap('buildings', buildingsGeoJSON);
    var regions = buildingsGeoJSON. features. map( function( feature) {
        return {
        name: feature. properties. name,
        value: Math. max( Math. sqrt( feature. properties. height) ,0. 1) ,
        height: Math. max( Math. sqrt( feature. properties. height) ,0. 1)
```

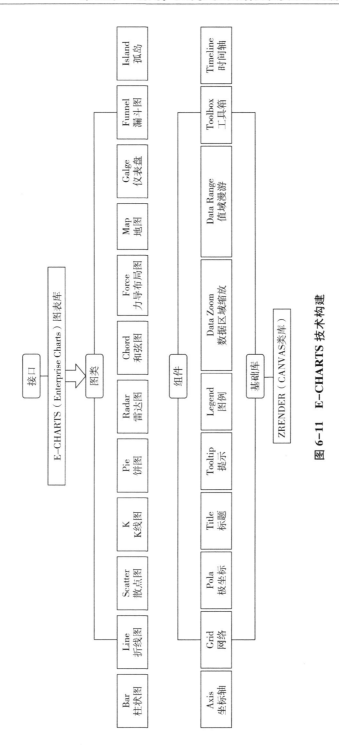

图6-11 E-CHARTS技术构建

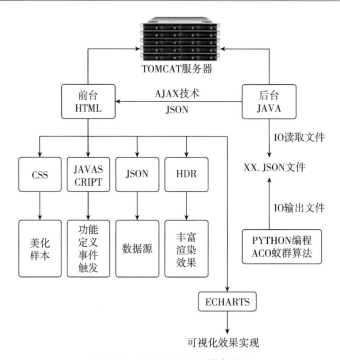

图6-12　E-CHARTS 技术流程

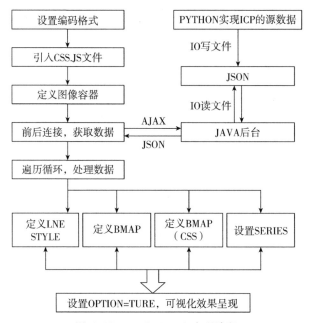

图6-13　E-CHARTS 实现流程

第四步，设置 type "map3D"。将地理区域数据进行可视化代码输入，配合 visualMap 组件实现详细空间动态集聚的可视图。相比于二维地图，三维地图还能为每个区域设置不同的高度，这个高度能够用来展示数据，也能够用来显示建筑数据中建筑的高度。E-CHARTS 中提供了两种格式的地图数据：一种是可以直接 Script 标签引入的 ARCGIS 文件，引入后会自动注册地图名字和数据；另一种是 JSON 文件，异步加载后手动注册。本书采取后者。

第五步，设置 PostEffect，处理特效的相关配置，后处理特效可以为画面添加高光、景深、环境光遮蔽（SSAO）、调色等效果。可以让整个画面更富有质感。

```
postEffect:{
                enable:true,
                bloom:{
                    enable:false
                },
                SSAO:{
                    enable:true,
                    quality:'medium',
                    radius:10,
                    intensity:1.2
                },
                depthOfField:{
                    enable:false,
                    focalRange:5,
                    fstop:1,
                    blurRadius:6}}
```

第六步，设置 groundPlane，让整个组件有个"摆放"的地方，从而使整个场景看起来更真实，更有模型感。

```
groundPlane:{
                show:true,
                color:'#333'}
```

第七步，设置 light，光照相关的设置。在 shading 为"color"无效。光照的设置会影响到组件以及组件所在坐标系上的所有图表。合理的光照设置能够让整个场景的明暗变得更丰富、更有层次。

```
light:{
            main:{
                intensity:6,
                shadow:true,
                shadowQuality:'high',
                alpha:30
            },
            ambient:{
                intensity:0
            },
            ambientCubemap:{
                texture:'canyon. hdr',
                exposure:2,
                diffuseIntensity:1,
                specularIntensity:1
```

　　第八步，设置 viewControl，用于鼠标的旋转、缩放等视角控制，minBeta：-360 实现反向 360°的旋转，而 maxBeta：360 实现正向 360°的旋转。

```
viewControl:{
            minBeta:-360,
            maxBeta:360
```

　　第九步，设置 itemStyle，单个区域的样式设置，颜色用#666。

```
itemStyle:{
            areaColor:'#666'
```

第十步，设置 label，单个区域的标签设置，颜色用白色，用 white 表示。

```
label:{
    textStyle:{
            color:'white'}}
```

第十一步，设置 instancing，instancing 会将 GeoJSON 中所有 geometry 合并成一个，在 GeoJSON 拥有特别多（上千）的 geometry 时可以有效提升绘制效率。

```
instancing:true
```

第十二步，设置 data：regions。表示区域的高度，可以设置不同的高度用来表达数据的大小。当 GeoJSON 为建筑的数据时，也可以通过这个值表示建筑的高度。

```
data:regions
```

第十三步，设置 Option 图标选项为 true，展示图表，最终完成整个页面的加载工作。

二、E-CHARTS 的效果输出

（一）初步可视化

在 E-CHARTS 可视化模型中，起始坐标点由 JSON 的第一组数据提供，在地图上可以看出每一次的经纬度偏移量，基于 JavaScript 语言实现的 DBISCP 算法提供的数据，每两个一组作为一次的偏移量，在地图的呈现效果和预期一致。在 E-CHARTS 的过程中，聚类算法的训练数据与后台交互，最终借助于 CARVAS 技术与 ARCGIS 地理信息结合进行动态模拟，呈现出可视化的宏观动态效果。E-CHARTS 动态图像视觉宏观效果如图 6-14、图 6-15 所示。

（二）可视化分析

本系统对数据的可视化的聚类最终结果由 E-CHARTS 浏览器进行表达。首先，在 Matlab 源码基础之上，转译成对应的 JavaScript 代码，也实现了 DBISCP 聚类算法的数据筛选。基于 JS 语言的编程原理和表达，连接轨迹路线以绘制个体在区域间的流入和流出。其次，通过 Carvas 动态图像进行城市中观区域层面的集聚实验，借助于后台通过 ARCGIS 传输过来的精确地理信息数组，确定效果的起

图 6-14　上海创意产业区 E-CHARTS 集聚测试 1

图 6-15　上海创意产业区 E-CHARTS 集聚测试 2

点和每一次经纬度的偏移量，通过数据的模拟和偏移交互，最终得到区域级别的大量聚集热点，由 E-CHARTS 浏览器进行图像输出。这种方式可使城市创意产业区域动态聚类效果更加直观。对于空间集聚的几何中心，由 3 千米的半径圆绘制，橘色、黄色及蓝色分别代表着不同类型的空间集聚，这是在离散域中创意产业空间的类型差异所致。橘色的连线表示区域间地铁的线路，曲线宽度表示流量强度。再点击图 6-18 中的几何中心，将高亮显示与此区域直观的集聚流入和流出。根据动态个体的群簇效应，可以进一步观察创意产业园在时间截面上的空间集聚与扩散效应，点击图中空间集聚演示区域，在雷达图里会展示区域的功能属性，同时在列表中显示此区域关键 POI 的详细信息，输出的图像视觉效果如图6-16、图 6-17、图 6-18 所示。

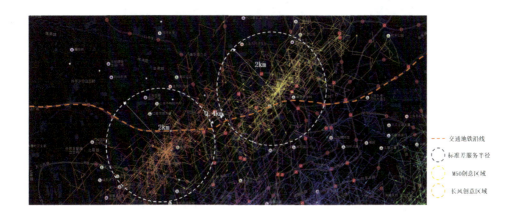

图 6-16　E-CHARTS 效果图集聚过程界面动态结果——上海普陀区

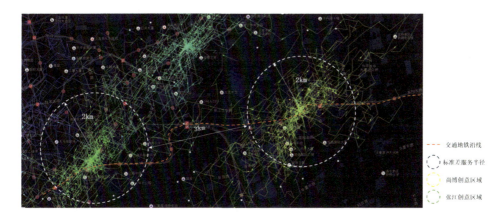

图 6-17　E-CHARTS 效果图集聚过程界面动态结果——上海浦东新区

图 6-18　E-CHARTS 效果图集聚过程界面动态结果——上海徐家汇区

　　实验结果表明，经动态视频输出处理得到动态测试聚类的结果，可以清晰地看出上海普陀、浦东新区、徐汇地区创意空间动态聚类的空间结构整体状况的分布趋势，故可以分为以下三种类型：从总体行政区域集聚到中微区域的集聚检测发现，对图 6-17 的热点集聚性进行点击操作，得出空间集聚的热点恰好位于普陀区的热点服务 2 千米半径之外，且该区域的动态集聚较为集中，负荷较高，应对此区扩大建设规模或进行流量疏解，故称为"集聚纾解型"。对图 6-18 的空间布局得知浦东新区在热点 3 千米半径的服务区内有连续 5 处动态集聚热点呈现均布情况，所以较符合城市区域创意产业区位划分，且通过区域定时监控视图可以证实这种推测，故称为"集聚均布型"。对图 6-19 的空间布局观测徐汇区的动态集聚热点分布情况，有 2 处创意园区正处于相互融合的空间态势，需考虑暂不干预城市创意热点自组织的情况下对周边 2 处创意区域实施分摊虹吸策略，缓解此热点的超高负荷流量压力，故称为"集聚吸纳型"。由此可见，该模型的预测训练能力和可视化基本达到了预期效果。呈现的效果与现实区域中的创意产业区位基本吻合对应，也体现了该技术在实际应用层面有广泛的可操作性、预测度及应用价值。其城市创意产业空间集聚复杂网络评价指数值如表 6-2 所示。

　　经表 6-2 统计得出各区域的集聚服务半径长度均在 2~4 千米，基本在个体对于产业区域的生产生活范围内；根据空间集聚网络评价指数来看，形成的空间集聚复杂网络非直线系数为 1.63，表示个体均可以利用便捷的城市交通；复杂网络路径连接度为 5.01，构成了创意产业空间系统的快速互联体系。考虑到城市快速发展的空间融合趋势，研究预测上海市创意空间集聚的互联体系能够在 0.5 小时内实现是可行的，有利于城市创意空间与城市商务、生活、居住区域的深层次结合。

表6-2　城市创意产业空间集聚复杂网络评价指数数值

指标	说明	公式	编号	参数	计算值
城市区域动态集聚连接度	评估创意产业空间集聚成熟度，路径连接度越高，网络越成熟	$J = \dfrac{2M_i}{N}$	(6-1)	N 为区域地理网络中的节点数量，M_i 为第 i 节点邻接的边数，J 为网络总边数	5.01
城市区域动态集聚非直线系数	两点间地理空间距离与其直线距离的比值，越接近1连接越便捷	$R = \dfrac{\displaystyle\sum_{i=1}^{N}\sum_{j=1}^{N} L_{ij}}{\displaystyle\sum_{i=1}^{N}\sum_{j=1}^{N} S_{ij}}$	(6-2)	L_{ij} 表示节点 i 到节点 j 的地理路径实际长度，S_{ij} 表示节点 i 和 j 间直线距离	1.63

资料来源：根据徐晨晨等《基于改进 POI 算法的无人机低空公共航路构建方法》整理得出。

第五节　本章小结

一、研究结论

本章以创意产业区空间集聚的图像应用研究作为切入点，结合创意产业区的空间结构关系以及 DBISCP 的求解模型，经过计算机 JavaScript 编程交互、CAN-VAS 效果表达、ARCGIS 三维地图加载进行权重信息的赋值，进一步完善了效果。最后把后台程序移植到前台进行 E-CHARTS 大数据可视化呈现，也检验了该算法的实际应用价值。实验结果表明，DBISCP 算法与 E-CHARTS 图像软件动态界面的结合，提高了图像效率，体现了对上海区域创意产业空间集聚的区域发展和管理控制。研究结论归纳如下：

（1）上海区域在创意产业布局方面存在显著的地域分异特征。创意产业空间集聚多数呈现出空间正相关性，个别区域呈现出负相关性。城市空间自东向西呈现"强—较弱—强"的基本格局。自南向北呈现"弱—强—较强"的情况。根据训练可知，在满意解的训练范围内，普陀区、浦东新区、徐汇区的空间集聚显著，而闵行区、虹口区的空间集聚度相对不明显。城市区域层面中呈现出分异并存的空间格局，表明传统的区位地理优势并非空间集聚的必要载体，部分原因可能在于区域职能的影响及驱动属性的差异所致。

（2）上海区域的创意产业的空间集聚具有不同的聚类特征，且沿交通干线呈现典型蔓延交互形态。以浦东新区举例，尚博片区空间集聚的特征以金融及服务产业资源为主，而张江片区则形成了独特的科研文化产业资源，二者均沿 2号、7 号地铁沿世纪大道枢纽延伸。较强的交通依附性和延伸性形成机理说明，区域经济与创意产业聚类的耦合化较高，非交通枢纽与空间集聚的耦合并不明显。

（3）上海区域内创意产业空间发展往往不均衡，其空间集聚强度和空间特征尺度差异明显。根据上文得出的三种动态可视集聚类型表明，只有浦东新区的空间集聚呈现均匀分布，普陀、徐汇地区的创意产业空间集聚在相应 3 千米中观尺度服务半径的发展要么过大，要么缺失。除城市规划与区块功能的硬性指标外，暗示物性空间集聚度与人性舒适度存在一定的因果关系和集聚响应。

虽然最近研究也有基于空间热点区域各类型移动模式的可视化分析方法，例如，从人群移动关联、冷热区域熵值分布、空间拓扑结构集聚的角度来描绘区域动态聚类的生成情况，并取得了相应的成果和发现。但以上研究对创意产业空间集聚过程的移动规律挖掘有限。因此，与现有同类计算方法的研究成果对比，本书的测量条件和获取的数据视角独特，测算的尺度结果较为精确，清晰地表明了不同颜色的编码路线在功能区域中的分布和差异性，同时避免了认知负担。产生的图像信息能反映出上海三大行政区划的集聚结构模式和个体线性轨迹动态特征。由此表明，本书提出的方法产生的矢量集聚图像可以发掘未来城市大数据智能动态活动的聚集特征，也能有效地解决诸如商业集聚图示测量、社区流量图像调查等实际城市问题，为城市地理的大尺度空间动态集聚监管提供相关技术支撑和研究手段。

二、政策建议

上海市区域创意产业空间集聚演变特征表明需要充分利用现有空间资源形成合理的产业空间布局，以及重塑城市空间解决文化创意产业可持续发展问题。

（1）基于区域的职能及发展属性不同，针对文化创意产业的空间相关作用强弱，行政区划应根据指标进行区域选择，设置准入与征信机制，不应在各个区域都进行文化创意的相关投入与建设。在一定服务半径的城区空间内避免低质量重复建设与资源浪费。

（2）根据文化创意产业空间集聚与城市交通基建的密切关联，应加强对交通路线及城市交通枢纽的高质量深化建设，对涉及文创服务区划而交通流量较大产业区域进行专控与防控。加强金融、咨询、物流、设计、财务和调研等软环境及配套建设，为个体聚类活动提供良好的条件和空间。

（3）针对区域内创意产业空间发展不均衡现象，应及时采取不同的城市管控策略：对"集聚纾解型"应采取疏解策略；对"集聚均布型"应加强指标偏好的稳态策略；对"集聚吸纳型"应采取虹吸策略等。

三、不足之处

本书综合研究了深度学习和数据编程的可视应用，这是对城市创意产业空间复杂系统模型的有益尝试。此应用研究目前国内很少，实验中采用的 E-CHARTS 技术在国内还处于孵化期，没有经验可以借鉴，新一代互联网核心语言 HTML 5 的普及度不足。今后可尝试通过结合 GPU 并行计算来减少计算耗时，提升图像技术的整体性能。值得注意的是，伴随着近几年城市创意经济地理的快速发展，基于人工智能系统 TensorFlow 的深度学习框架可以快速搭建出深度可分离卷积神经网络，极大地推动在图像识别与大数据动态可视领域的科技进展。使其选择的最优路径和热点区域精准性能逐步提高。

第七章　研究结论与展望

第一节　研究结论

本书在理论分析创意产业空间集聚度对影响因素的作用机制基础上，从根据查阅资料和访谈调研入手，先利用扎根理论和耦合关系构建创意产业区空间集聚度与驱动效应的初级多因素理论模型，通过多元回归证明了该模型的有效性。再以 BP-GA 评价逻辑视角深入研究城市创意产业区空间集聚度及驱动作用机制，最后用 DBISCP 进行算法求解及可视化应用。本书将空间集聚度—影响因素—驱动效应引入关系评价模型的研究，创新性地提出了创意产业空间偏移—集聚模型和大数据动态可视化模型两种应用类型，弥补了以往研究的不足。

本书分析了创意产业空间集聚对影响因素的作用机制，证明了创意产业空间集聚与影响因素之间存在显著的多因素耦合相关性，通过构建城市创意产业区两阶段 BP-GA 神经指标评价模型，权衡模型对空间布局的作用机制及内外驱动的效率边界，使误差平方和达到最优，得出 BP-GA 方法在有效区域范围内空间集聚度对影响因素的非线性影响，然后以 JAVASCRIPT 编程，以 DBISCP 算法为导向，在创意产业空间集聚模型构建下通过权值及数据计算训练，提出大数据动态可视化模型。演绎城市区域内个体在空间下的偏移模式和热点生成，最终形成创意产业区域空间的集聚预测，用来应对今后都市创意产业区的可能集聚的区位及产生的形态策略，体现了城市创意产业价值—空间价值—组织价值—设计价值四位一体的创新发展路径。从而对社会区域发展、产业结构、资源偏好、市场定位等产生一系列的积极推动作用。

本书对城市创意产业区空间集聚定义进行了定义。首先，创意产业区空间集聚是一种组织驱动集合形式，也是一种物理空间的动态表征，又是一种区域发展的热点现象。其次，创意产业区空间集聚下各组织的关系行为基础是专业化创意分工，不断深化的各种内外部环境条件是产业空间集聚存在和发展的现象基础。再次，创意产业区空间集聚是包含了某创意产业从投入到产出以至流通的各种相关行为主体的空间指标组织边界，弥合了驱动效应和影响因素之间的效率空隙。最后，创意产业区集聚度是驱动效应下影响因素的空间投影。

结论一：研究提出了城市创意产业区的空间集聚度、影响因素、驱动系统的相关性，形成结构方程，提出了初级多因素理论模型。

（1）在城市区域范围内，空间的影响因素带来了集聚效应，而集聚效应反过来又优化了影响因素的功效，这种数学关系是动态螺旋上升的，在空间经济学和区域发展论中依然适用。

（2）城市创意产业的影响因素的构成要素与空间偏移—集聚运动过程呈现正相关，整个集聚周期则呈复杂系统开放性、适应性、平衡性等复合时空特性。

（3）城市创意产业的影响因素在空间集聚的演化过程中基本遵循形成发展规律。根据影响因素的权值大小发现，空间集聚的形成阶段受园区投资额和区域企业组织作用明显，空间集聚的发展演化阶段受租金、消费、产值等作用明显，且空间集聚演化过程受外力的他组织影响要大于自身内生性的自组织影响，本书称为"区域主导影响因素"。

（4）驱动效应赋予创意产业空间集聚区持续的创新活力，最终在一定区域范围内形成空间集聚区价值溢出优势，这种创新驱动溢出反过来又会促进创意产业空间格局的进一步优化。

结论二：对理论模型进行完善，建立了创意产业区空间集聚及驱动效应的多因素耦合的正向关系，对两者间的互动作用机理进行了实证研究。

（1）根据广义的驱动效应下影响因素作用机制，得到创意产业区空间影响因素的五大类别：地区发展、园区建设、相关产业、市场需求、政府支持。

（2）驱动效应的内生性驱动和外延性驱动两大创新驱动系统共同交互作用，驱动的内部效应对影响因素产生了组织催生的内生性影响，驱动的外部效应则对影响因素产生了政策及市场创新的外延性影响。其中政策性外驱的影响能效渐呈引擎态势。

结论三：对理论模型进行求解，深入分析了空间集聚对驱动效应的互动影响因素，建立了DBISCP算法。

（1）通过BP神经指标数学表达式构建影响因素机制→复杂化空间集聚指标→空间集聚生成；这是典型的创意产业区空间集聚的路径依赖模式，解释了城市创意产业区空间影响因素作用下的集聚表征演化律。

（2）通过DBISCP遗传算法构建影响因素机制→复杂化空间集聚指标→空间

驱动创新效应。证明了城市创意产业空间的组织驱动效应与空间集聚度有间接关联。

此关系进一步说明城市创意产业区的空间集聚度是两者相互作用的驱动结果。从创新驱动的角度上看，空间复杂系统外部效应是基于催化创意产业空间集聚的中观层面的市场条件、政府环境、技术实力对其组织的驱动影响。同理，城市区域的经济发展平台使空间发展的各要素能够在创意产业 R 域中以自由偏移的方式进行递进性转变，从而为组织驱动衍生提供了广阔的外部需求。内部驱动代表的空间秩序优化也非常显著：结构升级、战略识别、营运控制使城市创意产业空间进行自组织的新陈代谢。这遵循了上海城市创意产业区空间组织性和高能人才的多样性的现状。

结论四：对理论模型进行应用，实现了 JAVASCRIPT 程序下城市创意产业区域空间集聚效果的动态图像，提出了空间管控策略。

（1）依据 JAVASCRIPT 编程和 POI 算法流程修正了创意产业区空间集聚度的程序体系，在进行程序编码的同时对影响因素与组织驱动的作用机理进行权重信息的赋值，进一步完善了空间偏移模型。

（2）利用后台程序移植到前台进行 E-CHARTS 大数据可视化动态呈现，也检验了评价模型的实际应用价值。此方法可以求解城市创意产业空间集聚的遴选及创意空间多元拓展预测。

第二节　研究展望

基于本书结论，主要有以下贡献：

（1）揭示了理论模型中空间集聚度与组织驱动之间呈显著的耦合相关，提出了城市创意产业区空间集聚的多因素理论模型。

（2）基于创意产业区空间集聚与影响因素的相关关系进行实证检测，并得到了城市创意产业空间集聚度—影响因素—驱动效应之间呈现显著的关联特征，完善了理论模型。

（3）创建 DBISCP 空间动态聚类的算法，利用 ARCGIS 制图和 CANVAS 计算等技术构建了空间集聚环境数据可视系统，根据采用改进的算法应用了空间集聚的理论模型，并通过空间集聚发展的若干路径得出输出创意空间集聚的分布模式。形成了空间介质的计算机动态图形的聚类图像。其研究方法优势如下：

1）针对指标选取和算法建立，采用 POI 聚类算法表现城市创意产业区域热点，并与上海城市创意产业区域地标进行较好的对应。证实了算法的实用有效，有一定的预测价值和探索价值。

2）选择多种具有高质的视图浏览器应用于动态图像聚类展示，充分结合了软件的图像显示优势，使 E-THARTS 的可视性、输出效率、准确度更加直观高效。

根据上述研究优势，本书得出的结论符合实际检测的创意产业区的发展态势，从而形成了城市创意产业区空间集聚与影响因素及组织驱动创新路径（见图7-1）。

（1）创意产业区空间创新路径的形成。持续加大创意产业投资力度，提高企业组织程度，强化供应商的渠道效度。在党和国家政策创新方面，激活创意产业区的空间集聚效应，承接党的十九大在城市创意产业空间的延续作用和深化改革。在城市发展创新方面，空间的影响因素带来了集聚效应，而集聚效应反过来又促进了影响因素中地区经济的增长及文化实力的优化生成。在政府扶持创新方面，各地政府应为创意企业增加广泛的外部机遇，增强内部驱动机制、扶持创意成果孵化、减免税收、减轻租金压力、赋予创意产业空间集聚区持续的创新活力，进而提升城市创意产业区空间集聚程度。

（2）创意产业区空间创新路径的发展。增强创意产业区对人才的本底创新吸引力，加快创意产业的孵化、产业进步、产业升级、利用相关业态营造创意氛围对企业组织的高能人才合理引进，促进企业组织以更低的成本获得更高的创新收益。从创新驱动的视角看，通过外部市场机制组织各种形式的有关人才培训、交流互动、创意联合等创意活动，营造开放包容的空间集聚氛围，为高能人才积极创造交流协作、互惠共生的产业空间集聚环境，助推区域创意生产力的发展。

（3）创意产业区空间创新路径的提升。增加创意产业区教育投资及创新培训相关体系的建立，对创意园区在一定空间范围内形成创意知识的"协同特征"和"虹吸效应"。随着产业区空间集聚水平的提高，创意产业区对教育及培训的力度应进行提升强化。基于指标平台的教育输出发展，形成知识结构指标化的"新型教育及培训创新模式"。创意产业区要把教育创新作为集聚发展的驱动引擎，紧紧把握整体培训战略布局，创意产业的空间集聚度与教育培训影响着创新知识资源的共享与流动，进一步带动创意服务、研发设计、技术咨询等高附加值、高技术含量的创意要素的创新升级。

（4）创意产业区空间创新路径的变迁。从创意产业区的大数据空间技术层面，将运用计算机模拟、大数据可视、可持续生态进行空间集聚的智能研究。2018年宏观政策及国家战略部署，承接党的十九大经济发展重点将转向城市区

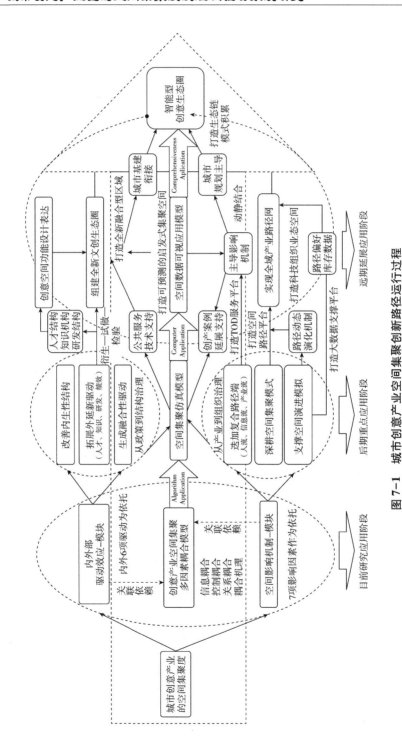

图 7-1 城市创意产业空间集聚创新路径运行过程

域层面，预示着创意产业空间集聚和组织驱动效应的"生态延续"和"智能深化"技术性变局将会继续。通过多学科融合的视角，采用机器学习及深度算法的计算机技术，深耕研究城市创意产业区的空间动态演化机制与规划方法的相互作用，是未来探索城市创意产业区空间演进发展的必经之路。

大数据应用模型有广泛的可操作性及可信度，对创意产业空间集聚度的可视化基本达到了预期效果，后续可以推广至房地产战略拿地、商业市场集聚测量、社区商业流量调查、智慧零售的供应链集聚等领域。

创意产业区空间创新路径动力系统模型形成。技术变迁路径的 SD 动态模拟构建分为三步。

第一步，绘制因果关系图，根据前几章的研究内容，构建创意产业空间集聚的驱动效应的创新路径，基于从理论模型到算法的图像结合，确定技术变迁路径的三大组成要素，明确创新路径过程中各阶段因果反馈环的关系，根据因果关系图绘制创新路径运行过程图。

第二步，建立系统动力 SD 模型。根据变量性质，描述创新路径的变量和参数，建立数学方程式，绘制系统流程图。

第三步，策略模拟。运用 Vensim 软件，对创新路径关键路径进行动态模拟分析。并分析改善途径，提出创新建议（此步骤在后续的科研中体现）。

结合创意产业空间集聚的技术变迁实施路径，使用德尔菲法对影响企业技术变迁过程的关键因素及运行机理进行分析，绘制运行过程图，以显示各子系统的运行循环逻辑，从第三章扎根理论的信度效度检验可知，KMO 值在可接受范围内，Bartlett 卡方值显著，无论是驱动系统还是影响因素的相关指标均有效，结合空间集聚的各阶段模型，使驱动效应的路径创新始终贯穿于四个子系统过程，本书不单独列出该驱动效应的指标因素，将该过程归入组织驱动结构子系统中。

应用 Vensim 软件绘制因果关系路径，主要存在四条路径：

（1）驱动效应系统—扎根体系—改善内部驱动—拓展外部驱动—创意空间集聚设计—智能型创意生态圈（Intelligent Creative Ecosphere，ICE）的建立—驱动效应优化。

（2）空间模型系统—扎根体系—耦合体系—技术支持—案例拓展—ICE—集聚优化。

（3）模型系统—集聚 DBISCP 主导—生态链体系—基建衔接—ICE—图像模型系统—数据支撑—优化。

（4）影响因素系统—扎根体系—空间模拟—集聚模式—数据支撑—全域路径网—ICE—影响因素优化。由此得出了创新路径变迁过程 SD 系统流图，如图7-2 所示。

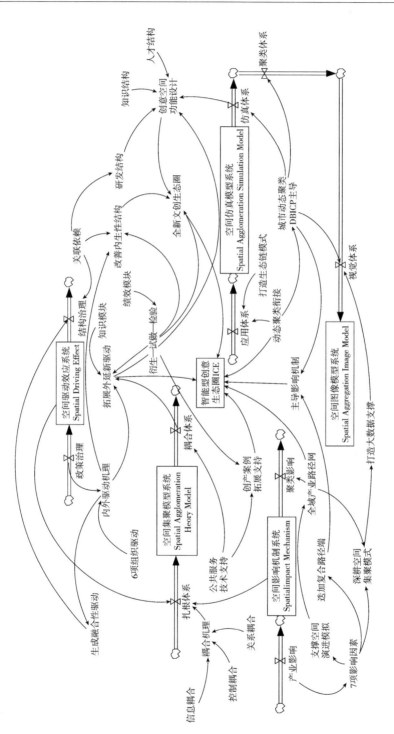

图 7-2 城市创意产业空间集聚创新路径的系统动力学模型 SD 构造流

关于城市创意产业空间集聚及其演变的研究表明，随着当今社会经济发展水平的不断提高，城市创意产业区的空间组织形式从低级向高级逐步嬗变，也伴随着城市创意产业区域空间集聚发展格局由低水平偏移型到高水平均衡型、指标型的演变更替规律，直到未来的智能化空间格局演进。城市创意产业空间集聚创新路径可以发掘未来城市大数据智能动态活动的聚集特征，为城市地理的大尺度空间动态集聚监管提供相关技术支撑和研究手段。

参考文献

［1］ Armbruster H, Bikfalvi A, Kinkel. The challenge of measuring non-technical innovation in large ［J］. Technova-tion, 2008, 28 （10）: 644-657.

［2］ Armstrong H, Taylor. 区域经济学与区域政策 ［M］. 上海: 上海人民出版社, 2007: 62-63.

［3］ Asheim B. Guest editorial: Introduction to the creative class in European city regions ［J］. Economic Geography, 2009, 85 （4）: 355-362.

［4］ Baldwin, Clark. Ultra-hot Mesoproterozoic evolution of intracontinental central Australia ［J］. Geoscience Frontiers, 2015, 35 （1）: 49-53.

［5］ Bamey J B. Firm resources and sustained competitive advantage ［J］. Journal of Management, 2009, 23 （3）: 24-46.

［6］ Barringer B R, Harrison J S. Walking a tightrope: Creating value through interorganizational relationship ［J］. Journal of Management, 2000, 26 （3）: 367-403.

［7］ Baumont, C, J. Le Gallo. Spatial analysis of employment and population density: The case of the agglomeration of dijon ［J］. Geographical Analysis, 2014, 36 （2）: 146-176.

［8］ Beekun, I, W Glick. Product innovation and competitive advantage in an area of industrial decline ［J］. Journal of Sound and Vibration, 2013, 32 （5）: 20-28.

［9］ Begelman G, Keller P, Smadja F. Automated tag clustering: Improving search and exploration in the tag space ［J］ Proceedings of the Collaborative Web Tagging Workshop, 2006, 8 （12）: 15-33.

［10］ Benassi M. Investigating modular organizations ［J］. Journal of Management & Governance, 2009, 13 （3）: 163-192.

［11］ Bhardwaj V, Fairhurst A. Fast fashion: Response to changes in the fashion industry［J］. The International Review of Retail, Distribution and Consumer Research, 2010, 20（1）: 165-173.

［12］ Brecknock R. Creative capital: Creative industries in the creative city ［J］. Retrieved March, 2004, 32（1）: 16-25.

［13］ Cao G H, Jiao Y. Y, Cheng Q. Research on tag cluster based on hierarchical agglomerative clustering algorithm ［J］. New Technology of Library and Information Service, 2008, 24（4）: 23-28.

［14］ Capello R. Spatial and sectorial characteristics of relational capital in innovation activity ［J］. European Planning Studies, 2012（12）: 51-53.

［15］ Caves R. Creative industries: Contracts between art and commerce ［M］. Cambridge, Mass: Harvard University Press, 2000: 1-20.

［16］ Ceyhun Y. A case study: Exergoeconomic analysis and genetic algorithm optimization of performance of a hydrogen liquefaction cycle assisted by geothermal absorption precooling cycle ［J］. Renewable Energy, 2018, 33（10）: 128-134.

［17］ Choi J. Creative industries and global co-development: Lessons from the first successful case in Korean online games ［J］. Creative Industries Journal, 2010, 31（2）: 125-136.

［18］ Chuluunbaatare Ottavi A, Luhdb, et al. The role of cluster and social capital in cultural and creative industries development ［J］. Procedia - Social and Behavioral Sciences, 2014, 109（8）: 552-557.

［19］ Cohen J, Paul. Agglomeration economies and industry location decisions: The impacts of spatial and industrial spillovers ［J］. Regional Science & Urban Economics, 2015, 45（3）: 75-79.

［20］ Craig C S. Creating cultural products: City, context and technology City ［J］ Culture and Society, 2013, 4（4）: 195-202.

［21］ Damanpour F. Walker, R M. Combinative effects of innovation types and organizational per-formance: A longitudinal study of service organizations ［J］. Journal of Management Studies, 2009, 46（4）: 650-670.

［22］ Dwi Suhartanto, Anthony B. Examining attraction loyalty formation in creative tourism ［J］. International Journal of Quality and Service Sciences, 2018, 10（2）: 198-205.

［23］ E. L. 格莱. 城市与区域增长的新经济学［J］. 北京: 商务印书馆, 2005: 154-163.

［24］ Francois P. A new concept of development: Basic tenets ［M］ London :

Croom Helm, 2010.

[25] Gemmell J, Shepitsen A, Mobasher B, et al. Personalizing navigation in folksonomies using hierarchical tag clustering [J]. Proceedings of the 10th International Conference on Data Warehousing and Knowledge Discovery, Springer, 2008, 83 (9): 196-205.

[26] Goran Pavić, Liangfen Du. Coupling of sound spaces by plane surface harmonics and its application to sound source characterization [J]. Journal of Sound and Vibration, 2018, 32 (10): 65-73.

[27] Havisto V. Towards a creative society: Embracing the diversity of creativity [J]. The Finnish Economy and Society, 2008, 25 (3): 79-85.

[28] Heng J. The "Entrepreneurial state" in "Creative industry cluster" development in Shanghai [J]. Journal of Urban Affairs, 2010, 32 (2): 143-170.

[29] Henriques E B, Thiel J. The cultural economy of cities [J]. European Urban and Regional Studies, 2000, 7 (3): 253.

[30] Hesmondhalgh D, Pratt A C. Cultural industries and cultural policy [J]. International journal of cultural policy, 2005, 11 (1): 1-13.

[31] Heur B. The Clustering of creative networks [J]. Urban Studies, 2009, 46 (8): 1531-1552.

[32] Hui L, Hui S, Chen, X Y. Design and construction application of concrete canvas for slope protection [J]. Powder Technology, 2018, 18 (2): 24-33.

[33] Isserman A M. The location quotient approach to estimating regional economic impacts [J]. Journal of the American Institute of Planners, 2007, 43 (1): 33-41.

[34] Jacobs D'Ard-Pietor DeMan. Clusters, industrialpolicy and firm strategy: Amenuapproach Technology [J]. Analysis and Strategic Management, 1999, 23 (10): 30-33.

[35] Jesper C. Sort, Christian Nielsen. Using the business model canvas to improve investment processes [J]. Journal of Research in Marketing and Entrepreneurship, 2018, 20 (1): 45-57.

[36] John Howkins. The creative economy: How people make money from ideas. London [J]. Journal of Cultural Heritage, 2011, 41 (8): 64-78.

[37] Jordi McKenzie. Australian films at the Australian box office: Performance, distribution, and subsidies [J]. Journal of Cultural Economics, 2013, 37 (2): 247-269.

［38］ J. Barrington, M. Partridge, S. James, R. Tatam. The effect of UV irradiation duty cycle on the and harmonic coupling efficiency in optical fiber long period gratings ［J］. Optics and Laser Technology, 2019, 29（8）: 109-111.

［39］ Kathand P, Wilson, D T. The future of Competition-Value-Creating networks ［J］. Industrial Marketing Management, 2001（30）: 379-389.

［40］ Krugman P. Geography and Trade ［M］. MIT Press, 1999: 390-398.

［41］ Krugman P, and A. J. Venables. The seamless world: A spatial model of international Specialization ［R］. NBER Working Paper, 2003: 340-342.

［42］ Krzysztof Kolman, Marta Oriola, Michael Persson, Krister Holmberg, Romain Bordes. Accelerated ageing of cotton canvas as a model for further consolidation practices ［J］. Journal of Cultural Heritage, 2017, 23（2）: 132-138.

［43］ Landry C. The creative city: A toolkit for urban innovators ［M］. Cambridge: Harvard University Publishing, 2008: 25-28.

［44］ liant M. Fujita M. DynaIIIicg of knewledge creation and trand: The two person cao ［J］. Institute of Economic Research, Kyote University, 2006, 26（9）: 50-53.

［45］ Liliana Rivera. Logistics agglomeration in the US ［J］. Transportation Research Part A, 2014, 59（11）: 222-238.

［46］ Miller M M, Gibson L J, Wright N G. Location quotient: A basic tool for economic development analysis ［J］. Economic Development Review, 1991, 9（2）: 65-68.

［47］ Mytelka L. Innovation systems and sustained competitiveness ［J］. Discussion Papers from United Nations University, Institute for New Technologies, 2019 25（3）: 221-226.

［48］ Ortega M J. Competitive strategies and performance ［J］. Journal of Business Research, 2010, 63（12）: 1273-1281.

［49］ Paterlini S, Krink T. Differential evolution and particle swarm optimisation in partitional clustering ［J］. Computational Statistics & Data Analysis, 2006, 50（5）: 1220-1247.

［50］ Polenske K R. Clustering in space versus dispersing space ［M］. Optics and Technology, 2006, 5（1）: 35-54.

［51］ Porter M E. Competition ［M］. Harvard Business School Press, 1998: 239-333.

［52］ Potts J, Cunningham S. Four models of the creative industries ［J］. International Journal of Cultural Policy, 2008, 14 (3): 233-247.

[53] Potts, J. Art and innovation: An evolutionary economic view of the creative industry [J]. UNESCO Observatory E-Journal Multi-DisPOIlinary Research in the Arts, 2007, 13 (1): 1-18.

[54] Rachelle Bosua, Nina. Evans Social networks and absorptive capacity [J]. World Academy of Science, Engineering and Technology, 2014, 40 (10): 1113-1116.

[55] Robert W Preer. The Emergence of Technopolis Praeger pubishiers, all imprint of Greenwood publishing Group [J]. Analysis and Strategic Management, 2016, 32 (50): 20-25.

[56] Rubio-Largo Á, Vega-Rodriguez M A, Gomez-Pulido J A, et al. A Comparative study on multiobjective swarm intelligence for the routing and wavelength assignment problem [J]. IEEE Transactions on Systems, Man, and Cybernetics, 2012, 42 (6): 1644-1655.

[57] Scott A J. The cultural economy of cities: Essays on the geography of image-producing industries [M]. London: Sage Publications, 2000: 204-206.

[58] Sen A. The US fashion industry: A supply chain review [J]. International Journal of Production Economics, 2008, 114 (2): 571-593.

[59] Tan X Y. Research of extraction/selection techniques and application based on hyperspectral.image [D]. Harbin: Harbin Institute of Technology, 2006, 42 (4): 180-185.

[60] Wang Z P., Xie and J Chen, Factor analysis and rositive research for development of creative industry in city [J]. China Industrial Economy, 2007, 80 (5): 49-57.

[61] Wang C Y. Study on tag clustering analysis [J]. New Technology of Library and Information Service, 2008, 32 (5): 67-71.

[62] Wuyou S, Siobhan T. Smith, M J. Harry Prapavessis. The effects of sedentary behaviour interventions on work-related productivity and performance outcomes in real and simulated office work: A systematic review [J]. Applied Ergonomics, 2019, 21 (9): 75-77.

[63] Youmin Xi, Xiaojun Zhang. Mastering Chinese business model by conducting indigenous management research [J]. Chinese Management Studies, 2013, 17 (3) 35-45.

[64] Yusuf S, Nabeshima K. Creative Industries in East Asia [J]. Cities,

2005, 22 (2)：109-122.

［65］Yusuke Idea, Hirofumi Izuharab, Takuya Machidac. Turing instability in reaction-diffusion models on complex networks ［J］. Physica A：Statistical Mechanics and its Applications, 2016, 31 (6)：12-18.

［66］Zhang Ronglei. The research on image recognition algorithm based on convolutional neural networks ［D］. Shandong University of Technology, 2017：120-130.

［67］曹祎遐. 创意经济与传统产业链结合效应的研究 ［J］. 哈尔滨师范大学社会科学学报, 2012, 42 (2)：54-58.

［68］陈慧慧. 地方政府对文化创意产业融资的扶持政策研究 ［D］. 上海：东华大学, 2014：28-33.

［69］陈建军, 葛宝琴. 文化创意产业的集聚效应及影响因素分析 ［J］. 当代经济管理, 2008, 30 (9)：71-75.

［70］陈丽卿. 基于canvas绘图的网页信息防采集技术研究 ［J］. 网络安全技术与应用, 2018, 55 (9)：32-33.

［71］陈前. 文化创意类专业人才培养模式研究 ［J］. 长春师范大学学报, 2016, 35 (1)：164-166.

［72］陈伟. 新时代中国推进生态文明建设的战略选择 ［J］. 中国软科学, 2019, 34 (3)：6-12.

［73］陈向东. 指标化在制造企业知识管理战略设计中的应用——我国航空企业国际转包生产的指标化战略分析 ［J］. 中国工业经济, 2004, 30 (2)：36-42.

［74］陈向明. 扎根理论的思路和方法 ［J］. 教育研究与实验, 1999, 21 (4)：58-63.

［75］陈颖等. 浙江省创意指数及指标体系研究 ［J］. 科技进步与对策, 2010, 42 (1)：116-119.

［76］程立茹, 周煊. 企业空间指标文献综述及未来研究方向展望 ［J］. 北京工商大学学报（社会科学版）, 2011, 43 (6)：65-70.

［77］褚劲风. 上海创意产业集聚空间组织研究 ［D］. 上海：华东师范大学, 2008：34-37.

［78］褚劲风. 上海创意产业空间集聚的影响因素分析 ［J］. 中国人口·资源与环境, 2009, 19 (2)：170-174.

［79］褚劲风. 上海创意产业空间集聚空间组织研究 ［M］. 上海：华东师范大学出版社, 2008：12-13.

［80］褚岚翔, 黄丽. 我国文化创意产业区的时空分布——基于探索性空间

数据分析［J］. 文化产业，2018，43（6）：135-136.

　　［81］戴魁早. 技术市场发展对出口技术复杂度的影响及其作用机制［J］. 中国工业经济，2018，38（7）：117-135.

　　［82］党兴华，张首魁. 指标化技术创新指标结点间耦合关系研究［J］. 中国工业经济，2005，62（12）：85-91.

　　［83］邓孟仁，郭昊栩，周伟强. Space Syntax 与 Arc GIS 集成技术下的商业体内行人轨迹预测［J］. 华南理工大学学报（自然科学版），2017，45（8）：139-145.

　　［84］丁立义. 基于共生理论的创意产业园区模式创新研究［D］. 武汉：武汉理工大学，2013：141-151.

　　［85］董秋霞，高长春. 我国创意产业园区竞争力评价指标体系研究与实证分析——以上海市创意产业园区为例［J］. 哈尔滨工业大学学报（社会科学版），2010，32（2）：65-71.

　　［86］范剑勇. 产业集聚与地区间劳动生产率差异［J］. 经济研究，2018，11（28）：28-48.

　　［87］封志明，唐焰，杨艳昭，张丹. 中国地形起伏度及其与人口分布的相关性［J］. 地理学报，2007，43（10）：129-136.

　　［88］冯根尧. 我国文化产业园区竞争力评价与省际差异研究——基于 31 个省市的实证分析［J］. 中国科技论坛，2014，40（1）：69-75.

　　［89］高长春，江瑶. 产业空间集聚、历史文化资源禀赋与文化产业发展——基于中国文化产业数据的实证分析［J］. 管理现代化，2015，35（4）：16-18.

　　［90］高长春. 创意经济新思维［M］. 北京：经济管理出版社，2011：20-35.

　　［91］高长春. 中国创意产业空间集聚与企业绩效的实证分析［J］. 研究与发展管理，2018，34（2）：62-63.

　　［92］葛东霞，高长春. 创意产业集群价值网络指标化研究［J］. 海南大学学报（人文社会科学版），2017，35（6）：54-61.

　　［93］葛东霞. 创意产业空间集聚指标化作用机理及竞争力评价研究［D］. 上海：东华大学，2017：4-5.

　　［94］葛履龙，董欣. 基于 ArcGIS 和 Excel 制作"地理重心"图——以中国人口重心图为例［J］. 地理教学，2018，56（4）：56-59.

　　［95］苟昂，廖飞. 基于组织指标化的价值研究［J］. 中国工业经济，2005，20（7）：23-35.

［96］关守义．克龙巴赫 α 系数研究述评［J］．心理科学，2009，29（3）：685-687.

［97］郭永等．我国创意指数理论模型与测度指标体系研究［J］．科技进步与对策，2009，34（10）：119-124.

［98］郭玉霞．质性研究资料分析［M］．台北：高等教育文化事业有限公司，2009：37-46.

［99］韩顺法，纪小美，陶卓民．创意城市发展模式类型的适应性评价［J］．地理科学，2018，38（9）：145-146.

［100］洪敏，吴红亚，杨保华．基于 HTML 的 E-CHARTS 的动态数据显示前端设计［J］．计算机学报，2018，44（8）：27-28.

［101］胡彬．创意产业价值创造的内在机理与政策导向［J］．中国工业经济，2007（5）：22-29.

［102］胡海涛．基于相位差协调机制的区域交通信号优化控制［D］．南京：南京邮电大学，2018：39-49.

［103］户佐安，蒲政，包天雯，李博威．基于 TOPSIS 法和灰色理论的交通信息网络布局优选［J］．交通运输工程与信息学报，2018，16（3）：38-45.

［104］黄少荣．群智能算法的混合策略研究［J］．长江大学学报（自然科学版），2011，8（12）：76-78.

［105］黄滢，陈堂发．城市文化经济学视域下的中国传媒产业空间集聚发展研究［J］．新闻与传播研究，2018，25（8）：98-108.

［106］冀潇，李杨．采用 E-CHARTS 可视化技术实现的数据体系监控系统［J］．计算机系统应用，2017，26（6）：72-76.

［107］姜玲，王丽龄．文化创意产业空间集聚效益分析——以北京市文化创意产业发展为例［J］．中国软科学，2016，40（4）：176-183.

［108］蒋三庚，王莉娜．北京市文化创意产业空间集聚效应研究［J］．经济研究参考，2017，34（5）：62-71.

［109］靳泽凡．京津冀经济增长与空气质量的关联性研究［D］．天津：天津理工大学，2019：49-54.

［110］静安区发改委，区物价局，区统计局．2016 年上海静安区国民经济和社会发展统计公报［R］．2017.

［111］郎嵬，克里斯托弗·约翰·韦伯斯特．紧凑下的活力城市：凯文·林奇的城市形态理论在香港的解读［J］．国际城市规划，2017，32（3）：28-33.

［112］李冲，熊淑华，魏颖颖．基于 CSS 与 JavaScript 技术的 Tab 面板的设计与实现［J］．计算机技术与发展，2011，21（3）：28-35.

［113］李丰章，张迎希．基于 HTML5 Canvas 技术的图像编辑平台［J］．数码世界，2017，67（12）：66-68.

［114］李海舰，郭树民．从经营企业到经营社会——从经营社会的视角经营企业［J］．中国工业经济，2008，35（5）：87-98.

［115］李世杰，李凯，产业集群的组织分析逻辑与治理机制［J］．经济与管理研究，2005，53（11）：36-39.

［116］李世杰，李凯．产业空间集聚的结构本质：指标化耦合［J］．学习与实践，2010，34（6）：11-18.

［117］李世杰．产业集群的组织分析［D］．沈阳：东北大学，2006：230-235.

［118］李向．遗传算法及在计划评审技术（PERT）中的应用研究［D］．北京：中国地质大学，2008：34-36.

［119］李政，付淳宇．中国创意经济发展政策及其效果［J］．经济学家，2012，30（11）：52-61.

［120］李志刚．扎根理论方法在科学研究中的运用分析［J］．东方论坛，2007，32（4）：90-94.

［121］厉无畏，王慧敏．创意农业的发展理念与模式研究［J］．农业经济问题，2009，2（5）：11-14.

［122］梁军．产业指标化与组织驱动结构优化［J］．经济体制改革，2008（4）：68-72.

［123］林伯强，谭睿鹏．中国经济集聚与绿色经济效率［J］．经济研究，2019，54（2）：119-132.

［124］林丽英．对象指标耦合度度量模型的初步研究［J］．电脑知识与技术，2007，58（2）：1061-1065.

［125］林雄斌，杨家文，陶卓霖，宋金平，任颋．交通投资、经济空间集聚与多样化路径——空间面板回归与结构方程模型视角［J］．地理学报，2018，26（10）：4-15.

［126］刘芬芳．基于资源概念的城市创意音乐产业发展路径比较研究［J］．美与时代，2017，23（1）：107-108.

［127］刘佳丽．自然垄断行业政府监管机制、体制、制度功能耦合研究［D］．长春：吉林大学，2013：34-46.

［128］刘可佳，马荣生，庞钰宁．一种基于双导向滤波的高动态红外图像细节增强与去噪算法［J］．图学学报，2018，39（6）：108-114.

［129］刘磊．市场经济背景下科学与公众的沟通——科普产业创新发展的基

础与规范［J］．中国科技论坛，2013，27（5）：131-136．

［130］刘茂松．信息经济时代组织驱动指标化与垄断结构［J］．中国工业经济，2005（8）：56-64．

［131］刘鑫，张潇，高圣益．基于 ArcGIS 制图指标的快速制图技术［J］．人民长江，2017，48（22）：93-96．

［132］刘颖，谷延锋，张晔等．高光谱图像波段选择的快速混合搜索算法［J］．光学技术，2007，33（2）：28-29

［133］刘云浩．群智感知计算［J］．中国计算机学会通讯，2012，8（10）：38-41．

［134］刘芸，朱瑞博．架构创新与战略性新兴产业全球价值网络的自主建构及其治理挑战［J］．中国地质大学学报（自然科学版），2018，18（4）：111-125．

［135］吕弘，黄伟纳．基于 AJAX 技术的图书馆统计平台的设计［J］．中国科技论坛，2012，38（1）：75-76．

［136］罗珉，李亮宇．互联网时代的商业模式创新：价值创造视角［J］．中国工业经济，2015，32（1）：95-107．

［137］马仁峰．创意产业区演化与大都市空间重构机理研究［M］．上海：华东师范大学出版社，2011：29-30．

［138］马仁峰．创意产业区演化与大都市空间重构［M］．杭州：浙江大学出版社，2011：248-249．

［139］马仁锋，吴丹丹，张文忠等．城市文化创意产业微区位模型及杭州案例［J］．经济地理，2019，39（11）：123-133．

［140］茅锐．产业空间集聚和企业的融资约束［J］．管理世界，2015，43（2）：58-71．

［141］宁安良．面向 3G 终端的移动地理信息服务研究［D］．青岛：中国海洋大学，2010：218-222．

［142］潘瑾，李錖，陈媛．创意产业空间集聚的知识溢出探析［J］．科学管理研究，2007，27（4）：72-73．

［143］裴丹丹．基于 E-CHARTS 的数据可视化实现［D］．北京：北京邮电大学，2018：230-235．

［144］彭张林，张强，杨善林．综合评价理论与方法研究综述［J］．情报科学，2015，46（11）：222-238．

［145］秦鸿超，李海波，梅新，唐保勇．ArcGIS 图层矢量化功能在地理国情普查中的应用［J］．湖北大学学报（自然科学版），2016，38（5）：424-430．

［146］青木昌彦，安藤晴彦．指标时代：新产业结构的本质［M］．上海：上海远东出版社，2003：234-236.

［147］青木昌彦．比较制度分析［M］．周黎安译．上海：上海远东出版社，2001：489-412.

［148］屈华平，李健．可视化环境质量评估系统的设计与实现［J］．微型机与应用，2012，31（3）：15-17.

［149］商灏，杨瑞龙．国企分类改革映照中国经济现实格局［N］．华夏时报，2015，49（3）：29-34.

［150］沈湘璐，吉锐，陈天．上海M50创意园改造实践［J］．建筑学报，2016，34（9）：65-66.

［151］盛革．制造业价值网的系统结构与价值创新机制［J］．技术经济与管理研究，2014，53（3）：8-12.

［152］史恩秀，陈敏敏，李俊，等．基于蚁群算法的移动机器人全局路径规划方法研究［J］．农业机械学报，2014，45（6）：53-57.

［153］宋佳慧，刘远刚，林琳，李绅弘，许帆．基于E-charts的动态统计图表绘制技术研究［J］．计算机学报，2017，13（12）：202-204.

［154］苏楚，杜宽旗．创新驱动背景下人才集聚影响因素及其空间溢出效应——以江苏省为例［J］．科技管理研究，2018，38（4）：96-102.

［155］苏科华，朱欣焰，孔敏．基于JavaScript的GIS符号化技术研究［J］．计算机学报，2009，25（4）：171-172.

［156］孙国道，柳芬，蒋莉，梁荣华．基于空间区域功能划分的人群移动模式可视分析［J］．计算机辅助设计与图形学学报，2018，30（6）：107-111.

［157］孙浦阳，韩帅，许启钦．产业集聚对劳动生产率的动态影响［J］．世界经济，2013，3（12）：65-73.

［158］孙婷，余东华，张明志．技术创新、资本深化与制造业国际竞争力——基于环境规制视角的实证检验［J］．财经论丛，2018，53（1）：3-11.

［159］孙勇，王会蒙，靳奉祥等．一种基于空间——拓扑结构相似性的复杂轨迹聚类算法［J］．地球信息科学学报，2019，21（11）：1669-1678.

［160］谭建豪．自然计算理论及其在系统辨识中的应用研究［D］．长沙：湖南大学，2010：67-79.

［161］谭娜，彭飞．文化创意产业集聚区影响区域文化产业优势形成的实证分析［J］．中国科技论坛，2016，35（5）：97-102.

［162］腾讯财经．两岸四地联袂举办首届创意产业大会［EB/OL］．2006. https：//finance.qq.com/a/20060417.

[163] 田雯婷. 特色小城镇的产业发展与城镇空间的耦合关系研究 [D]. 南昌：西南交通大学，2018：213-217.

[164] 万里洋，董会忠，吴朋，张峰. 文化创意产业空间集聚及发展模式研究——以济南市为例 [J]. 科技管理研究，2016，32（7）：186-187.

[165] 汪迎春. 基于 JavaScript 技术的网页课程设计项目设计 [J]. 信息与电脑，2013，34（10）：12-13.

[166] 王发明. 创意产业空间集聚化：一个基于知识溢出的解释 [J]. 科技管理研究，2009，29（11）：372-374.

[167] 王缉慈. 地方产业群战略 [J]. 中国工业经济，2002，34（4）：10-11.

[168] 王缉慈. 简评关于新产业区的国际学术讨论 [J]. 地理科学进展，1998，14（3）：32-38.

[169] 王建明，王俊豪. 公众低碳消费模式的影响因素模型与政府管制政策——基于扎根理论的探索性研究 [J]. 管理世界，2011，45（27）：4-15.

[170] 王娟. 企业家社会资本、决策思维模式与新产品开发绩效的研究 [D]. 南京：南京大学，2013：45-56.

[171] 王立国，魏芳洁. 结合遗传算法和 POI 算法的高光谱图像波段选择 [J]. 中国图像图形学报，2013，18（2）：235-242.

[172] 王娜，任燕燕. 短面板随机效应模型的分位数回归方法及模拟 [J]. 统计与决策，2017，34（9）：14-18.

[173] 王淑莉. 新经济地理与区域经济学研究述评 [J]. 广西社会科学，2007，46（11）：5-13.

[174] 王文豪，严云洋，姜明新. 基于噪声检测和动态窗口的图像算法 [J]. 图学学报，2019，40（5）：11-16.

[175] 王晓艳，胡守忠，居玲玲. 基于扎根理论的智能服装商业化影响因素研究 [J]. 丝绸，2018，25（7）：87-98.

[176] 王玉梅. 工商管理对促进经济发展的影响分析 [J]. 管理科学，2018，34（10）：45-56.

[177] 王苗宇. 文化创意产业空间集聚效应及面临的问题 [J]. 经济纵横，2012，58（8）：76-78.

[178] 王子毅，张春海. 基于 E-Charts 的数据可视化分析组件设计实现 [J]. 计算机科学，2016，35（4）：46-48.

[179] 吴超，卢建昌. 基于熵权 TOPSIS 法的输变电工程经济性评价研究 [J]. 商业管理，2016，23（12）：29-29.

[180] 吴德进. 产业空间集聚论 [M]. 北京: 社会科学文献出版社, 2006: 32-66.

[181] 吴飞燕. 基于 HTML5 CANVAS 绘图技术应用 [J]. 电子研究, 2018, 61 (4): 116-118.

[182] 吴威. 创意产业与区域经济增长互动发展研究 [D]. 长春: 吉林大学, 2014: 98-102.

[183] 吴雪. 陆家嘴第一个国家级金融贸易区 [J]. 新民周刊, 2018, 34 (4): 20-21.

[184] 习近平. 决胜全面建成小康社会 夺取新时代中国特色社会主义伟大胜利——在中国共产党第十九次全国代表大会上的报告 [M]. 北京: 人民出版社, 2017: 35-46.

[185] 习近平. 在庆祝改革开放 40 周年大会上的讲话 [N]. 人民日报, 2018, 44 (2): 12-18.

[186] 项敏敏, 徐武, 高飞. 基于 X3D 与 JavaScript 交互技术在网络虚拟实验中的研究 [J]. 高等继续教育学报, 2013, 26 (5): 49-52.

[187] 肖雁飞, 廖双红. 创意产业区新经济空间集聚创新演进机理研究 [M]. 北京: 中国经济出版社, 2011: 174-186.

[188] 邢艳芳, 段红秀, 何光威. TensorFlow 在图像识别系统中的应用 [J]. 计算机技术与发展, 2019, 34 (5): 1-5.

[189] 熊回香, 叶佳鑫, 蒋武轩. 改进的 DBSCAN 聚类算法在社会化标注中的应用 [J]. 数据分析与知识发现, 2018, 2 (12): 77-88.

[190] 熊秋林, 叶春, 段福洲, 赵文吉. 基于 JavaScript 和 Ajax 技术的车载全景地图发布 [J]. 地理空间信息, 2013, 11 (5): 155-157.

[191] 熊亚蒙. 基于 TensorFlow 的移动终端图像识别方法 [J]. 无线互联科技, 2018, 15 (1): 111-130.

[192] 徐晨晨, 廖小罕, 岳焕印, 鹿明, 陈西旺. 基于改进蚁群算法的无人机低空公共航路构建方法 [J]. 地球信息科学学报, 2019, 21 (4): 570-579.

[193] 徐汉明, 周箴. 基于环境效度影响因素分析下的创意产业园区评估指标体系研究 [J]. 中国软科学, 2017, 34 (3): 164-177.

[194] 徐宏玲, 颜安, 潘旭明, 马胜. 指标化组织与大型企业基因重组 [J]. 中国工业经济, 2005, 25 (6): 52-59.

[195] 闫肃. 中国金融业税收政策研究 [D]. 北京: 财政部财政科学研究所, 2012: 234-237.

[196] 严新锋, 王炳旭, 刘春红, 陈李红. 网络品牌社群参与的需求层次模

型——基于扎根理论的探索性研究 [J]．经济经纬，2015，9（2）：18-21.

[197] 杨勇，李素文，包菊芬．科普产业空间集聚度及发展模式识别 [J]．经济地理，2015，35（3）：128-129.

[198] 杨智尧，宋欣．动态图像的拼接与运动目标检测方法的研究 [J]．图学学报，2014，35（6）：893-898.

[199] 殷亮，王维国．广义半参数趋势混合效应面板模型及其参数估计 [J]．统计与决策，2018，34（4）：5-10.

[200] 余东华，苗明杰．基于指标化指标组织的价值流动与创新 [J]．中国工业经济，2008，35（12）：48-59.

[201] 余吉安，尤淼，曹静，张皓月．文创产业技术创新与文化创意双轮驱动发展研究 [J]．中国科技论坛，2018，34（6）：83-90.

[202] 余晓泓．创意产业集群指标化网络组织创新机制研究 [J]．产业经济评论，2010，60（4）：5-9.

[203] 余晓泓．基于指标化理论的创意产业集群组织模式和创新研究 [J]．经济管理，2010，32（8）：49-52.

[204] 虞水磊，田新宇，王金燕．基于多元统计分析和机器学习的验证码识别 [J]．山东理工大学学报（自然科学版），2019，33（1）：60-64.

[205] 元莱滨，张亦辉，郑有增等．调查问卷的信度效度分析 [J]．当代教育科学，2003，34（2）：53-54.

[206] 臧建东，章其波，王军，陈清华，章燕璐．创新发展理念扎实推进智慧城市建设——英国和爱尔兰智慧城市建设的做法与启示 [J]．中国发展观察，2018，81（17）：52-55.

[207] 臧志彭．政府补助、研发投入与文化产业上市公司绩效——基于 161 家文化上市公司面板数据中介效应实证 [J]．华东经济管理，2015，29（6）：80-88.

[208] 曾璐璐．上海陆家嘴金融服务业集群研究：基于伦敦历史经验启示 [J]．市场周刊，2018，67（7）：104-105.

[209] 张博，于海洋．服务器端 JavaScript 技术分析 [J]．计算机学报，2018，43（4）：19-20.

[210] 张强，陈兵奎，刘小雍，刘晓宇，杨航．基于改进势场蚁群算法的移动机器人最优路径规划 [J/OL]．农业机械学报，2011，54（2）：1-15.

[211] 张惜杰，李平，张志强，马炅好，唐涛．基于 E-CHARTS 与 ArcGIS JavaScript API 的 Web 专题制图研究 [J]．测绘研究，2017，40（6）：270-273.

[212] 张祥建，徐晋，徐龙炳．高管精英治理模式能够提升企业绩效吗？——

基于社会连带关系调节效应的研究［J］．经济研究，2015，50（3）：100-114.

［213］赵峰，杨春曦，陈飞，等．自适应搜索半径蚁群动态路径规划算法［J］．计算机工程与应用，2018，54（9）：56-87.

［214］郑鹭亮，林丽英，张胜元．可分差集偶构造方法研究［J］．华中师范大学学报（自然科学版），2013，47（5）：610-613+617.

［215］郑幸源，洪亲，蔡坚勇，陈顺凡，柯俊敏．基于AJAX异步传输技术与E-CHARTS3技术的动态数据绘图实现［J］．软件导刊，2017，16（3）：143-145.

［216］郑耀宗．上海文化创意产业区区发展现状研究［J］．上海经济，2015，45（8）：21-22.

［217］中华人民共和国国家统计局．中国国民经济行业分类与代码（GB/T 4754-2017）［EB/OL］．2017. http：//114. xixik. com/hangyefenlei.

［218］周彬．上海市徐汇区文化创意产业政策研究［D］．上海：上海交通大学，2014：234-236.

［219］周磊，董丽丽，李法朝．基于效应的随机灰规划模型和应用［J］．河北工业科技，2018，35（4）：262-267.

［220］周爽．POI算法在高光谱图像降维和分类中的应用研究［D］．哈尔滨：哈尔滨工业大学，2010：345-356.

［221］朱能辉，李肖，施雅丰．固定效应面板数据部分线性模型的加权截面研究［J］．应用概率统计，2018，34（2）：111-134.

［222］朱希希，卜伟，朱宇芳，孙海涛，吴莹．ArcGIS和Excel在生态环境状况评价工作中的应用［J］．安徽农业科学，2016，44（5）：309-311.

［223］朱政，张振鹏．组织驱动理论回溯与研究展望［J］．产业创新研究，2018，38（6）：58-63.

［224］宗利永，李元旭．基于扎根理论的文化创意类社区发包方参与动机研究［J］．科技进步与对策，2015，32（12）：11-15.

附　录

附录一　BP 输入样本原始量表

附表 1-1　城市创意产业区的空间集聚度数据原始量表

序号	变量类型	一级指标	原始数据	处理方式	输入变量
1	自变量（Independent Variable）	产业区位空间集聚度（Industrial Location Space）	交通运输量	赋值，根据交通运输部政府信息公开《2016 年交通运输行业发展统计年鉴》	根据交通类别、数量、距离等因素调研得出
			房屋价格量	赋值，由相关网站调研得出	房价（元/平方米）
2		企业组织空间集聚度（Corporate Organizational）	创意行业数量	量化，根据上海社科院网站大数据调研得出	量化
			企业入驻数量	赋值，亲自调研访谈得出	数值
3		文化创意空间集聚度（Cyltural Creative）	创意空间面积	赋值，由相关网站调研得出	面积（平方米）
			创意项目数量	赋值，亲自调研访谈得出，企业机密	数值
4		资本导向空间集聚度（Capital-Oriented）	创新产值	赋值，由上海社科院城市经济研究所资料得出	产值额
			创意支出	赋值，由相关网站调研得出	支出额

注：此表格严格参照《中华人民共和国国家标准——国民经济行业分类》GB/T 4754—2017 编写，均按"创意产业"大类作为研究对象。

附表1-2 城市创意产业区的组织驱动驱动数据原始量表

类型	变量	一级指标	原始数据	处理方式	输入变量路径
内部驱动（The Interna Drive）	自变量（Independent Variable）	结构主导驱动（Structural Drive）	研发设计类产业组织的衍生数量	计算机软件类别	调研赋值
				建筑设计创意类别	调研赋值
				工程管理服务类别	调研赋值
				其他服务类别	调研赋值
			媒体娱乐类产业组织的衍生数量	媒体娱乐创意类别	调研赋值
				新闻出版服务类别	调研赋值
				影视创意类别	调研赋值
				媒体节目制作类别	调研赋值
			文化艺术类产业组织的衍生数量	文艺创作与表演创意类别	调研赋值
				工艺品创意类别	调研赋值
			咨询决策类产业组织的衍生数量	社会经济咨询创意类别	调研赋值
				商务服务咨询创意类别	调研赋值
			时尚零售类产业组织的衍生数量	娱乐业态创意类别	调研赋值
				旅游业态创意类别	调研赋值
		战略主导驱动（Strategic Driving）	组织驱动的战略的规划性	创意组织驱动项目战略的规划周期	访谈
			组织驱动的战略的实施性	创意组织驱动项目战略的实施周期	访谈
			组织驱动的战略的调整性	创意组织驱动项目战略的调整周期	访谈分析
			组织驱动的战略的响应性	创意组织驱动项目战略的响应周期	访谈分析
		营运主导驱动（Service Driven）	组织驱动的盈利能力	创意组织驱动的盈利值	产业区年报
			组织驱动的偿债能力	创意组织驱动的偿债值	产业区年报
			组织驱动的筹资能力	创意组织驱动的筹资值	产业区年报
			组织驱动的增长能力	创意组织驱动的净利增长值	产业区年报

类型	变量	一级指标	原始数据	处理方式	输入变量路径
外部驱动（External Hard Drive）	自变量（Independent Variable）	市场主导驱动（Market Driven）	组织驱动的产品附加值	创意组织驱动的产品价值	调研赋值
			组织驱动的品牌价值	创意组织驱动的品牌价值	调研赋值
			组织驱动的营销机制	创意组织驱动的营销价值	调研赋值
		政府主导驱动（Government Driven）	组织驱动的创新制度	创意组织驱动的创新数	网站调研
			组织驱动的政策支持	创意组织驱动的政策数	网站调研
			组织驱动的资源汇集	创意组织驱动的资源数	网站调研
		技术主导驱动（Technology Driven）	组织驱动的 R&D 能力	创意组织驱动的 R&D 值	网站调研
			组织驱动的制造能力	创意组织驱动的制造产值	网站调研
			组织驱动的创新能力	创意组织驱动的创新产值	网站调研
	调节变量（Adjust the Variable）	产业升级周期	组织驱动的升级周期	产业结构背景：创意组织驱动的升级周期值	赋值
		产业孵化周期	组织驱动的孵化周期	产业结构背景：组织驱动的孵化周期值	赋值
		产业进步周期	组织驱动的进步周期	产业结构背景：组织驱动的进步周期值	赋值
		经济增速周期	经济环境的增速周期	环境背景：经济环境的增速周期	赋值

附表 1-3　城市创意产业区的影响因素数据原始量表

类型	变量	一级指标	原始数据	处理方式-数值	输入变量路径
空间集聚形象机制（The Internal Drive）	第二组输入值（Independent Variable）	园区每年投资额	创意产业区投资额度	调研得出，结合网站数据遴选	调研赋值
		园区规模以上的企业数	创意产业区企业数量	调研得出，园区管委会访谈	调研赋值
		园区平均租金	创意产业区租金数额	调研得出，结合房企中介数据遴选	调研赋值
		批发零售产值	创意产业区批发零售产值	调研得出，园区企业实地走访	调研赋值
		地区文创消费额	创意产业区地区文创消费额数值	调研得出，园区企业实地走访	调研赋值
		地区的教育投入	创意产业区教育投入数值	调研得出，园区企业实地走访	调研赋值
		地区的文创财政支出	创意产业区地区的文创财政支出数值	调研得出，结合网站数据遴选	调研赋值
*	调节变量（Adjust the Variable）	产业升级周期	组织驱动的升级周期	文献调查、市场调研结合	赋值
		产业孵化周期	组织驱动的孵化周期	文献调查、市场调研结合	赋值
		产业进步周期	组织驱动的进步周期	文献调查、市场调研结合	赋值
		经济成熟周期	经济环境的增速周期	文献调查、市场调研结合	赋值

附录二　空间集聚研究量表附录

附表 2-1　城市创意产业区空间集聚研究量表 1

序号	一级维度变量	提项代码	提项信息		因子负荷量	信度信息	测量误差	组合信度
1	研发设计产业空间集聚	Q1	计算机软件类别	基础软件（6211）、应用软件（6212）、其他软件（629）产业是不是创意园区空间集聚主要因素				
				计算机系统服务（611）、互联网信息服务（602）产业是不是创意园区空间集聚主要因素				
				研究与试验发展（75）、交互式技术服务（769）产业是不是创意园区空间集聚主要因素				
		Q2	建筑设计创意类别	建筑装饰业（490）、建筑设计（489）是不是创意园区空间集聚的重要因素，对创意产业区组织发展影响是否很大				
				城市绿化管理（8120）、景观设计学（6730）、风景园林（780）是不是创意园区空间集聚的重要因素				
				规划管理（7673）是不是创意园区空间集聚的重要因素				
		Q3	工程管理服务类别	工程管理服务（7671）是否成为影响创意园区空间集聚必然因素				
				工程勘察设计（7672）是否成为影响创意园区空间集聚必然因素				
		Q4	其他专业技术服务类别	信息系统集成服务（6531）、物联网技术服务（6532）、数字内容服务（657）、动漫、游戏数字内容服务（6572）是否对创意园区空间集聚中的影响因素				

续表

序号	一级维度变量	提项代码	提项信息		因子负荷量	信度信息	测量误差	组合信度
2	媒体娱乐产业空间集聚	Q5	媒体娱乐创意类别	新媒体交互式创新产业（8625）是否成为创意园区空间集聚的重要因素				
				电子娱乐产业（8610）是否成为创意园区空间集聚的重要因素				
		Q6	新闻出版服务类别	新闻和出版业（8610）、报纸期刊（8622，8623）是否成为促进了创意园区空间集聚的重要因素				
				电子出版物出版（8625）是否成为促进创意园区空间集聚的重要因素				
		Q7	影视创意类别	广播、电视、电影（87）是否成为促进创意园区空间集聚的重要因素				
		Q8	媒体节目制作类别	影视节目制作（8730）是否成为促进创意园区空间集聚的重要因素				
				录音制作（8770）是否成为促进创意园区空间集聚的重要因素				
3	文化艺术产业空间集聚	Q9	文艺创作与表演创意类别	文艺创作（901）是否大大提升创意园区空间集聚的影响				
				其他文化艺术（909）是否大大提升了创意园区空间集聚的影响				
		Q10	工艺品创意类别	雕塑工艺品制造（4211）、漆器工艺品制造（4213）、天然植物纤维编织工艺品制造（4215）、天然植物纤维编织工艺品制造（4215）是否成为创意园区空间集聚的重要因素				
				其他文化艺术（909）是否成为创意园区空间集聚的重要因素				

序号	一级维度变量	提项代码	提项信息		因子负荷量	信度信息	测量误差	组合信度
4	咨询策划产业空间集聚	Q11	社会经济咨询创意类别	市场调查（7432）、社会经济咨询（7433）、其他专业咨询（7439）、会议及展览服务（7491）、是否促进了创意园区空间集聚的影响				
		Q12	商务服务咨询创意类别	证券分析与咨询（694）、保险辅助服务（703）、科技中介服务（772）、其他科技服务（779）、文化艺术经纪代理（908）、广告业（744）、知识产权服务（745）是否对创意园区空间集聚特色化产生了显著影响				
5	时尚零售产业空间集聚	Q13	娱乐业态创意类别	婚庆服务（826）、摄影扩映服务（828）、室内娱乐业（921）、摄影扩映服务（828）是否对创意园区空间集聚的增加产生显著影响				
		Q14	旅游业态创意类别	旅行服务（748）、游览景区服务（813）是否对创意园区空间集聚的增加产生显著影响				
		Q15	健身业态创意类别	理发及美容保健服务（824）、休闲健身娱乐活动（923）是否对创意园区空间集聚的增加产生显著影响				

注：此表格严格参照《中华人民共和国国家标准——国民经济行业分类》GB/T 4754—2017 编写，均按"创意产业"大类作为研究对象。

在城市创意产业区空间集聚程度中选取地理区位要素、企业组织要素、文化创意要素、科技创新要素这四个最显著的描述空间集聚程度；程度描述作为一级维度变量进行研究。

附表2-2　城市创意产业区空间集聚程度研究量表信度与效度检验2

序号	一级维度变量	提项代码		提项信息	因子负荷量	信度信息	测量误差	组合信度
1	产业区位空间集聚程度	Q1	交通运输因素	城市内部及外部的交通因素及运输是否对创意园区空间集聚起到显著作用				
		Q2	土地价格因素	土地价格因素是否影响创意园区空间集聚，对产业区位地理影响是否很大				
		Q3	市场供应因素	市场供应、原材料供给、创意信息及时反馈是否成为意园区空间集聚增长的必然趋势				
		Q4	政策导向因素	政策导向和政策指引是否对创意园区空间集聚中创意行为和作品干预较大				
		Q5	产业类型因素	生产型、流通性、消费性、技术密集、资金密集、劳动密集型产业是否对创意园区空间集聚起到相关地理作用				
2	企业组织空间集聚程度	Q6	行业划分因素	以创意为首的细分行业是否成为创意园区空间集聚多元化的主要原因				
		Q7	人才需求因素	创意型人才的集聚是否促进了创意园区空间集聚的发展				
		Q8	企业数量因素	园区企业的数量是否提升了创意园区空间集聚的品牌价值				
		Q9	企业战略因素	企业战略及发展方向是否对创意园区空间集聚影响显著，从而保证企业区位竞争优势				
		Q10	管理经营因素	企业组织的经营及管理模式是否对创意园区空间集聚的科研投入、传递技术、经营管理有所偏好				

序号	一级维度变量	提项代码	提项信息		因子负荷量	信度信息	测量误差	组合信度
3	文化创意空间集聚程度	Q11	文化导向因素	创意文化产业的生产要素是否对创意园区空间集聚的产生重大影响				
		Q12	教育投入因素	该地区对教育的稳定投入是否对创意园区空间集聚产生知识集聚的共享与交流				
		Q13	科技创新因素	科技创新、知识产权是否对创意园区空间集聚输出的科技成果产生创意价值				
		Q14	技术特色因素	技术因素、创意研究、设计成果是否对创意园区空间集聚特色化和差异化显著				
4	创新资本空间集聚程度	Q15	区域经济因素	城市区域经济因素是否大大提升了创意园区空间集聚的资本利用效率				
		Q16	创新产值因素	该地区的创新产值是否促进了创意园区空间集聚的价值分配				
		Q17	产能综效因素	该地区的产能及创意资本是否促进了创意园区空间集聚的价值创造和创新能力，从而使创意园区的创新指数出现均布偏差				
		Q18	创意支出因素	该地区的创意支出是否对创意园区空间集聚的增加呈现增长趋势				

附录三　调研问卷

关于城市创意园区产业空间集聚调查问卷1

尊敬的先生/女士：

您好！

非常感谢您阅读此问卷，研究的目的是创意产业空间集聚与城市创意园区及产业空间集聚的关系，问卷采用匿名方式填写，填写的一切内容保密处理，再次感谢阁下的配合。

问卷采用5分制量表，您只用在相应的题项后，根据实际情况填写（画"√"），您的回答无对错之分。填答时如有任何问题，请随时与我联系。

第一部分　基本资料

您的性别：□男；□女

您的年龄：□18~25岁；□26~35岁；□36~45岁；□46~55岁；□56岁及以上

您的职业：□设计师；□律师；□教师；□传媒工作者；□广告；□咨询服务业；□生产制造；□私营业主；□政府、事业工作；□其他

您所在单位员工人数：□0~50人；□51~100人；□101~200人；□200人以上

第二部分　变量测量题项

以下各问题采用5分评价制度，请您给每个题项赋予最合适的评价，在题后对应空格中打"√"。

测量题项	非常不同意	不同意	比较同意	同意	非常同意
城市创意产业空间集聚——产业区位要素					
Q1 城市内部及外部的交通因素及运输对创意园区空间集聚起到显著作用					
Q2 土地价格因素影响创意园区空间集聚，对产业区位地理影响也很大					

测量题项	非常不同意	不同意	比较同意	同意	非常同意
Q3 市场供应、原材料供给、创意信息及时反馈已经成为创意园区空间集聚增长的必然趋势					
Q4 政策导向和政策指引对创意园区空间集聚中创意行为和作品干预较大					
Q5 生产型、流通型、消费型、技术密集型、资金密集型、劳动密集型产业对创意园区空间集聚起到相关地理作用					
城市创意产业空间集聚——企业组织要素					
Q6 以创意为首的细分行业成为创意园区空间集聚多元化主要原因					
Q7 创意型人才的集聚提高促进了创意园区空间集聚的发展					
Q8 园区企业的数量提升了创意园区空间集聚的品牌价值					
Q9 企业战略及发展方向对创意园区空间集聚影响显著，从而保证企业区位竞争优势					
Q10 企业组织的经营及管理模式对创意园区空间集聚的科研投入、传递技术、经营管理有所偏好					
城市创意产业空间集聚——文化创意要素					
Q11 创意文化产业的生产要素对创意园区空间集聚产生重大影响					
Q12 该地区对教育的稳定投入、对创意园区空间集聚产生知识集聚共享与交流					
Q13 科技创新、知识产权对创意园区空间集聚输出的科技成果产生创意价值					
Q14 技术因素、创意研究、设计成果对创意园区空间集聚特色化差异化显著					
城市创意产业空间集聚——创新资本要素					
Q15 城市区域经济因素提升了创意园区空间集聚的资本利用效率					
Q16 该地区的创新产值促进了创意园区空间集聚的价值分配					
Q17 创意园区空间集聚能合理地促进财政价值分配					
Q18 创意园区空间集聚极大地促进财政价值创造和创新能力					

——问卷到此结束，非常感谢您的耐心填写！——

城市创意园区组织驱动机制研究调查问卷 2

尊敬的先生/女士：

您好！

非常感谢您阅读此问卷，这是一个纯学术性调研问卷，该调查的主要目的是研究创意城市创意园区产业空间集聚及组织驱动机制的关系，同时本调查小组保证：对调查所得到的数据绝对保密，如您有需要，研究结果可供您参阅。

问卷采用 5 分制量表，请您根据实际情况填写（画"√"），您的回答无对错之分。填答时如有任何问题，请随时与我联系。

第一部分　基本资料

您的性别：□男；□女

您的年龄：□18～25 岁；□26～35 岁；□36～45 岁；□46～55 岁；□56 岁及以上

您的职业：□设计师；□律师；□教师；□传媒工作者；□广告；□咨询服务业；□生产制造；□私营业主；□政府、事业工作；□其他

您所在单位员工人数：□0～50 人；□51～100 人；□101～200 人；□200 人以上

第二部分　变量测量题项

以下各问题采用 5 分评价制度，请您给每个题项赋予最合适的评价，在题后对应空格中打"√"。

测量题项	非常不同意	不同意	比较同意	同意	非常同意
组织驱动创新——结构主导创新					
Q1 创意园区组织驱动可以进行产业衍生，使企业间产业搭配更加灵活柔性化					
Q2 创意园组织驱动可以集约产业机构，聚焦产业门类，使创意园产业类型更加聚焦、扁平化					
Q3 创意园组织驱动可以通过新产业技术组建新的企业形态					
Q4 创意园组织驱动可以通过新业务组建并扩充新产业架构					
Q5 创意园组织驱动可以将组织传导转化为有效的企业间产业交流及沟通					

测量题项	非常不同意	不同意	比较同意	同意	非常同意
组织驱动创新——文化主导创新					
Q6 创意园组织驱动可以融合互通多元化、多国化、多项产业模式的创新					
Q7 创意园组织驱动重视创新型文化产业建设					
Q8 创意园组织驱动可以对文化创新进行挖掘提炼冒险及能承担产业搭配的失败风险					
Q9 创意园组织驱动善于尝试并实现不同的文化背景下的产业创新技术及创新手段					
Q10 创意园组织驱动是否可以分享创新知识使其便于下载、学习、归纳及总结经验等					
组织驱动创新——战略主导创新					
Q11 创意园组织驱动可以有效地应对外部环境，从而掌握战略先机					
Q12 创意园组织驱动可以通过适当企业策略联盟的政策来使其快速发展					
Q13 创意园组织驱动可以使群体战略目标有效地制定及实施					
Q14 创意园组织驱动可以改变产业间资源结构以协调适应组织间的关系					
Q15 创意园组织驱动建立并完善有效的战略目标制度来调动企业间的生产积极性					
组织驱动创新——市场主导创新					
Q16 创意园组织驱动可以与相关组织驱动进行战略性协同合作					
Q17 创意园组织驱动可以研究集客的细分程度，并随时了解市场客群的需求					
Q18 创意园组织驱动掌握市场背景及条件，并根据市场变化对出应对策略					
Q19 创意园组织驱动不断提高并识别市场经营环境中潜在的危机和机遇					
Q20 创意园产业组建立创新型市场管理体系来改善并协调组织绩效的局限性					
Q21 创意园组织驱动建立良好的市场渠道，强化各企业间的合作性					

测量题项	非常不同意	不同意	比较同意	同意	非常同意
组织创新——服务主导创新					
Q22 创意园组织驱动建立良好的服务渠道，强力介入各企业间与客户间的沟通					
Q23 创意园组织驱动售后也能与客户间保持良好的沟通互动					
Q24 创意园组织驱动鼓励通过创新性的方式进行产业服务类工作					
Q25 创意园组织驱动提倡组建有效、富有激情、创新型的服务管控企业					
Q26 创意园企业组织是否对客户进行沟通、合作、交流实现服务内容的多样化					
Q27 创意园组织驱动对高技创新服务类企业给予足够的奖励及鼓励					
Q28 创意园组织驱动可以鼓励企业代表参与并接受不同的决策、意见、建议、反馈等					

——问卷到此结束，非常感谢您的耐心填写！——

城市创意园区产业空间集聚及组织驱动机制基础数据资料调研问卷3

尊敬的先生/女士：

您好！

非常感谢您阅读此问卷，本次调查的主要目的是城市创意园区产业空间集聚及组织创新机制现状，问卷采用匿名方式填写，同时本调查小组保证：对调查所得到的数据绝对保密，如您有需要，研究结果可供您参阅。

请您根据实际情况填写问卷内容，填答时如有任何问题，请随时与现场调研人员联系。

一、创意产业区区基础信息资料

（1）园区名：＿＿＿＿＿＿＿＿＿＿＿＿＿＿＿＿＿＿＿

（2）地址：＿＿＿＿＿＿＿＿＿＿＿＿＿＿＿＿＿＿＿＿＿

（3）主要公司类别：＿＿＿＿＿＿＿＿＿＿＿＿＿＿＿＿

（4）总建筑面积：＿＿＿＿＿＿万平方米

（5）园区内公司数量＿＿＿＿＿个

二、创意产业区区经营管理详细信息资料

（一）基础服务

（1）对园区内企业政策扶持方面有哪些具体的优惠文件、条款？

（2）园区受到政府文创基金支持的情况，支持数量及金额是多少？

（3）对创意企业的知识产权保护的具体条款和措施有哪些？

（4）为企业服务的公共信息平台有哪些？

（二）企业相关

（1）主要创意企业的数量有多少？其上一年度的营业额是多少？

（2）为创意企业配套的企业数量有多少？其上一年度的营业额是多少？

（3）全部从业人员有多少？其中主要创意人员数量有多少？

（4）创意人员中高级人才（有高级职称或知名人士）有多少？

（三）市场及推广

（1）为创意产品推广宣传投入大约有多少（万元）？

（2）园区内供展览展示场地有多少（平方米）？

（3）园区内创意产品的收入占全部收入的比重约为多少？

（4）知名品牌的数量有多少？（个）

（5）品牌延伸的产品的销售额大约有多少？（万元）

附录四 研究访谈

城市创意园区产业空间集聚研究访谈提纲 1（深度访谈）

日期：＿＿＿＿＿＿＿＿＿＿＿＿＿ 受访人：＿＿＿＿＿＿＿＿＿＿＿＿＿

开始时间：＿＿＿＿＿＿＿＿＿＿＿ 结束时间：＿＿＿＿＿＿＿＿＿＿＿

一、请您简单介绍您所在园区的工作内容和贵公司组织的基本情况

1. 您的主要工作内容包含哪些？

2. 公司的最主要业务或项目是什么？

二、请介绍贵公司空间能效发展情况

1. 从创意产业空间集聚性来看，贵公司所在园区区位条件情况如何？

2. 从空间集聚着手，创意产业怎样把区位战略进行优化及创新？

三、贵公司是否存在空间区位促进价值创造的实例

1. 公司所在空间区位发展的原因是什么？

2. 公司所在空间区位有哪些明显的优势？

四、创意产业所在空间区位的集聚与构成

1. 从产业链上看，创意产业空间集聚及区位构成是怎样的？请举个实例。

2. 从区位链上看，创意产业空间集聚及区位优势的立地条件有哪些？

3. 从供应链上看，构成创意产业空间集聚及区位机制有哪些？

4. 从价值链上看，创意产业空间集聚及区位优势哪些可以单独量化？

城市创意园区组织驱动机制研究访谈提纲 2（深度访谈）

日期：＿＿＿＿＿＿＿＿＿＿＿＿＿ 受访人：＿＿＿＿＿＿＿＿＿＿＿＿＿

开始时间：＿＿＿＿＿＿＿＿＿＿＿ 结束时间：＿＿＿＿＿＿＿＿＿＿＿

一、请您简单介绍您所在园区的工作内容和贵公司组织的基本情况

1. 您的主要工作内容包含哪些？

2. 公司的最主要业务或项目是什么？

二、请介绍贵公司及所在组织驱动创新发展情况

1. 从创意产业空间集聚性来看，贵公司所在企业创新组织发展情况如何？

2. 从空间集聚着手，创意产业怎样把组织驱动（活动或环节）进行优化及创新？

三、贵公司是否有组织优化发展促进价值创造的实例

1. 组织创新发展的原因是什么？

2. 组织创新发展有哪些明显的优势？

四、创意组织驱动创新机制的构成

1. 从产业链上看，创意组织驱动创新机制构成是怎样的？请举个实例。

2. 从供应链上看，构成创意组织驱动创新机制有哪些？

3. 从价值链上看，创意组织驱动创新机制可具体分成哪些指标？

城市创意产业区研究访谈提纲——扎根理论适用（焦点小组访谈）

日期：＿＿＿＿＿＿＿＿＿＿＿＿＿＿　　受访小组成员：＿＿＿＿＿＿＿＿＿＿＿

开始时间：＿＿＿＿＿＿＿＿＿＿＿　　结束时间：＿＿＿＿＿＿＿＿＿＿＿＿＿

一、导入问题

什么是创意产业？请列举几个实例。

创意产业空间集聚有什么特点和优势？请列举几个实例。

什么是产业指标化发展？请列举几个实例。

指标化发展有何特点和优势？

二、主要讨论问题

创意产业的产业链和价值链是什么？

从产业链上看，创意产业空间指标的指标构成有哪些？请举例说明。

从供应链上看，构成创意产业空间指标的指标有哪些？

从价值链上看，创意产业空间指标可具体分成哪些指标？

附录五　代码

```python
import math
import random
POIs = [ ]
with open('result. csv') as f:
    for line in f:
        line = line[ :len(line) -1 ]
        infos = line. split(',')
        POI = {'name':infos[ 0 ],
                    'x':int(float(infos[ 1 ]) * 1000000),
                    'y':int(float(infos[ 2 ]) * 1000000)}
        POIs. append(POI)
        print(len(POIs))
MAX_DISTANCE = math. pow(5000,2)
for i in range(len(POIs)):
    for j in range(len(POIs)):
        if i ! =j:
            neighbor = POIs[ j ]
            myself = POIs[ i ]
            distance =
            math. pow(neighbor['x' ] -myself['x' ],2) +
            math. pow(neighbor['y' ] -myself['y' ],2)
            if( distance<MAX_DISTANCE):
                if 'neighbors'not in myself:
                    neighbors = [ ]
                    myself['neighbors' ] = neighbors
                else:
                    neighbors = myself['neighbors' ]
                    neighbors. append(j)
```

```
weights = [0. 0677,0. 2183,0. 0542,0. 1547,0. 1288,0. 2156,0. 1607]
print('calculate influence')
for POI in POIs:
    influence = 0
    for weight in weights:
        influence = random. random( ) * weight+influence
        POI['influence'] = influence
persons = [ ]
PERSON_COUNT = 1000
person_POIs = list( range( len( POIs) ) )
print('construct persons')
for i in range( PERSON_COUNT) :
    rn = random. random( )
    rn_index = int( len( person_POIs) * rn)
    select_POI = person_POIs[ rn_index]
    person = {'POI':select_POI,'current':select_POI,'path':[ ]}
    persons. append( person)
    person_POIs. pop( rn_index)
ROUND = 20
for i in range( ROUND) :
    for person in persons:
        current_POI = person['current']
        neighbors = POIs[ current_POI]['neighbors']
if 'neighbors'in POIs[ current_POI]else[ ]
        max_influence = 0
        max_neighbor = 0
        current_influence = POIs[ current_POI]['influence']
        for neighbor in neighbors:
            if POIs[ neighbor]['influence']>max_influence:
                max_influence = POIs[ neighbor]['influence']
                max_neighbor
= neighbor
        if max_influence>current_influence:
            person['current'] = max_neighbor
```

```
            person['path']. append(max_neighbor)
for person in persons:
    print('{},{}'. format(POIs[person['POI']]['x'],
POIs[person['POI']]['y']),end=',')
        last_POI=[POIs[person['POI']]['x'],POIs[person['POI']]['y']]
        for POI_index in person['path']:
            POI=POIs[POI_index]
            delta_x=POI['x']-last_POI[0]
            delta_y=POI['y']-last_POI[1]
            last_POI=[POI['x'],POI['y']]
            print('{},{}'. format(delta_x,delta_y),end=',')
print('')
=neighbor
            if max_influence>current_influence:
                person['current']=max_neighbor
                person['path']. append(max_neighbor)
for person in persons:
print('{},{}'. format(POIs[person['POI']]['x'],
POIs[person['POI']]['y']),end=',')
        last_POI=[POIs[person['POI']]['x'],POIs[person['POI']]['y']]
        for POI_index in person['path']:
            POI=POIs[POI_index]
            delta_x=POI['x']-last_POI[0]
            delta_y=POI['y']-last_POI[1]
            last_POI=[POI['x'],POI['y']]
            print('{},{}'. format(delta_x,delta_y),end=',')
    print('')
```

附录六　JSON 和 E-CHARTS 的大数据动态代码

```
<! DOCTYPE html>
<html style = " height:100%" >
  <head>
      <meta charset = " utf-8" >
  </head>
  <body style = " height:100%;margin:0" >
      <div id = " container" style = " height:100%" ></div>
    <script src = " https://cdn. bootcss. com/jquery/3. 3. 1/jquery. js" ></script>
      <script type = " text/JavaScript" src = " http://E-CHARTS. baidu. com/gallery/
vendors/E-CHARTS/E-CHARTS. min. js" ></script>
      <script type = " text/JavaScript" src = " http://E-CHARTS. baidu. com/gallery/
vendors/E-CHARTS-gl/E-CHARTS-gl. min. js" ></script>
      <script type = " text/JavaScript" src = " http://E-CHARTS. baidu. com/gallery/
vendors/E-CHARTS-stat/ecStat. min. js" ></script>
      <script type = " text/JavaScript" src = " http://E-CHARTS. baidu. com/gallery/
vendors/E-CHARTS/extension/dataTool. min. js" ></script>
      <script type = " text/JavaScript" src = " http://E-CHARTS. baidu. com/gallery/
vendors/E-CHARTS/map/js/china. js" ></script>
      <script type = " text/JavaScript" src = " http://E-CHARTS. baidu. com/gallery/
vendors/E-CHARTS/map/js/world. js" ></script>
      <script type = " text/JavaScript" src = " http://api. map. baidu. com/api? v =
2. 0&ak = ZUONbpqGBsYGXNIYHicvbAbM" ></script>
      <script type = " text/JavaScript" src = " http://E-CHARTS. baidu. com/gallery/
vendors/E-CHARTS/extension/bmap. min. js" ></script>
      <script type = " text/JavaScript" src = " http://E-CHARTS. baidu. com/gallery/
vendors/simplex. js" ></script>
<script type = " text/JavaScript" >
var dom = document. getElementById( " container" ) ;
```

```
var myChart = E-CHARTS. init( dom) ;
var app = { } ;
option = null ;
$ . ajax( {
  url : "http ://Localhost :8080/BuildingByE-CHARTS/getJson. do" ,
  dataType : "JSON" ,
  Type : "POST" ,
  success : function( data) {
      var hStep = 300/( data. length-1) ;
    var busLines = [ ]. concat. apply( [ ] ,data. map( function( busLine ,idx)
{
        var prevPt ;
        var POInts = [ ] ;
        for( var i = 0 ; i<busLine. length ;i+ = 2) {
            var pt = [ busLine[ i] ,busLine[ i+1] ] ;
            if( i>0) {
                pt = [
                    prevPt[ 0] +pt[ 0] ,
                    prevPt[ 1] +pt[ 1]
                ] ;
            }
            prevPt = pt ;
            POInts. push( [ pt[ 0]/1e4 ,pt[ 1]/1e4] ) ;
        }
        return {
            coords :POInts ,
            lineStyle : {
                normal : {
                    color :E-CHARTS. color. modifyHSL( '#5A94DF ' , Math. round
( hStep * idx) )
                }
            }
        } ;
    } ) ) ;
```

```
myChart. setOption( option = {
    bmap: {
        center:[ 121. 4738,31. 2304] ,
        zoom:10 ,
        roam:true ,
        mapStyle: {
          'styleJson': [
              {
                'featureType':'water' ,
                'elementType':'all' ,
                'stylers': {
                  'color':'#031628'
                }
              } ,
              {
                'featureType':'land' ,
                'elementType':'geometry' ,
                'stylers': {
                  'color':'#000102'
                }
              } ,
              {
                'featureType':'highway' ,
                'elementType':'all' ,
                'stylers': {
                  'visibility':'off'
                }
              } ,
              {
                'featureType':'arterial' ,
                'elementType':'geometry. fill' ,
                'stylers': {
                  'color':'#000000'
                }
              }
```

```
    },
    {
      'featureType':'arterial',
      'elementType':'geometry. stroke',
      'stylers': {
        'color':'#0b3d51'
      }
    },
    {
      'featureType':'local',
      'elementType':'geometry',
      'stylers': {
        'color':'#000000'
      }
    },
    {
      'featureType':'railway',
      'elementType':'geometry. fill',
      'stylers': {
        'color':'#000000'
      }
    },
    {
      'featureType':'railway',
      'elementType':'geometry. stroke',
      'stylers': {
        'color':'#08304b'
      }
    },
    {
      'featureType':'subway',
      'elementType':'geometry',
      'stylers': {
        'lightness':-70
```

```
      }
   },
   {
     'featureType':'building',
     'elementType':'geometry. fill',
     'stylers':{
        'color':'#000000'
     }
   },
   {
     'featureType':'all',
     'elementType':'labels. text. fill',
     'stylers':{
        'color':'#857f7f'
     }
   },
   {
     'featureType':'all',
     'elementType':'labels. text. stroke',
     'stylers':{
        'color':'#000000'
     }
   },
   {
     'featureType':'building',
     'elementType':'geometry',
     'stylers':{
        'color':'#022338'
     }
   },
   {
     'featureType':'green',
     'elementType':'geometry',
     'stylers':{
```

```
                    'color':'#062032'
                  }
              },
              {
                'featureType':'boundary',
                'elementType':'all',
                'stylers':{
                    'color':'#465b6c'
                  }
              },
              {
                'featureType':'manmade',
                'elementType':'all',
                'stylers':{
                    'color':'#022338'
                  }
              },
              {
                'featureType':'label',
                'elementType':'all',
                'stylers':{
                    'visibility':'off'
                  }
              }
            ]
          }
      },
    series:[{
        type:'lines',
        coordinateSystem:'bmap',
        polyline:true,
        data:busLines,
        silent:true,
        lineStyle:{
```

```
                normal:{
                    //color:'#c23531',
                    //color:'rgb(200,35,45)',
                    opacity:0.2,
                    width:1
                }
            },
            progressiveThreshold:500,
            progressive:200
        },{
            type:'lines',
            coordinateSystem:'bmap',
            polyline:true,
            data:busLines,
            lineStyle:{
                normal:{
                    width:0
                }
            },
            effect:{
                constantSpeed:20,
                show:true,
                trailLength:0.1,
                symbolSize:1.5
            },
            zlevel:1
        }]
    });
},
error:function(error){
alert("Ajax 请求 Java);
}
});
if(option && typeof option == "object"){
```

```
        myChart. setOption( option , true ) ;
}
        </script>
    </body>
</html>
```

附录七　ARC-GIS 完整三维代码创建

```
<! DOCTYPE html>
<html lang = "en" >
<head>
    <meta charset = "utf-8" >
    <meta name = "viewport"  content = "initial-scale = 1, maximum-scale = 1, user-
scalable = no" >
    <title>SceneView-创建一个 3D 地图</title>
    <style>
        html,
        body,
        #viewDiv {
            margin:0;
            padding:0;
            height:100%;
            width:100%;
        }
    </style>
    <! --使用 script 和 link 标签引用 ArcGIS API for JavaScript-->
    <link rel = "stylesheet"  href = "https://js. arcgis. com/4. 6/esri/css/main. css" >
    <script src = "https://js. arcgis. com/4. 6/" ></script>
    <script>
        require( [ "esri/Map" ,"esri/views/SceneView" ,"dojo/domReady!" ] , func-
tion( Map,SceneView) {
            var map = new Map( {
                basemap:"streets" ,
                ground:"world-elevation" //ground 指定地图的表面属性,字符串
"world-elevation"使用世界高程服务指定地面的一个实例。
            } );
```

```
        var view = new SceneView( {
            container:"viewDiv",//container 为容器的意思,这里对将包含
视图的 DOM 节点的引用,就是承载地图的 div 容器的 id。
            map:map,//引用本文在上一步中创建的地图对象
            scale:500000,//设置显示的比例尺的大小
            center:[103.73,36.03]//设置中心显示的经纬度。
        });
    });
    </script>
</head>
<body>
    <div id="viewDiv"></div>
</body>
</html>
```

附录八　创意产业区集聚度是驱动系统下影响因素的空间投影

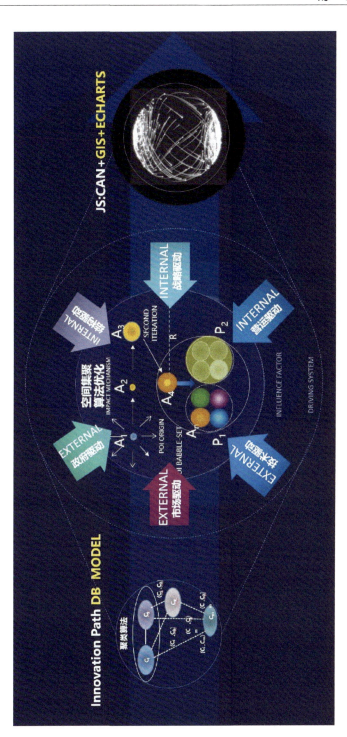

附图 8-1　创意产业区集聚度是驱动系统下影响因素的空间投影

后 记

　　"春风数载，思绪东来。白驹过隙，终身恩怀。"自入东华大学攻读博士学位已年过七载。曾踌躇一人为了梦想追寻求学之路，几多感慨、几多痛苦、几多磨砺、几多执着，从设计师到研究生，此次转型异常艰难，终付之淡淡一笑。良师们的教导、同学们的研讨仍不绝于耳，跨界科研的辛苦仍历历在目。苦其心志，才会珍惜。我获得了入学前渴望得到的专业知识、科研经验、考察机会、工作成果。艰苦又快乐的学习过程令我刻骨铭心。

　　"饮水思源，成学念校。"东华大学旭日工商管理学院带领我进入管理工程学的学术殿堂，使我从跨学科的迷茫中学习了正确的思考体系和方法，找到了未来钻研开拓的学术方向，同时培养了我在求索科学真知的道路上奋勇前行、追逐真理的勇气并获得了动力。为我今后的职业道路提供了新的支撑。

　　"授人以渔，终身之用。"首先我要感谢导师高长春教授对我学习、工作多方面的悉心关怀和指点。作为研究国际海派时尚创意文化产业的首席研究专家，高老师国际化的学术视野使我难以忘怀。他首次提出把全要素生产率作为重要评判因子，纳入文创体系的构建中，创意地把产业经济与城市空间结构、规划设计结合起来。从攀谈交流到指点迷津、从学术品格到理论修养、从研究方法到综合技巧均使我受益匪浅。本书从选题设计、研究方向，直至撰写、修改、定稿的整个过程都凝聚高老师的大量心血，甚至盲审前夕他都向我提出如何适量删改的建议，使我逐渐明确了纵向交叉学科的研究途径。

　　衷心感谢上海师范大学宁越敏教授对本书研究方法的总体指导。感谢曲建洪教授给予的结构性意见，他认真细致、严谨执着的学术态度让我深深敬佩，在本书的研究方法和数学模型层面，他给予我莫大的帮助和支持，亲自教我如何用管理工程学思维和管理模型解决问题。感谢徐琪教授在本书撰写期间给予的评价指导。宋福根教授给予本书立意、研究目的的反复雕琢。郑建国教授给予应用成果方面的建设性意见。杨东教授给予本书逻辑结构的意见。上海社会科学院李健研究员与我一起做调研问卷、探讨本书的学术观点。感谢邓智团研究员在本书初稿期间对我的概念点评及格式意见。感谢郑裴峰教授对本书谋篇布局、行文评述给予的帮助和建设性意见，本书的成稿离不开老师们的行为帮助和智力支持。本书内容虽有些争议，但是我兢兢业业，对于学术研究充满了敬畏与执着。

"好风凭借力，征程科研路。"感谢我曾任职的公司——美国 AECOM（上海）规划设计有限公司 PDD 部门基于国际视野对本书的展现方式提出的技术建议。感谢美国 NBBJ（西雅图）办公室给我的研究环境和科研启发，特别感谢 Furion 操作 Processing 2.0 蜂群智能算法对我的启迪。感谢 SEAZEN 新城控股集团有限公司上海第一分公司给予我研究的资源支持。感谢设计研发中心领导人余效恩、首席总设计师朱迎松等各位领导对我学术研究的鼎力支持和资源分享。感谢信息管理专业总监叶敏克发起的头脑风暴。感谢信息管理资深经理张俊豪对 GA-CAO 应用模型的探讨启发、程序的实地检验和大数据可视化的持续追踪，使我充分利用这些社会平台资源进行对接落地研究。

"平生感知己，方寸岂悠悠。"本书的模型研究和数据调研是联合努力的结果，感谢同济大学王超博士对我小论文的修改和帮助。感谢程博士对我期刊选取和论文结构梳理的各种意见，我都与他仔细商讨。感谢中国石油大学李玉润硕士给予的 BP-GA 的建模和数据建议。感谢大连民族大学何波、石佳琦给予的 JavaScript 编程和 E-charts 大数据可视化的界面建议。特别感谢凌斌斌先生对我调研的数据解析和 TOPSIS 算法建议，并付出大量时间与我进行讨论。感谢刘诗雨博士，在写作过程中陪我彻夜思索，学术的争论化作点点灵感。感谢范丹丹博士对我的结论提出的宝贵意见。感谢江瑶博士对我论文中的研究逻辑给予的建议。感谢高晗博士对我的研究模型的修正建议。感谢孙汉明博士、褚衫尔博士、杨欣欣博士在平日里与我学术的交流。感谢马涛博士在行文过程中给予我思想上的启发，尤其在求学中困惑不解时提供的帮助和指点。在资料研读的过程中给予我各种支持的文献作者和先师，我在此一并表示诚挚感谢！

"纸上得来终觉浅，绝知此事要躬行。"在后续博士后及企业研发的研究阶段，我将从创意产业的分类模式切入，深入探讨空间集聚的媒介与创意产业区的多元相关性及协同特征。从实际项目出发，创新出可供市场应用的 HSEM 高质量可续性系统大模型，可用于指导城市空间泛规划的评估探究等实操类工作，对于指导空间设计和城市更新的实施、赋能新质生产力，具有边际的创新价值和现实意义。

"不忘初心，方得始终。"本书付梓之际，感谢家人对我求学期间的信任、理解和支持。特别感谢编辑高娅女士及团队对书稿的认真编辑和校对。最后感谢上海视觉艺术学院对本书出版发行的资助。行笔至此，我必将感恩于心，奋勇前行。

周琦

2024 年深秋于上海长风创意产业区